신을 모르는 시대의 **하나님**

IVP(InterVarsity Press)는
캠퍼스와 세상 속의 하나님 나라 운동을 지향하는
IVF(InterVarsity Christian Fellowship)의 출판부로
생각하는 그리스도인을 위한 문서 운동을 실천합니다.

God in the Age of Atheism:
The lecture of Apostles' Creed 1
Written by Young-Ahn Kang
ⓒ 2007 by Young-Ahn Kang
352-18 Seokyo-Dong, Mapo-Gu, Seoul 121-838 Korea

강영안의 사도신경 강의 1

신을 모르는 시대의 **하나님**

차례

저자 서문 ·· 7

제1강 크레도: "내가 믿습니다" ································ 15
   1. 왜 사도신경인가?
   2. 신앙 고백에는 어떤 뜻이 있는가?: 베드로의 예
   3. '내가 믿사오니'
   4. 삼위 한 분 되신 하나님

제2강 신을 모르는 시대의 하나님 ···························· 57
   1. 사도신경은 아직도 유효한가?: 오늘날의 다섯 가지 도전
   2. 그리스도인이 취할 수 있는 태도
   3. 무신론의 한 유형: 증거론적 무신론
   4. 무신론의 다른 유형: 혐의론적 무신론(마르크스와 프로이트)과 칼빈의 답변
   5. 신자들 가운데 있는 무신론: '현실적, 실제적 무신론'
   6. 성경에서 증거하는 하나님: 숨어 계시면서 현존하시는 하나님

제3강 하나님 아버지/어머니? ································ 103
   1. 인격적 존재요, 말씀하시는 하나님
   2. 페미니스트 신학자들의 문제 제기
   3. 하나님과 관련된 이름: 남성적 이름과 여성적 비유
   4. 하나님을 아버지라 부르기가 쉽지 않은 경우: 길선주의 예
   5. 우리의 아버지 되신 하나님
   6. 하나님의 아버지 되심의 결과: 우리 자신이 누리는 것과 우리가 행해야 할 것
   7. 지상의 아버지와 천상의 아버지, 누가 아버지 이해의 기초인가?

제4강 하나님의 전능과 고통의 문제 ········ 149
  1. 왜 전능자인가?
  2. '돌의 역설'
  3. 고통의 경험과 악의 문제
  4. C. S. 루이스의 경험을 통해 본 고통의 문제
  5. 이스라엘 전통 속에 나타난 전능하신 하나님

제5강 창조주 하나님 ········ 199
  1. 하나님을 창조주로 쉽게 받아들이지 못한 사람들
  2. 기독교 안에서 창조와 진화를 이해하는 방식들
  3. 성경이 말하는 창조를 이해하는 데 필요한 몇 가지
  4. 창세기 1-3장
  5. 하나님의 창조주 되심의 뜻

맺음말 ········ 265

주 ········ 281

저자 서문

작년(2006년) 9월 제가 장로로 있는 두레교회(예수교 장로회 고신)에서 헌금 6억과 교인 90여 명을 보내어 김포에 교회를 새로 시작하였습니다. 저는 그 일에 참여했습니다. 제가 맡아 시작한 일은 주일 예배 직후 사도신경을 한 시간 강의하는 일이었습니다. 그렇게 한 이유는 교회 공동체로 모인 사람들의 정체성을 확인해 보기 위한 것이었습니다. 우리가 왜 여기에 모였는가, 어떤 가치를 위해 우리가 교회를 다시 시작하게 되었는가, 우리가 참여하고 우리가 고백하는 근본적인 사건과 가르침이 무엇인가, 이런 것들을 사도신경을 공부함으로써 배울 수 있으리라 생각했습니다.

강의를 맡기로 했을 때 저는 12월 말까지 사도신경 전체를 한번 훑어보리라 생각하였습니다. 사도신경을 열두 단락으로 나눈 전통을 따라 강의할 생각을 한 것이지요. 막상 교회에서 강의를 시작했을 때 강의 계획을 완전히 새로 짤 수밖에 없었습니다. 왜 사도신경인가, 신앙을 고백한다는 것은 무슨 뜻인가, 사도신경의 구조가 어떻게 되어 있는가, 사도신경에서 찾아볼 수 있는 삼위일체론적 고백을 어떻게 우리 삶에 관련지어 볼 수 있는가, 이런 물음이 저를 사로잡았습니다. 이 물음을 하나씩, 간단한 방식으로 생각해 본 결과 처음 세 시간을 쓰고 말았습니다.

문제는 여기서 멈추지 않았습니다. 사도신경 열두 줄을 3-4개월 안에 마치자면 첫 줄은 한 시간 강의로 마쳐야 했습니다. 그런데 첫 줄을 강의하려고 준비해 보니, '이거, 내가 일을 잘못 맡았다!'는 생각이 들었습니다. 예배 시간에 우리는 "전능하사 천지를 만드신 하나님 아버지를 내가 믿사오니…" 이렇게 너무 쉽게 고백합니다. 그러나 안팎으로 조금만 고개를 돌려보면 우리가 고백하는 내용이 보통 내용이 아님을 금방 인식하게 됩니다.

- 지난 2-3세기 동안 저 많은 사람들이 무신론을 주장하는 데도, 우리는 여전히 하나님을 믿는다고 말할 수 있는가?(무신론의 문제)
- 신학자들 가운데는 하나님을 아버지로뿐만 아니라 어머니로도 고백해야 한다고 주장하는 페미니스트들이 있는데 그들의 주장을 무시할 수 있는가?(페미니스트들의 반론)
- 이 세상에 악과 고통이 있는데도 하나님이 전능하신 분이라고 고백할 수 있는가?(하나님의 전능하심과 악의 존재의 양립 문제)
- 현대 우주론과 진화론에도 불구하고 하나님이 천지를 창조하신 분이라 고백할 수 있는가?(현대 우주론과 하나님의 창조 문제)
- 생태 환경 파괴의 책임이 기독교에 있다는 주장을 하고 있는데도 창세기 1장대로 우리의 사명이 땅을 정복하는 것이라 말할 수 있는가?(생태계 위기와 기독교의 책임 문제)

이 다섯 가지 물음은 가볍게 듣고 넘길 수 있는 것들이 분명 아닙니다. 저는 이 물음들을 염두에 두고 강의를 진행하였습니다(이 물음들이 어떻게 출현했는지, 그 배경과 내용이 무엇인지는 두 번째 강의에서 간단히 설명해 두었습니다). 그렇게 하다 보니까, 사도신경 첫 줄, 곧 성부 하나님에 관한 고백을 다루는 것으로 12월 말에 강의를 일단 마무리짓지 않을 수 없었습니다. 제가 무척 피곤해졌을 뿐 아니라 우리 교인들을 너무 괴롭힌다는 생각마저 들었기 때문입니다. 제가 관심 갖고 재미있게 생각하는 문제가 우리 교인들에게도 동일한 강도로 다가가는 것이 아님을 의식하기 시작하면서 강의하기가 점점 더 어려워졌습니다. 저는 꼭 필요한 것을 머리에 쏙쏙 들어가도록 재미있게 잘 가르치는 '선생'이라기보다는, 문제를 노출시키고 따져 보기를 좋아하는 '학자'라는 사실을 다시 한 번 뼈저리게 느꼈습니다. 그럼에도 저는 이 강의의 첫 청중이 되어 준 '주님의 보배교회' 교인들을 무척 자랑스럽게 생각합니다. 이들이 없었다면 저는 이 속에 담긴 내용을 어디에서도 말로 풀어낼 수가 없었습니다. 열심히 강의를 들어준 분들의 얼굴을 이 시간에도 떠올립니다. 이 분들 가운데 연세대 의과대학 박해정 교수와 서울대 인문대 정영훈 교수에게 특별히 감사의 인사를 전합니다. 박 교수는 강의 녹음을 책임져 주었고 정영훈 교수는 강의 때마다 직접 강의를 받아 적었을 뿐 아니라 녹음을 다시 듣고 풀어, 잘 정리된 텍스트를 만들어 주었습니다. 이 책이 읽는 분들에게 조금이라도 도움이 된다면 (비록 현재 모습과는 많이 다르긴 하지만) 녹취와 원고 다듬기에 수고한 정영훈 박사를 기억해 주십시오. 주님의 보배교회 홈페이지(www.segullah.or.kr) '설교, 강의, 주보' 코너에 들어가면 그 때 했던 강의를 들을 수 있습니다.

주님의 보배교회에서 했던 강의를 다섯 가지 주제로 묶을 수 있었던 것은, 높은뜻 숭의교회의 '청어람 아카데미'에서 지난 3월 19일부터 4월 16일까지 매주 월요일 저녁 일곱 시부터 아홉시 반까지 다섯 차례 연속 강의를 하면서 가능하였습니다. 사도신경을 다루는 이유, 사도신경의 구조, 신앙 고백의 의미 등을 생각해 본 강의를 하나로 묶어 1강으로 만들었습니다. 이어서 무신론에 관한 논의와 우리가 믿는 하나님은 어떤 분인가 하는 논의를 2강으로 했습니다. 아버지에 관해서는 교회에서 한 차례 강의, 한 차례 설교를 했지만 여기에서는 강의했던 것만을 넣고 페미니즘의 도전에 관한 부분을 대폭 확대하여 3강으로 다루었습니다. 4강에서는 하나님의 전능하심과 우리가 현실적으로 경험하는 악의 문제 사이에 있는 것처럼 보이는 갈등 문제를 다루었습니다. 5강은 창조주 하나님에 관한 부분으로 (많은 사람들이 상식적으로 대부분 알고 있는) 현대 우주론이나 생태주의의 주장을 자세하게 다루기보다는 성경의 창조 신앙을 제대로 이해하는 데 필요한 선행 조건들을 다루는 데 대부분 시간을 할애했습니다.

청어람 아카데미의 기획을 맡고 있는 양희송 실장이 없었다면 이 정도의 모습을 갖춘 책이 되지 않았을 것입니다. 양 실장은 강의 전체의 제목뿐만 아니라 각 강의의 제목까지 만들었습니다. 양 실장과 실무를 위해 수고를 아끼지 않은 안정인 간사, 강의를 영상으로 만드는 데 수고한 한병선 간사와 자원 봉사자로 수고한 분들, 강의에 빠지지 않고 참석하여 열심히 듣고 질문해 준 청년들에게 감사를 드립니다. 감사의 말을 이왕 끄집어내었으니, 헌금과 함께 성도들을 파송해 준 두레교회 성도님들, 강의의 첫 청중이 되어 준 주님의 보배교회 성도님들, 청어람 아카데미 강의가 진행되는 동안 매주 원고를 읽고 응원해 준 고려신학대학원의 유해무 교수님, 원고가 출판사로 넘어가기 전 원고를 미리 읽고 여러 제안을 해주신 백석대학교 신학전문대학원 원장 류호준 교수님과 장로회신학대학교의 노영상 교수님, 학생의 입장에서 원고를 읽고 여러 가지 제안을 해준 서강대 대학원의 김동규 군과 송요한 군, 책의 기획을 위해 애써 주신 IVP 옥명호 간사님과 편집과 교정에 수고한 이혜영 간사님께도 감사의 말씀을 전합니다. 올 여름 투병 기간 동안 마음 고생을 함께 한 가족들, 하나님의 선한 도구가 되어 치료에 애써 주신 기 선생님, 기도해 주시고 격려해 주신 손봉호 교수님, 서강대 박홍 이사장님과 손병두 총장님, 철학과의 두 신부님과 동료 교수들, 장희종 목사님, 오세택 목사님, 유계섭 목사님, 그리고 두레교회와 주님의 보배교회 장로님과 권사님들과 주 안에서 사랑을 함께 나누는 여러 형제자매들, 천안의 집을 사용하도록 흔쾌히 내어 주신 박창해 교수님과 박은성 교수님 내외분께 마음속 깊은 곳에서 우러나온 감사의 말씀을 전합니다.

저는 이 강의를 하면서 제가 해야 할 일들이 무엇인지 좀더 분명하게 확인하게 되었습니다. 신학자들은 저의 작업에 대해 철학자가 왜 신학자의 영역에 끼어드느냐고 역정을 낼지 모르겠습니다. 철학자들은 반대로 철학적 논의를 일관성 있게 전개하는 것으로 그쳐야지 성경은 왜 들고 들어오느냐고 말할지 모릅니다. 그런 분께 저는 저의 배경을 말씀드리고 싶습니다. 저는 우여곡절 끝에 결국 철학을 제 업으로 삼은 뒤로는 줄곧 서양 근대 철학자들과 현대 철학자들의 저작을 다루어 왔습니다. 이제 와서 생각해 보면 이런 작업은 다른 사람들도 얼마든지 할 수 있는 일이었습니다. 마음속 깊이 제가 하고 싶은 일은 현재 우리가 살고 있는 문화와 사상의 흐름 속에서 신앙과 관련된 문제를 말이 되게 다루어 보는 일입니다. 지적 자각이 생기면서 저는 한때 문학을 좋아한 적이 있었습니다. 하지만 고등학교 고학년에 올라가면서부터는 아우구스티누스, 파스칼, 칼빈, 성경 해석학에 대해서 관심을 가지면서 신학에 빠졌습니다. 대학 시절 신학을 공부하면서 신학이 철학에 엄청나게 빚지고 있다는 사실을 발견하면서부터 저는 서서히 철학에 발을 들여 놓기 시작하였습니다. 그 때부터 저는 '그러면 성경은 무엇이라고 말하는가?'라고 묻곤 하였습니다. 신학과 철학을 넘어 성경을 토대로 생각한다면 어떻게 보아야 할 것인가 하는 것이 이 강의에서 다룬 각 주제를 논의할 때마다 제 마음속에 늘 있었던 질문입니다.

   이 강의가 '교회 안에서' 이루어진 것임을 이해해 주시길 바랍니다. 신앙 공동체의 전통에 서서, 앞에서 언급한 다섯 가지 도전을 염두에 두면서, 우리가 믿고 따르고 고백하는 신앙의 내용이 무엇을 뜻하는지 생각해 보고자 하였습니다. 아직 신앙 공동체의 일원으로 세례를 받지 않은 분들에게는 기독교 신앙 고백의 내용 가운데 성부 하나님에 관한 고백 내용이 무엇인지 이해하는 데 조금이라도 도움이 되었으면 좋겠습니다. 여기에 다룬 문제마다 철학적으로 좀더 깊이 다루어야겠다는 생각을 이 책을 내면서 더욱 강하게 하게 됩니다. 특별히 무신론 문제와 현대 우주론의 문제, 고통과 악의 문제는 더 치밀하게, 더 철저히 다루어야 할 주제입니다. 매 주제마다 세 시간 연속 강의라 생각하시고 읽어 주십시오. 각 강의마다 더 읽고 생각할 문제를 덧붙였습니다. 청어람 아카데미에서 강의하는 동안 제기된 물음을 염두에 두었습니다. 홀로 읽을 때나 그룹 토론을 할 때 도움이 되기를 바랍니다.

2007년 한여름

강영안

제1강

크레도: "내가 믿습니다"

1. 왜 사도신경인가?
2. 신앙 고백에는 어떤 뜻이 있는가?:
   베드로의 예
3. '내가 믿사오니'
4. 삼위 한 분 되신 하나님

1. 왜 사도신경인가?

교회 전통에서 발견할 수 있는 교회의 주요한 특징 가운데 하나는 같은 장소에 멈추어 있지 않고 끊임없이 이동한다는 점입니다. 교회는 한 곳에 머물러 있지 않습니다. 정주성을 띠기보다는 이동성을 띠고 있습니다. 요즘 하는 말로 일종의 유목민적 성격을 지니고 있는 것이 교회입니다. 믿음의 조상 아브라함이 바로 유목민적인 삶을 살았던 대표적인 사람입니다. 그 이전에 살았던 사람들과는 달리 아브라함은 장소를 옮겨 가는 모습을 보입니다. 그는 갈대아 우르를 떠나 하란을 거쳐 가나안으로 갔다가, 가나안을 떠나 잠시 이집트에 머문 후 다시 가나안으로 돌아옵니다. 그에게는 하나님이 명령하시는 곳이면 어디든지 간다는 사명감이 있었습니다.

이는 그리스 전통과는 매우 다릅니다. 예컨대 오디세우스의 경우, 그는 아브라함과 극명하게 대비되는 면을 보입니다. 「일리아드」와 「오디세이아」를 보면 이러한 사실을 잘 알 수 있습니다. 이타카의 왕인 오디세우스는 트로이 전쟁이 일어나자 자기 사람들을 데리고 전쟁에 참여합니다. 트로이 전쟁은 10년 정도 이어졌고, 전쟁이 끝난 후로도 그는 10년 정도를 방랑하게 됩니다. 오디세우스는 결국 20년 만에 아테네 여신의 도움으로 우여곡절 끝에 이타카로 돌아와 아내인 페넬로페를 만나게 되지요. 고향을 떠났다가 고향으로 돌아오는 것이 오디세우스 이야기의 핵심인데, 여기서 알 수 있는 그리스 전통 중 하나가 바로 노스탤지어(nostalgia) 정신, 곧 고향(nostos)에 대한 그리움의 병(algia)입니다. 이러한 정신은 이후 19세기 유럽의 낭만주의에 큰 영향을 끼치게 됩니다. '고향으로의 복귀', '고향에 대한 동경'이 낭만주의의 근본적인 특징 가운데 하나인데, 그 전형을 오디세우스란 인물에서 찾아볼 수 있습니다.

오디세우스와 달리 아브라함은 자기가 태어나 자란 갈대아 우르나 하란으로 되돌아가지 않습니다. 그에게 고향은 과거에 있지 않습니다. 고향은 피와 살이 묻어 있는 과거의 땅이 아니라 하나님이 가라고 명령하는 미래의 땅입니다. 천국이 우리 그리스도인의 본향이라고 할 때 그곳은 우리가 가 보지 않은 곳입니다. 그리스도인들은 하나님이 명령하시고 만드시고 계획하시는, 어떻게 보면, 불확실한 미래를 향해 끊임없이 모험하고 순종하고 걸어가는 그런 여행객들, 즉 나그네입니다. 나그네 걸음 가운데 우리는 우리 자신이 누구인가, 우리가 여행하고 있는 세상이 무엇인가, 우리가 궁극적으로 가치를 두고 있는 것이 무엇인가, 우리가 소망을 둔 것이 무엇인가, 다시 확인하게 됩니다.

우리 자신에 대한 확인을 위해서는 신앙 고백을 배우고 이해하는 것이 가장 좋은 길이라 저는 생각합니다. 왜 신앙 고백인가 묻는다면 그리스도인의 공동체는 신앙 공동체이기 때문이라고 답할 수 있습니다. 교회는 신앙을 고백한다는 점에서 정치 공동체나 교육 공동체, 경제 공동체, 좀더 구체적으로 기업, 정당, 학교 등과 다릅니다. 신앙 고백이 없다면 교회라 할 수 없습니다. 건물이 있고, 사람이 모이고, 이들을 연결시키는 조직이 있다고 해도, 신앙 고백이 없다면 그런 모임을 교회라고 부를 수 없습니다. 물론 어떤 고백이든 고백하는 신앙이 있다고 모두 교회라 할 수는 없습니다. 예컨대 마르크스주의를 신앙 고백할 수 있고, 그것을 가지고 정당을 만들거나 운동을 일으킬 수도 있습니다. 그렇지만 우리는 그런 정당이나 조직을 교회라 하지는 않습니다.

사도신경: 그리스도인의 비밀 암호

그런데 왜 사도신경인가 하는 의문을 가질 수 있습니다. 가장 오래된 세 가지 신경으로는 니케아 신경, 아타나시우스 신경, 사도신경, 그리고 사도신경의 원형이 된 로마 신경이 있습니다. 사실 기독교의 세 분파(로마 가톨릭교회, 정교회, 개신교회) 모두가 공유하는 가장 보편적인 신앙 고백은 니케아 신경입니다. 그럼에도 우리가 니케아 신경을 많이 사용하지 않고 오히려 사도신경을 사용하는 것은 로마 가톨릭교회의 영향 때문입니다. 사도신경은 2세기 정도에 형성되고 공식적으로 서방에 있는 모든 교회가 사도신경을 사용하게 된 것은 9세기 칼 대제 이후입니다. 루터와 칼빈이 종교개혁을 했을 때도 이를 받아들입니다. 그들은 사도신경이야말로 성경 전체의 요약이라 부를 정도로 사도신경의 고백을 중요하게 생각했습니다.

'사도신경'(使徒信經)은 문자 그대로는 '사도들의 신앙 고백'입니다.

영어로는 The Apostles' Creed라고 하는데, 여기서 Creed라는 말은 라틴어 '크레도'(*Credo*), 즉 '내가 믿는다'는 말에서 나온 것입니다. 지금까지 알려진 사도신경의 이름 가운데 가장 오래 된 것은 헬라어가 아니라 라틴어로 남아 있습니다. '숨볼룸 아포스톨로룸'(*Symbolum Apostolorum*)이 바로 그것입니다(물론 헬라어를 라틴어화한 표현입니다). '사도들의 숨볼룸'이란 것인데, '숨볼룸'이라는 말은 (여기서 영어의 symbol이 나왔지요) 표지, 비밀 표시, 암호와 같은 것입니다. 다시 말해 '숨볼룸 아포스톨로룸'이란 사도들의 신앙의 표지, 사도들이 자신이 가진 신앙을 드러내는 외적인 표지, 일종의 비밀 표시 같은 것이라 할 수 있습니다. 비밀결사단에 입단할 때 자기들만 아는 기호나 표지를 쓰지 않습니까? 사도신경이 바로 그런 것입니다.[1]

사도들의 고백이라고 하지만 사도들이 만든 것인지는 의문이 있습니다. 대부분의 학자들은 그렇지 않다는 데 동의합니다. 물론 그와 반대되는 견해가 있기도 합니다. 일례로 4세기 말 활동했던 루피누스(Rufinus)라는 신학자는, 사도들이 세계 선교를 위해 떠나기 직전 다 같이 모여서, 흩어지는 교회들이 나누어야 할 하나의 공통된 신앙을 합의하는 자리에서 사도신경을 만들었다고 이야기합니다. 열두 제자가 각자의 관심에 따라 짧은 형식으로 한 문장씩 이야기를 했는데, 이것을 모았더니 지금 우리가 가지고 있는 사도신경이 되었다는 것이지요.[2] 8세기에 만든 것으로 추정되는 문헌에서는 이 과정을 좀더 정교하게 전해 줍니다.

베드로가 말했다. "나는 전능하신 천지의 창조주 하나님 아버지를 믿는다."

안드레가 말했다. "예수 그리스도, 하나님의 아들, 우리의 유일한 주를 믿는다."

야고보가 말했다. "그는 성령에게 잉태되었고 동정녀 마리아에게서 태어나셨다."

요한이 말했다. "본디오 빌라도에게 고난을 당하시고 십자가에서 죽으셨고 죽어 장사지낸 바 되셨다."

도마가 말했다. "지옥으로 내려가 죽은 자들 가운데서 삼일 만에 부활하셨다."

야고보가 말했다. "하늘에 오르셔서 선한 하나님의 오른편에 앉으셨다."

빌립이 말했다. "그 곳에서 죽은 자들과 산 자들을 심판하러 오신다."

바돌로매가 말했다. "나는 성령을 믿는다."

마태가 말했다. "거룩한 공회와 성도들의 교제를 믿는다."

시몬이 말했다. "교회의 용서를 믿는다."

다대오가 말했다. "육신의 부활을 믿는다."

맛디아가 말했다. "영생을 믿는다."[3]

사도신경은 이렇게 열두 문장으로 구별되어 있습니다. 예수님의 제자가 열두 명이었으니 열두 문장으로 구별한 것은 우연이 아니지요. 이것은 물론 상상에 근거한 것이라 생각하지만 재미있는 상상이라 생각합니다. 후세 사람들이 아무렇게나 상상한 것은 아니었습니다. 사도들을 배열해 놓은 순서나 그들이 한 신앙 고백의 내용을 비교해 보면 재미있는 점이 있습니다. 예수님의 제자 가운데 수제자가 누구입니까? 베드로입니다. 그래서 베드로가 제일 먼저 이야기를 꺼냅니다. 예수님의 제자 가운데 부활에 대해 의심한 제자가 누구입니까? 도마입니다. 그래서 도마가 예수님의 부활에 대해 신앙 고백을 합니다. 제법 그럴 법한 이야기지요. 그렇지만 이것은 어디까지나 전설일 뿐입니다.

사도들이 사도신경을 직접 만들었을 가능성은 거의 없지만, 사도신경이 직접 예수님을 만나고 예수님의 죽음과 부활을 목격한 사람들의 증거와 일치한다는 것만은 틀림없습니다. 루터나 칼빈의 경우도 사도신경이 사도들이 직접 작성한 것은 아니라고 생각하지만 사도들이 믿었던 신앙 내용의 요약이고 개요라고 분명히 말하고 있습니다. 우리는 최소한 사도신경이 사도들이 전한 메시지와 부합하는 가르침이라고 말할 수 있습니다.

물론 사도신경에 대한 비판이 없는 것은 아닙니다. 무엇보다도 사도신경에 우리가 믿는 신앙의 본질적인 내용이 빠져 있다는 사실이 지적됩니다. 예컨대 사도신경에는 원죄에 관한 이야기가 없고, 믿음으로 의롭게 된다는 내용도 없고, 예수님의 공적에 관한 이야기도 없습니다. 그리스도인의 삶에 대한 직접적 언급도 없습니다. 사도신경은 예수 그리스도에 대해서는 길게 언급하면서도 성부 하나님과 성령 하나님에 대해서는 매우 소략(疏略)하게만 다루고 있습니다. 성부 하나님에 대해서는 그래도 그분이 어떤 분임을 몇 가지로 말하고 있지만 성령 하나님에 대해서는 그저 "성령을 믿사오며"라고 짧게 언급하고 있습니다. (성자에 관한 부분이 가장 길게 된 것은 고대 교회가 형성되는 과정에 예수의 인격과 신격에 관한 문제가 가장 논란이 되었기 때문입니다.) 이런 면에서 사도신경이 신앙 고백 전체를 잘 요약하고 있다고 할 수는 없습니다. 그렇지만 우리가 믿는 내용을 아주 간결하게, 핵심을 담아 표현하고 있다는 점에서 사도신경은 여전히 우리에게 중요하다고 이야기할 수 있습니다.

사도신경의 '삶의 자리'는 세례식

그런데 사도신경은 어떻게 이루어졌고, 어떤 방식으로 사용되었을까요. 조금 어려운 말로 사도신경이 태어난 '삶의 자리'는 어디일까요? 대부분의 학자들은 사도신경의 원래 유래가 세례와 관련이 있을 것이라고 추정합니다.[4] 이 경우 사도신경의 내용은 세례 받는 자의 고백이 아니라 세례 베푸는 자가 세례 받는 자에게 던지는 질문의 방식이었을 가능성이 높습니다. 예를 들면 이런 식이죠.

문: "전능하사 천지를 만드신 하나님 아버지를 믿습니까?"
답: "네, 믿습니다."
문: "성령으로 잉태하사 동정녀 마리아에게 나시고 본디오 빌라도에게 고난을 받으사 십자가에 못박혀 죽으시고 장사한 지 사흘 만에 죽은 자 가운데서 다시 살아나시며 하늘에 오르사 전능하신 하나님 우편에 앉아 계시다가 저리로서 산 자와 죽은 자를 심판하러 오실 우리 주 예수 그리스도를 믿습니까?"
답: "네, 믿습니다."
문: "성령과 거룩한 공회와 성도들이 서로 교통하는 것과 죄를 사하여 주시는 것과 몸이 다시 사는 것과 영원히 사는 것을 믿습니까?"
답: "네, 믿습니다."

오늘날 우리는 더 이상 세례 문답할 때 사도신경을 사용하지 않습니다. 예배드릴 때 공동의 신앙 고백으로 사용하지요. 그렇지만 사도신경을 고백할 때마다 이것이 세례 예식에 사용되던, 세례와 관련하여 나온 고백이라는 사실을 늘 기억할 필요가 있습니다.

신앙 고백과 세례는 밀접하게 연결되어 있습니다. 세례는 한 번 받습니다. 그렇지만 어떤 의미에서 우리는 예배를 통해 매주일 세례를 반복하여 받고 있다고 할 수 있습니다. 매주일 모이는 공예배를 통해 우리는 예수 그리스도와 함께 죽고 예수 그리스도와 함께 사는 것을 반복해서 경험하게 됩니다. 그것을 구체적으로 경험하게 되는 통로가 바로 성만찬입니다. 떡을 떼고 포도주를 나눌 때 우리는 우리가 예수 그리스도와 함께 죽고 함께 사는 것을 경험하게 됩니다. 사도신경 역시 마찬가지입니다. 우리는 사도신경을 고백할 때마다 이 고백을 통해 그리스도와 함께 죽고 함께 사는, 부활의 경험과 부활의 영광을 누릴 수가 있습니다. 그러므로 예배 가운데 사도신경으로 우리의 신앙을 고백할 때, 우리는 이 고백이 세례 예식에 뿌리를 두고 있다는 사실을 기억하면서 우리가 처음 세례 받을 때 했던 것처럼 예수 그리스도를 고백하고 예수 그리스도를 통해 우리에게 주어진 복과 은혜에 늘 감사하는 마음을 가져야 합니다.

2. 신앙 고백에는 어떤 뜻이 있는가?: 베드로의 예

베드로의 신앙 고백은 아마 신약성경을 통해 우리가 처음 접하는 고백일 것입니다. 마태복음 16장과 마가복음 8장에 기록되어 있는 베드로의 고백은 예수 그리스도에 대한 교회의 신앙 고백 가운데 가장 고전적인 예가 될 것입니다.

가이샤랴 빌립보 지역에 이르렀을 때 예수님은 제자들에게 사람들이 자기를 누구라 하느냐고 물었습니다. 제자들은 사람들이 예수님을 세례자 요한, 엘리야, 예레미야나 선지자 중의 한 사람이라 말한다고 전했습니다. 예수님은 제자들에게 "그러면 너희는 나를 누구라 말하느냐?"라고 질문합니다. 베드로가 이 질문에 대해 답합니다. "당신은 그리스도시며 살아 계신 하나님의 아들입니다." 이 말을 듣자 예수님은 "바요나 시몬아 네가 복이 있도다. 이를 알게 하신 이는 혈육이 아니요 하늘에 계신 내 아버지시라"고 말씀하십니다. 베드로의 고백에는 몇 가지 주목할 점이 있습니다.

고백은 부르심에 대한 응답

첫째, 고백은 내가 먼저 주도권을 쥐고 하는 것이 아니라 부르심에 대한 응답으로 하는 행위라는 사실입니다. 베드로는 혼자 또는 제자들과 함께 예수님께 찾아가 "저는 주님이 그리스도라고 생각합니다." 그렇게 말하지 않았습니다. 예수님이 "너희는 나를 누구라 하느냐"고 물었을 때 비로소 "주는 그리스도시요 살아 계신 하나님의 아들입니다"라고 신앙 고백하였습니다. 신앙 고백은 내가 먼저 하는 것이 아닙니다. 신앙 고백은 나를 먼저 초대해 주신 하나님께 대한 적극적이고 긍정적인 반응입니다. 고백은 내가 먼저 하는 것이 아닙니다. 고백은 무엇인가가 사실이냐고 묻는 사람에게 그렇다고 시인하는 것입니다.

판사가 "당신이 이런저런 죄를 지었는가?" 하고 물을 때, 그 죄를 지었을 경우 그렇다고 시인하는 행위를 헬라어로 '호몰로게오'(*homologeo*)라고 합니다. 그 말이 사실과 '같음'(*homo*)을 '말하는 것'(*legein*)이 바로 '고백함'(호몰로게오)입니다. 판사의 말이 사실과 같다고 시인하는 것이지요. 예수님이 "너희는 나를 누구라 하느냐?" 하고 물으실 때, 그 물음에는 이미 "너희는 나를 그리스도라 생각하느냐"는 물음이 함축되어 있다고 말할 수 있습니다. 베드로는 "예, 당신은 그리스도입니다"라고 서슴지 않고 응답함으로써 자신의 신앙의 용기를 보였습니다. 베드로의 고백에는 자신이 구원받아야 할 존재, 회복되어야 할 존재, 새로운 피조물로 빚어져야 할 죄인이라고 하는 고백이 함축되어 있습니다. 이것은 단순한 고백이 아니라 찬양입니다. '호몰로게오'라는 말에 이미 '찬양하다' 또는 '감사하다'라는 뜻이 담겨 있습니다.[5]

하나님의 초청에 대한 응답으로서 하는 신앙 고백은 사람과 사람 사이에 하는 사랑의 고백과는 순서가 다르지 않을까 생각합니다. 사랑을 고백할 때는 대개 사랑의 감정을 가진 사람이 먼저 그 사실을 고백합니다. "내가 당신을 사랑한다"라고 말이지요. 고백을 듣는 사람은 전혀 그 고백을 받아들일 생각이 없는데 고백을 하는 경우도 있습니다. 그렇게 되면 그 고백은 반응 없이, 혼자서 속앓이를 하다가 끝날 수도 있습니다. 짝사랑의 경우이지요. 그러나 하나님께 하는 우리의 사랑 고백은 짝사랑으로 끝날 수 없는 고백입니다. 왜냐하면 하나님이 먼저 사랑하시고 불러 주셨기 때문입니다. 먼저 나에게 "너는 나를 누구라 하느냐?" 물으시면서 나의 반응을 기대하시기 때문입니다. 우리는 곧장 그분에게 "예, 하나님은 천지를 만드신 아버지입니다"라고 응답하면 됩니다. 이것이 우리의 고백입니다. 우리의 신앙 고백은 메아리 없이 돌아오는 짝사랑의 고백이 아니라, 우리를 먼저 사랑하신 하나님의 사랑에 대한 응답으로 하나님께 돌려드리는 사랑의 고백이요, 찬양이요, 하나님께 영광을 돌려드리는 말입니다.

고백은 앎을 전제한다

둘째, 신앙 고백은 맹목적인 고백이 아니라는 사실입니다. 베드로는 예수님이 그리스도이시고 살아 계신 하나님의 아들임을 분명히 알고 자신의 신앙을 고백했습니다. 베드로의 고백은 어렴풋이 짐작하거나, 그랬으면 좋겠다는 생각에서 비롯된 고백이 아닙니다. 확실히 알고서 한 고백입니다. 자신이 따르는 분이 누구인지, 그가 어디서 온 분인지, 그가 속한 공동체와 자신이 무슨 관계가 있는 분인지 분명히 알고 한 고백입니다. 비록 예수님이 십자가의 고난을 받고 죽어야 하고 다시 살아야 할 것이라는 사실은 몰랐지만, 예수님이 그리스도라는 사실은 분명히 '알고' 고백했습니다.

예수님은 베드로가 그렇게 알고 고백했다는 것을 인정했습니다. 신앙은 맹목적인 것이 아닙니다. 알아야 할 것에 대해 분명히 알아야 합니다. 우리는 신앙과 관련된 일, 하나님과 관련된 일에 대해서 알아야 할 의무가 있습니다. 이 땅에서 살아가는 동안 우리는 끊임없이 탐구하고 알아가고 안 만큼 삶 속에서 실천하고 소망을 가지고 살아가는 일을 그쳐서는 안 됩니다. 우리가 이 일에 얼마나 게으른지 모릅니다. 하나님에 대해 알려고 하는 것은 잘 해야 성경을 읽는 것이고, 성경의 배경이나 교회사에 대해 제대로 공부를 하지 않습니다. 예컨대 우리는 1907년 평양에서 있었던 대부흥에 대해 잘 알지 못합니다. 그 때 무슨 일이 있었는지 알지도 못할 뿐더러 이에 대해 가르치지도 않습니다. 흔히 목사님들이 무조건 믿으라고 강단에서 외치는데 이것은 대단히 유감스러운 일입니다. 우리는 우리가 믿는 것이 무엇인지 알려고 애써야 합니다. 앎은 신앙과 모순되기는커녕 오히려 우리 신앙을 확실하고 견고하게 해줍니다.

고백적 앎은 하나님의 '알게 해주심'(계시)의 열매다

그런데 예수님은 베드로가 당신께서 그리스도임을 알고 한 고백이 "혈육을 통해 안 것"이 아니라 "하늘에 계신 아버지께서 알게 하신 것"이라 말씀하십니다. 예수가 그리스도임은 철학이나 역사 또는 종교학을 통해 알 수 있는 지식이 아닙니다. 역사나 종교학에서는 교회라는 공동체에서 그렇게 이야기한다는 사실을 서술할 수 있을 뿐입니다. 신앙의 근본 지식은 우리의 경험이나 이성적 추론에 근거한 것이 아니라 숨겨진 것을 하나님이 우리의 눈을 열어 보여 주실 때 가능합니다. 이것을 신학 용어로 '계시'라고 합니다.

민수기 22장에 발람과 그의 나귀에 관한 얘기가 나옵니다. 나귀가 여호와의 사자를 보고 멈칫거리자 발람이 나귀를 세 번이나 때립니다. 그래서 나귀가 입을 열어 발람을 책망하지요. 31절을 보면 "때에 여호와께서 발람의 눈을 밝히시매 여호와의 사자가 손에 칼을 빼어들고 길에 선 것을 보고 머리를 숙이고 엎드리니"라고 되어 있습니다. 여기서 "여호와께서 눈을 밝히시매"(와으갈 야웨 에트 에이네이)라고 할 때 '밝히시다'로 번역된 동사 갈라(galah)는 신학 용어로 흔히 '계시'라고 부르는 것입니다. 다른 예가 있습니다. 사울을 이스라엘 왕으로 세울 때 하나님은 그 사실을 사무엘에게 미리 알게 하셨습니다. "사울이 오기 전 날에 여호와께서 사무엘에게 알게 하여 이르시되"(삼상 9:15) 여기에 사용된 '알게 하여'란 단어도 앞의 단어와 같이 '계시하다'는 단어입니다. 우리의 감각 능력이나 이성 능력으로 알 수 없는 것을 하나님이 알게 해주실 때, 그 때 알게 되는 지식이 곧 계시인 것이지요. 신약에서 계시(*apokalypsis*)를 말할 때 중요한 것은 예수 그리스도 자신이 하나님의 계시, 곧 하나님을 보여 알게 해주시는 분이라는 사실입니다. 디모데후서 1:9-10을 보면 이렇습니다. "하나님이 우리를 구원하사 거룩하신 소명으로 부르심은 우리의 행위대로 하심이 아니요. 오직 자기의 뜻과 영원 전부터 그리스도 예수 안에서 우리에게 주신 은혜대로 하심이라. 이제는 우리 구주 그리스도 예수의 나타나심으로 말미암아 나타났으니(*phanerotheisan*) 그는 사망을 폐하시고 복음으로써 생명과 썩지 아니할 것을 드러내신지라." '나타났으니'라고 할 때 '나타나다'(*phanereo*)는 예수 그리스도를 통해서 알게 하심을 두고 말하는 것입니다. 베드로가 "당신은 그리스도이십니다"라고 고백할 수 있었던 것은 다른 사람들에게는 감추어지고 숨겨진 것을 베드로에게는 알 수 있도록 하나님이 보여 주셨기 때문입니다. 하늘에 계신 아버지께서 '알게 해주셨다'(*apekalypsen*)고 할 때 사용한 말이 곧 '계시해 주셨다'는 말입니다.

그러므로 아버지께서 성령의 역사로 예수 그리스도를 통해 알게 해주신 일에 대해 베드로는 자랑할 여지가 없습니다. 그렇게 고백할 수 있었던 것 자체가 그에게는 감사할 일이요, 찬양할 일입니다. 우리의 경우도 마찬가지입니다. 우리가 하나님을 믿는다고 고백하고 예수 그리스도가 어떤 분임을 믿는다고 고백하고 성령을 믿는다고 고백할 때, 이렇게 내가 알고 고백하는 것은 하나님의 은혜로써만 가능한 일입니다. 누구도 아버지 하나님이 예수를 통해 성령 안에서 자신을 알려 주시지 않고서는 하나님을 알 수 없고 하나님이 어떤 분이라고 확실하게 고백할 수 없습니다. 그러므로 우리는 이렇게 고백할 수 있게 하신 하나님께 감사하며 찬양을 드려야 합니다.

마지막으로 신앙 고백과 관련해 한 가지 더 생각해 볼 문제가 있습니다. 두 가지 측면입니다. 하나는, 하나님이 스스로 당신을 알려 주셔야 신앙 고백을 할 수 있다고 해서 신앙 고백이 단순히 초월적 계시로만 이루어지는 것은 아니라는 점입니다. 다른 하나는, 신앙 고백이 우리를 향하신 하나님의 사랑에 대한 우리의 반응이고 응답이라고 할 때, 이 응답이 단순한 감정이나 느낌이 아니라 명제로 표현할 수 있는 내용을 갖는다는 점입니다. 먼저 두 번째 사실과 관련하여 생각해 보겠습니다.

명제 형식으로 표현하는 고백

하나님에 대한 신앙 고백이 하나님의 사랑에 대한 우리의 반응을 나타내는 것이라면 "예, 하나님. 저도 하나님을 사랑합니다"라고 응답하면 이것으로 충분할 것입니다. 사랑하는 분에게 그분이 어떤 분인지, 그분이 나에게 무엇을 하셨는지 일일이 말할 필요가 없습니다. 하나님을 향한 우리의 느낌, 우리의 감정을 표현하기 위해 문장을 만드는 것은 오히려 방해가 될 수 있습니다. 그분이 나를 받아들여 주셨다는 것을 내가 온전히 수용하고 나를 완전히 비워 그분만이 내 속에 계시게 한다면 어떤 말로도 그것을 표현해 낼 수 없을 것입니다. 침묵 가운데, 어떤 언어적 표현을 벗어나, 오직 그분께 자신을 내어 드리면 될 것입니다.

그러나 세례를 받을 때 하는 신앙 고백이나 공적인 예배를 통해서 성도들과 함께 하는 신앙 고백은 이런 방식으로 할 수 없습니다. 여기에는 문장 형식으로 된, 곧 명제적 내용이 있는 표현을 사용할 수밖에 없습니다. 기독교 전통은 이것을 매우 중요하게 생각하였습니다. 기독교 신앙은 이 세계와 우주와 우리 삶의 현실에 대한 일정한 태도와 지식을 가지고 있습니다. 이 지식은 삼위 한 분 되신 하나님에 대한 지식을 전제합니다. 하나님이 어떤 분인가 하는 지식을 통해 우주와 세계, 인간 존재와 역사, 나의 삶의 과거와 현재, 미래를 이해합니다.

지식은 언제나 문장 형식으로 표현됩니다. 예컨대 "물은 H_2O이다." 또는 "물은 수소 두 분자와 산소 한 분자로 구성된 화학 물질이다." 이렇게 우리가 물에 대한 지식을 표현할 수 있습니다(유감스럽게도 혹시 우리가 우리 손에 수소 두 분자와 산소 한 분자를 가지더라도 이것을 합성해서 우리가 알고 있는 액체 모습의 물을 만들 수는 없습니다. 이것은 이것들이 수억 개 모일 때 만들어 내는 속성이기 때문이지요). 마찬가지로 이 우주와 세계, 우리가 몸담고 있는 현실과 관련하여 매우 중요한 의미를 띠고 있는 하나님에 관해 얘기할 때 우리는 이를 문장 형식으로 표현해야 합니다. 요즘 지식 사회에서는 포스트모더니즘이 등장하면서 명제로 표현하는 것에 대한 비판이 제기되고 있습니다. 그렇지만 성경은 하나님이 천지를 창조하셨다든지 하나님은 전능하시다든지 하는 것들을 알아야 한다고 분명하게 이야기하고 있습니다.

예컨대 출애굽기 34장을 보면 모세가 십계명 두 돌판을 받는 장면이 나오는데 거기에는 이런 표현이 나옵니다. "여호와라. 여호와라. 자비롭고 은혜롭고 노하기를 더디 하고 인자와 진실이 많은 하나님이라"(34:6). 하나님에 관한 내용들이 모두 서술형으로 표현되어 있습니다. 요나서 4장에 보면 요나가 "주께서는 은혜로우시며 자비로우시며 노하기를 더디하시며 인애가 크시사 뜻을 돌이켜 재앙을 내리지 아니하시는 하나님이신 줄 내가 알았음이니이다"(욘 4:2)라고 말하는 내용이 나옵니다. 하나님이 어떤 분이신지 명제의 형태로, 문장으로 표현해서 이야기하고 있습니다. 베드로와 바울의 경우도 예수님에 대해서 그리스도라 고백하고 다른 사람들에게도 그렇게 선포했습니다(행 9:22 등 참조). 그러므로 우리는 하나님과 하나님이 관여하는 현실에 대한 우리의 지식을 명제 속에 담아 언어의 형식으로 담아내는 일을 거부할 필요가 없습니다. 그렇지 않다면 설교도, 신학도 가능하지 않을 것입니다. 우리는 비록 부족하고 불완전하지만 하나님에 대해서 우리의 언어로 표현하고, 서술하고, 찬양하고 감사를 표현할 수 있습니다.

하나님의 계시는 인간의 경험을 무시하지 않는다

그런데 하나님은 우리에게 당신을 알게 해주실 때 우리의 지상 경험과 지식을 이용하십니다. 하나님은 우리의 조건을 무시하신 채 자신을 알려 주지 않습니다. 우리의 조건이란 무엇입니까? 우리는 몸을 가지고 있고 생각하고 상상할 수 있고 추론할 수 있고, 추론의 결과 어떤 판단을 내릴 수 있습니다. 우리는 선택할 수 있고 행동할 수 있고 우리에게 가해지는 행동에 대해 반응할 수 있습니다. 우리는 사물에 이름을 붙이고 사물의 용도를 알며 그것들을 사용합니다. 우리는 타인과 언어로, 감정으로, 행동으로 소통합니다. 우리는 어떤 일이 우리에게 좋은 것이며, 어떤 것이 나쁜지 가치를 평가할 수 있습니다. 모두가 동일한 정도와 동일한 수준으로 이러한 조건들을 충족시킨다고 할 수는 없겠지만 인간이면 모두 이런 능력을, 적어도 원칙적으로 공유하고 있다는 사실을 부정할 수 없습니다. 하나님이 우리에게 그분이 어떤 분인가 알려 주실 때는 이런 우리의 경험을 통해서, 우리가 이해할 수 있는 방식으로 알려 주신다는 사실이 중요합니다.

만일 그렇지 않다면 아무리 하나님이 우리에게 무엇을 계시해 준다고 하셔도 우리는 그것을 볼 수도, 들을 수도, 더구나 이해할 수도 없을 것입니다. 예컨대 하나님이 노하기를 더디 하시고 자비로우신 분이라는 것을 알려 주신다 하더라도 우리가 노하기를 더디 하시고 자비롭다는 것의 뜻을 알 수 없다면 하나님에 대해 알 수 없을 것입니다. 하나님은 우리 뜻과 상관없이 당신을 계시하시지만 인간들의 조건을 충분히 이용하십니다. 계시는 인간의 조건을 충분히 전제하면서 단순히 인간의 지혜로는 인식할 수 없는 하나님의 일을 알려 주는 수단입니다.

물론 여기에는 전제가 있습니다. 때로는 인간이 처한 조건이 하나님을 오해하도록 이끌 수도 있습니다. 유대인들은 메시아를 정치적 메시아로 이해했습니다. 그랬기 때문에 그들은 메시아라고 생각했던 예수님이 예루살렘으로 들어오면서 군사를 거느리고 오기는커녕 나귀를 타고 오는 우스꽝스럽기 짝이 없는 모습으로 들어왔을 때 이를 이해할 수 없었습니다. 베드로의 경우는 어떤가요? 예수님이 자신이 십자가에서 죽으리라는 사실을 알렸을 때 베드로는 그러지 마시라고 예수님을 말럽니다. 우리말로는 그 뜻이 분명하게 드러나지 않지만, 원문에는 꾸짖다라는 뜻의 단어를 사용하고 있습니다. 베드로 역시 메시아에 대해 잘못 이해하고 있었기 때문에 예수님이 하신 말씀의 뜻을 이해할 수 없었던 것이지요. 이처럼 하나님은 인간의 조건을 이용하시지만, 동시에 이 조건이 계시를 이해하는 데 방해가 될 수도 있음을 알아야 합니다.

우리가 사도신경을 통해 고백하는 내용들은 하나님의 말씀인 성경을 통하지 않고서는 알 수 없는 것들입니다. 이것들은 우리의 생각을 통해 만들어 낸 명제들이 아닙니다. 우리는 우리 생각을 통해 예수 그리스도가 우리의 구주되심을 알 수도, 믿을 수도 없습니다. 우리는 하나님이 창조주 아버지로, 구속주 아들로, 그리고 위로자이시며 삶을 완전히 바꾸고 보존하시는 성령으로 우리에게 오심을 상상할 수 없습니다. 하나님은 말씀을 통해 우리에게 이것들을 알고 믿게 하셨습니다.

3. '내가 믿사오니'

사도신경 첫 줄은 "전능하사 천지를 만드신 하나님 아버지를 내가 믿사오니"입니다. '우리'가 믿는다고 하지 않고 '내'가 믿는다고 되어 있습니다. 교회 공동체의 공동의 신앙 고백을 생각하면 '크레다무스'(*Credamus*), 곧 '우리가 믿는다'라고 하는 것이 더 적합할 듯한데 '크레도'(*Credo*), '내가 믿는다'라고 되어 있습니다. 이것이 '우리는 믿는다'라는 형식으로 되어 있는 니케아 신경과의 차이점입니다.

우리는 교회를 통해, 예배 중에 함께 공동체적으로 신앙 고백을 할 수 있습니다. 그러나 우리가 공동체 가운데 하나님에 대한 신앙을 고백할 수 있는 것은, 우리 각각이 개인적으로 그 하나님을 알고, 독립된 하나의 개체로서 개인적으로 고백할 수 있을 때 가능합니다. 내가 아버지 하나님에 대해, 성자 하나님에 대해, 성령 하나님에 대해 신앙 고백하는 것은 우리가 공동체로 신앙 고백할 수 있는 조건이 됩니다. 개인적인 신앙 고백 없이는 공동체에 속할 수 없습니다. 우리는 공동체 속에서 같이 고백할 수 있도록 눈에 보이는 절차인 세례를 통해 각각 개인적으로 고백하는 공동체 가운데로 들어오게 됩니다. '내가 믿사오니'라는 고백이 없다면 교회 안에서 공예배를 통해 하나님께 고백할 수 없습니다. 우리는 하나님께 함께 신앙 고백을 하지만, 그것에 앞서 홀로, 하나님과 일대일로 신앙 고백을 할 수 있어야 합니다. 신앙 고백하는 나는 '우리'라는 공동체 안에 들어오지만 그러기 전에는 하나님 앞에 홀로 선 존재입니다. 그러므로 우리가 신앙을 고백할 때 '크레다무스'(우리가 믿습니다)라고 하지 않고 '크레도'('내가 믿습니다')라고 하는 것이 옳습니다.

거꾸로, 우리가 공동체 속에 몸담고 고백하는 소리를 듣는 것은 내가 고백할 수 있도록 하는 조건이 됩니다. 나의 개인적인 고백으로 교회에 들어오게 되지만, 교회에 들어오고 발을 붙임으로써 그 하나님을 나의 하나님으로 고백할 수 있게 됩니다. 개인과 공동체는 이렇게 밀접한 관련을 맺고 있습니다. 독일의 신학자 본회퍼는 「신도의 공동생활」(*Gemeinsames Leben*)에서 이렇게 말합니다. "공동체 안에 있을 때만이 우리는 홀로 있을 수 있고 홀로 있는 이만이 공동체 속에서 살 수 있다."[6] 신앙 고백을 하는 개인과 공동체는 상호 연관 속에 있습니다. 우리가 공동체 생활을 하는 것을 통해 각각 나의 하나님을 고백하는 것이고, 나의 하나님을 고백함으로써 공동체를 이루어 갈 수 있는 것입니다.

'믿는다'는 것은 '신뢰한다'는 뜻

그런데 '믿는다'는 것이 무엇입니까? '내가 믿는다'는 것은 무엇을 뜻합니까? 영어 표현인 'I believe'에는 '그렇게 여긴다, 그렇게 생각한다'는 뜻이 있습니다. 예컨대 '비가 올 것 같다'고 말을 할 때 'I believe'라는 표현을 쓸 수 있습니다. 그렇게 추정한다는 말입니다. 사도신경에 쓰인 '내가 믿사오니'라는 말은 그 정도의 뜻이 아닙니다. 그것은 '신뢰한다'는 것을 의미합니다. 인격적 관계가 가능한 대상에 대해서만 신뢰한다는 표현을 쓸 수 있습니다. 신뢰한다는 것은 믿고 의뢰한다는 것이고, 믿고 맡긴다는 것입니다. 그러므로 우리가 하나님 아버지를 믿는다, 예수 그리스도를 믿는다, 성령을 믿는다고 고백할 때 우리는 온몸을 던져 믿고 의뢰하고 맡기고 따른다는 의지를 드러냅니다.

우리말과 히브리어는 비슷한 점이 있습니다. 헬라어와는 다릅니다. 그리스 사람인 플라톤은 '믿음'(*pistis, doxa*)을 '지식'(*episteme*)과 대비시켰습니다. 그래서 구약 성경이나 신약 성경 전통에서 찾아볼 수 없는 신앙과 지성, 신앙과 이성의 대립 구도가 서양 기독교를 통해 들어왔습니다. '믿음'은 '참된 지식은 아니지만 그렇게 생각하는 정도, 의견, 추측, 그럴 것 같다는 정도'의 뜻입니다. 감각이나 상상을 통해 아는 것은 지식이 아니라 기껏해야 '믿음'이나 '의견' 정도에 그친다고 그리스 사람들은 생각했습니다. 지식은, 이와 달리, 실재하는 현실에 대한 올바른 앎입니다. 그리스 사람들이 추구한 것은 믿음이나 의견이 아니라 지식입니다. 그러므로 믿음과 지식, 신앙과 지성의 대립이 생겼습니다. 그러나 성경 전통에서는 이러한 대립이 없습니다.

반면 성경에 사용된 믿음이라는 말은 그럴 것 같다는 정도나, 의견, 추측이 아니라 확신하고 확고하게 서는 것을 뜻합니다. 대표적인 예를 이사야 7:9에서 찾을 수 있습니다. "만일 너희가 믿지 아니하면 정녕히 굳게 서지 못하리라 하셨느니라"는 구절이 있습니다. 앞 문장의 '굳게 믿는다'는 말과 뒤에 따라 오는 문장의 '굳게 선다'는 말은 다 같이 어근이 '아만'(*aman*)이라는 동사입니다. '굳건하다', '단단하다', '신뢰할 만하다', 이런 뜻이 있는 말이지요. 이 '아만'에서 '에메트'(*emet*), 성경에서 흔히 '진리' 또는 '진실'이라고 번역하는 말이 나왔습니다. 어떤 무엇 또는 어떤 누군가 참이다, 믿을 만하다는 것은, 그가 흔들리지 않고 단단하고, 굳건하다는 뜻입니다. "하나님은 에메트이시다"라는 말은 하나님이 영원한 어떤 원리라든지, 진리를 가지신 분이라는 뜻이라기보다는 하나님은 믿을 만한 분, 신뢰할 만한 분, 그래서 마치 단단한 반석처럼 우리가 믿고 맡기고 의지할 수 있는 분이란 뜻입니다. 믿음이란, 하나님은 그렇게 단단하고 굳건하시고 반석처럼 튼튼하신 분이기 때문에 우리를 맡기고 의지할 수 있다는 것을 의미합니다. 이사야 7:9은 너희가 하나님을 의지하지 않는다면, 곧 하나님을 굳건한 반석처럼 기댈 수 있고 맡길 수 있는 분으로 여기지 않는다면 제대로 설 수 없고 살 수 없다는 뜻입니다. 성경 전통에서 믿음이란 신뢰하고 맡기고 확고하게 기댄다는 뜻입니다. 믿는다는 것은 하나님께 우리 자신을 맡기고 그분께 의뢰한다는 것이다.

히브리서 11장에는 믿음의 용사들이 나옵니다. 이들이 보인 특징을 세 단어로 요약할 수 있습니다. 소망과 인내와 용기입니다. 하나님을 의지하고 하나님께 모든 것을 의탁하고 맡긴 이들에게는 (1) 소망이 생기고, (2) 고난을 받을 수 있는 능력, 곧 인내가 생기고, (3) (라함에게서 볼 수 있는 것 같은) 용기가 생겼습니다. 성경은 이들이 보인 믿음이 무엇이었는지 정의를 내리지 않습니다. 이 역시 그리스 전통과의 차이입니다. 그리스 사람들은 무엇이든 정의를 내리고자 합니다.

예컨대 플라톤의 「에우티프론」을 보면 에우티프론과 소크라테스가 무엇이 경건인가 하는 물음을 두고 벌린 토론이 나옵니다. 이들은 종교적 문제를 다루는 법정 건물 앞에서 만납니다. 소크라테스가 에우티프론에게 웬일로 여기 왔는지 물었습니다. 그랬더니 에우티프론은 자기 아버지를 고소하러 왔다고 말했습니다. 무슨 일로 아버지를 고소하려 하는가 물었더니 에우티프론은 아버지가 사람을 죽게 내버려 두었기 때문이라고 했습니다. 토론이 진행되자 에우티프론은 자신이 아버지를 법정에 고발하느냐 하지 않느냐 하는 것은 곧 자신이 경건한가 아닌가 하는 문제라고 말했습니다. 소크라테스는 에우티프론에게 "경건이 무엇인가?"라는 질문을 던졌습니다. 자기가 하는 것처럼 잘못을 저지른 아버지를 법정에 고발하는 것이 경건이고 그렇지 않으면 경건이 아니라고 에우티프론은 답합니다. 소크라테스는 그렇게 하지 말고 공통적인 특성을 들어 말해 보라고 다그칩니다. "신이 좋아하는 것을 하는 것이 경건이고, 신이 좋아하지 않는 것을 하는 것이 불경건"이라고 에우티프론은 답합니다. 소크라테스가 다시 묻습니다. "다른 신들이 여럿 있고, 이 신은 이것을, 저 신은 저것을 좋아하는 데 어떻게 신들이 좋아하는 것이 경건일 수 있는가?" 그러자 에우티프론은 "모든 신들이 좋아하는 것이 경건이고, 모든 신들이 싫어하는 것이 불경건이다." 이렇게 대답합니다. 토론은 계속되지만 에우티프론은 경건이 무엇인지 결국 정의내리지 못하고 황급히 떠나고 맙니다.[7] 소크라테스가 요구한 것은 경건에 대한 정확한 정의였습니다. "삼각형은 세 각이 있는 도형이다"와 같은 정의 말이지요.

그리스 철학적 관점에서 보면 성경은 형편이 없습니다. 성경은 믿음이 무엇인지 정의하지 않습니다. 다만 구체적인 예를 통해 믿음이 무엇인지 이야기할 뿐입니다. 성경은 어떤 이론(theory)을 제공해 주기보다는 이야기(narrative, story)를 들려줍니다. 예컨대 마태복음을 두고 말할 때, 예수님의 설교와 예수님에 대한 이야기로 되어 있다고 말합니다. 예수님의 설교 부분도 주로 비유로 되어 있습니다. 예수님과 복음서 기자는 개념을 정의하고 이론을 정립하는 데 관심이 없는 것처럼 보입니다. 믿음에 관해서 성경이 보여 주는 것도 이야기를 통해서 믿음을 가진 사람들이 어떻게 살았는지 이야기합니다. 히브리서 11장을 보면 믿음이 있는 사람들은 바라고 고난 가운데서 인내하고 불가능한 일 가운데서도 용기를 가졌습니다. 이것이 믿음 가진 사람들이 보인 행동입니다. 이런 사람들을 보면 믿음이 무엇인지 알지 않겠는가 하는 것이 성경의 태도입니다. "믿음은 바라는 것들의 실상(바탕, 근거)이요 보지 못하는 것들의 증거(확증)"입니다. 믿음은 보지 못한 것을 본 것보다 더 확실하게 받아들이는 행위이고, 바라는 것들이 마치 지금 확실하게 이루어진 것처럼 믿고 자신을 맡기는 행위입니다. 우리가 삼위 하나님에 대해 신앙을 고백한다는 것은, 지금 여기서 만지지도, 보지도 못하지만 만지고 본 것보다 더 확실하게 굳건하게 하나님을 신뢰하고 따르고 우리 자신을 맡긴다는 뜻입니다.

우리 자신을 하나님께 맡길 때 우리는 그분이 어떤 일을 하는지, 그분이 누구인지 알아야 합니다. 그래야 우리 자신을 맡길 수 있습니다. 사람을 신뢰하게 되기까지의 과정을 생각해 보아도 좋습니다. 경험을 통해, 때로 실망하고 때로 기대하면서 우리는 사람을 알아갑니다. 하나님에 대한 신앙 고백도 마찬가지입니다. 하나님을 알아 가면 갈수록 신뢰도는 점점 높아갑니다.

출애굽기 15장에는 홍해를 건넌 후 모세가 하나님께 드린 찬양이 나옵니다.

"내가 여호와를 찬송하리니 그는 높고 영화로우심이요 말과 그 탄 자를 바다에 던지셨음이로다. 여호와는 나의 힘이요 노래시며 나의 구원이시로다. 그는 나의 하나님이시니 내가 그를 찬송할 것이요 내 아버지의 하나님이시니 내가 그를 높이리로다. 여호와는 용사시니 여호와는 그의 이름이시로다"(출 15:1-3).

모세는 실제로 홍해에서 이스라엘을 건져 주신 그 사건을 통해서 하나님을 알고 노래합니다. 우리는 말씀을 통해 하나님을 아는 것 외에 실제 삶의 경험을 통해 하나님을 알고 하나님이 어떤 분이신지 고백할 수 있습니다.

믿음의 표현은 찬양과 감사의 언어로

그런데 이 고백의 언어는 서술의 언어가 아닙니다. 이것이 중요합니다. 예컨대 네모는 네모났다는 것, 이것은 단순한 서술일 뿐이고, 이 사실에 대해 우리는 찬양하지 않습니다. 그렇지만 하나님은 나의 힘이고 구원이라는 것은 단순한 서술이 아니라 찬양입니다. 우리가 하나님에 대해 고백하는 언어는 사실을 서술하는 언어가 아니라 하나님을 찬양하는 언어입니다. 신앙 고백의 근본적인 의미는 찬양입니다.

대표적인 예를 어거스틴(아우구스티누스)에게서 발견할 수 있습니다. 밀라노에서 회심을 했을 당시 어거스틴은 친구로부터 성 안토니오의 생애에 관해 듣습니다. 그 신앙의 삶에 깊은 감동을 받습니다. "가진 것을 모두 팔아 가난한 사람들에게 주고 나를 따르라"는 예수님의 말씀을 성경에서 듣고 안토니오는 그대로 실행했습니다. 그리하여 사막의 은수사(隱修士)로 살아갑니다. 어거스틴도 눈물에 젖어 있다가 갑자기 아이들이 노래 부르는 듯한 목소리를 듣습니다. "집어 읽어라, 집어 읽어라"(*Tolle lege, tolle lege*). 그래서 성경을 둔 방을 달려가 집어 읽었습니다. 그것이 로마서 13장 "이제는 자다가 깰 때라…" 부분입니다. 이 부분을 읽고 어거스틴은 모든 의심이 사라지고 확신 가운데 예수 그리스도를 구주로 믿게 됩니다.[8] 어거스틴은 자신의 신앙 여정을 담은 「고백록」을 이렇게 시작합니다.

"오, 주님, 당신은 위대하시니 크게 찬양을 받으실 만합니다. 당신의 피조물의 한 부분인 인간이 당신을 찬양하기 원합니다. 인간은 자신의 유한성과 스스로 지은 죄의 증거와 당신은 교만한 자를 물리치신다는 그 증거를 몸에 지닌 채 살고 있습니다. 그렇지만 당신의 피조물의 한 부분인 이 인간은 당신을 찬양하기 원합니다. 당신은 우리 인간의 마음을 움직여 당신을 찬양하고 즐기게 하십니다. 당신은 우리를 당신을 향해 살도록 창조하셨으므로 우리

마음이 당신 안에 쉴 때까지는 편안하지 않습니다."[9]

어거스틴은 자신의 죄에 대한 고백을 하나님에 대한 찬양으로 시작하고 있습니다. 하나님께 죄를 고백하고 죄 용서를 구하는 것은 그 자체가 하나님을 찬양하는 행위입니다. 찬양 없이는 죄의 고백이 가능하지 않습니다. 고백은 자신의 죄를 아뢰는 것이고, 하나님을 찬양하는 것이며, 이를 통해 자신의 고백을 듣는 사람들이 자기 죄를 알고 죄를 사해 주신 하나님께 찬양하도록 교육하는 것입니다. 하나님이 우리 죄를 사해 주시고 우리를 자신의 자녀로 받아 주셨다는 사실을 감사하고 찬양하는 것입니다.

4. 삼위 한 분 되신 하나님

우리가 현재 교회에서 고백하고 있는 사도신경을 한번 읽어 봅시다. [이 고백은 일종의 암호처럼—사도신경은 '사도들의 암호'라는 뜻임을 기억하십시오—글로 적는 것이 아니라 가슴 속에 새긴 것이라고 루피누스는 말합니다. 그러므로 그는 마치 불교에서 교외별전(敎外別傳), 이심전심(以心傳心)이라고 하듯이 믿지 않는 사람이 신앙 고백을 글로 적힌 것을 보더라도 그 자체로는 아무 의미가 없는 것이라고 봅니다.]

전능하사 천지를 만드신 하나님 아버지를 내가 믿사오며
그 외아들 우리 주 예수 그리스도를 믿사오니
이는 성령으로 잉태하사 동정녀 마리아에게 나시고

본디오 빌라도에게 고난을 받으사 십자가에 못박혀 죽으시고

장사한 지 사흘 만에 죽은 자 가운데서 다시 살아나시며

하늘에 오르사 전능하신 하나님 우편에 앉아 계시다가

저리로서 산 자와 죽은 자를 심판하러 오시리라.

성령을 믿사오며

거룩한 공회와 성도가 서로 교통하는 것과

죄를 사하여 주시는 것과

몸이 다시 사는 것과

영원히 사는 것을 믿사옵나이다. 아멘.

우리가 사도신경을 통해 신앙 고백하는 신은 천지신명(天地神明)도 아니고, 바울이 아테네에 들렀을 때 아테네 사람들이 섬기던 '이름을 알 수 없는 신'도 아닙니다. 철학적인 의미에서의 신도 아닙니다. 아리스토텔레스 같은 철학자는 신을 '부동(不動)의 원동자(原動者)'로 정의한 바 있습니다. 자신은 움직이지 않으면서 모든 만물을 움직이는 자라는 뜻입니다. 이러한 정의에 영향을 받아 중세 이후의 기독교 신학이 발전합니다. '부동의 원동자'니, '제일원인'이니, '최고 존재자'니, '절대적으로 완전한 존재'니 하는 표현들이 여기서 비롯됩니다. 스피노자 같은 이는 신을 '절대적으로 완전한 존재'라고 정의하기도 했습니다.

수학자이자 철학자인 파스칼이 회심했을 때, 그 날 밤의 체험을 쓴 비망록이 그가 죽은 후, 그의 옷 안주머니에서 발견되었습니다. 그는 자신이 만난 하나님을 "식자와 철학자의 하나님이 아닌, 아브라함과 이삭과 야곱의 하나님"이라고 썼습니다.[10] 부동의 원동자나 제일원인, 절대

적으로 완전한 존재로 묘사된 하나님이 아니라 아브라함의 하나님, 이삭의 하나님, 야곱의 하나님, 곧 역사 속에서 살아서 개입하고, 우리와 함께 삶을 살아가는 구체적 하나님이라는 것입니다. 이 하나님을 신명기 6:4에서는 '한 분 하나님'으로 표현하고 있습니다. "이스라엘아 들으라, 우리 하나님 여호와는 오직 하나인 여호와시니 너는 마음을 다하고 성품을 다하고 힘을 다하여 네 하나님 여호와를 사랑하라." 하나님은 한 분 여호와 하나님이시라는 것, 이것이 이스라엘 종교의 가장 중요한 가르침이고 신앙 고백입니다.

삼위일체 하나님: 예수 그리스도를 통해 알게 된 하나님

그런데 중요한 것은 이 한 분 하나님을 우리가 고백할 때 일반적인 방식으로 고백하는 것이 아니라 예수 그리스도를 통해 고백한다는 사실입니다. 이것이 기독교가 예컨대 유대교나 이슬람과 다른 점입니다. 우리가 신앙 고백하는 하나님은 예수 그리스도를 통해 안 하나님입니다. 예수께서 아버지라 부르신 하나님, 그분 자신이 하나님으로 사람이 되신 예수 그리스도, 그리고 성령 하나님입니다. 신학 용어(신학 용어라고 굳이 말하는 이유는 성경에는 이 낱말이 보이지 않기 때문입니다)로 말하면, 우리가 고백하는 하나님은 '삼위일체' 되신 하나님입니다. 우리는 모든 피조물을 창조하시고 예수 그리스도 안에서 새 은혜의 역사를 이루시고 성령의 능력에서 세상 안에서 여전히 활동하시는 하나님을 신앙 고백합니다. 하늘과 땅을 지으신 창조주이며 종의 모습으로 이 땅에 오셔서 세상의 구속자가 되신 분이며 하늘과 땅과 우리 삶을 새롭게 하실 능력과 힘을 주시는 변화의 영이신 하나님을 신앙 고백합니다. "하나님은 아버지시요, 아들이요, 성령이시라"는 것이 기독교 신앙 고백의 핵심입니다. 그 외의 고백은 이에 따른 부수적 고백일 뿐입니다.

초대교회 때로부터 신앙 고백은 삼위일체 하나님에 대한 고백이었습니다. 하나님이 세상을 구원하기 위해 오시고 세상을 새롭게 하신다는 이야기에는 하나님의 세 가지 활동, 하나님의 세 가지 모습이 관련되어 있습니다. 하나님의 사랑은 먼저 '아버지'라고 부르는 그분 한 분으로부터 나옵니다. 세상을 무한히 사랑하신 '아버지'가 있습니다. 그분의 사랑이 '아들'이라 부르는 그분 한분의 희생적 사랑으로 인간적으로 실행됩니다. 그 사랑이 이 세상에 힘을 내고 현실이 되는 것은 '영'이라 부르는 그분 한 분을 통해서입니다. 하나님의 사랑은 아버지에서 아들, 아버지와 아들에서 성령으로 이르기까지 이렇게 역사적이고, 과정적이고, 하나님 안에서 인격적으로 일어난 사건입니다. 복음의 이야기는 "하늘과 땅과 함께 우리 모두가 개입된, 아버지와 아들과 성령의 위대한 사랑 이야기, 신적 사랑 이야기"라고 몰트만은 말합니다.[11]

고대 교회 전통을 보면 삼위일체에 대한 고백은 그리 간단하지 않습니다. 이 문제를 가지고 많이 싸웠습니다. 유대교 전통에서는 성부 하나님만 인정합니다. 예수님이나 성령 하나님은 인정하지 않습니다. 어떤 경우는 삼위 하나님이 그렇게 나타나는 것에 불과하다고 주장하기도 합니다. 이를 양태론(樣態論)이라 하는데, 한 하나님이 때로는 아버지로, 때로는 아들이나 성령의 모습으로 다르게 모습만 바꾸어 나타난다는 것입니다. 심지어 어떤 경우는 하나님이 세 분이라고 이야기하기도 합니다. 일종의 삼신론(三神論)입니다. 그렇지만 공의회를 통해 교회는 하나님이 삼위일체 되신 분임을 확정하였습니다. 하나님은 한 분이시지만 세 위격(persons)을 갖는다는 것입니다. 이것이 교회의 고백입니다. 이런 교회의 고백 전통이 오랫동안 있었지만, 오늘날 교회에서는 이것이 충분히 존중되지 않아 안타까운 마음이 있습니다. 이에 대한 세 가지 현상만 짧게 지적하겠습니다.

먼저 유니테리어니즘(Unitarianism)이 있습니다. 이들은 하나님을 믿되 창조주 하나님, 아버지 하나님에 대한 믿음만을 표현합니다. 이들은 우리 삶을 주장하시는 하나님에 대한 고백은 하되 죄에 대한 고백이나 성령에 대한 고려는 없는, 아버지 중심의 하나님만을 이야기합니다. 이런 유는 미국에 많이 있습니다. 오직 예수 그리스도만 이야기하는 경우도 있습니다. 이들은 창조주 되신 하나님이나 성령 하나님의 역사에 대해서는 배제합니다. 물론 예수님께 집중하는 것은 좋지만, 이렇게 되면 예수님의 아버지께서 하나님 아버지이고, 예수님의 활동이 성령을 통해 이루어지고, 그 성령이 우리에게 임재하신다는 것이 무시됩니다. 마지막으로, 성령 하나님만 강조하는 경우가 있습니다. 이들은 성령의 은사, 곧 방언이나 신유 같은 것들만 강조합니다.[12]

삼위 하나님을 알아가고 그 믿음을 확인하는 것은 중요합니다. 아버지 하나님만을 통해서나 예수 그리스도 또는 성령 하나님만을 통해서가 아니라 한 분 하나님이시되 아버지이시며 아들이시며 성령이신 하나님을 믿고 고백하는 것은 우리에게 큰 복이 됩니다. 하나님은 사랑이신데, 그 사랑의 하나님은 아버지의 사랑으로, 자신의 몸을 내어준 아들의 사랑으로, 또한 그 사랑을 통해 우리를 변화시키고 성화시키는 성령의 사랑으로 우리에게 나타나고 우리 삶에 역사하신다는 사실은 우리에게 얼마나 큰 복인지 모릅니다. 우리가 이 하나님을 알아갔으면 좋겠습니다.

삼위 하나님에 대한 믿음의 구체적 결과

그런데 삼위의 한 분 되심을 믿는다는 것은 단순히 믿음으로 끝나지 않습니다. 우리가 현실을 보고 현실을 살아가는 방식을 완전히 바꾸어 놓습니다. 사도신경의 내용을 고백할 때 우리는 이렇게 고백하지 않는 사람과는 전혀 다른 방식으로 우리가 경험하는 현실을 경험하고 우리가 보는 현실을 볼 수밖에 없습니다. 우리 주변의 자연, 나와 함께 살아가는 동료, 가족, 문화, 역사, 교회의 존재, 삶의 방향과 목표 등을 전혀 다르게 이해하게 됩니다. 만일 이러한 변화가 일어나지 않는다면 우리의 신앙에 무엇인가 이상이 있는 것입니다.

하나님이 천지를 만드셨다고 믿는다면, 우리는 우리가 보는 자연(自然)을 한자 뜻 그대로 '그저 그렇게, 스스로 있는 존재'라고 볼 수 없습니다. 스스로 있는 분, 자존하시면서 모든 것을 창조하신 분은 오직 하나님 한 분밖에 없습니다. 그런 의미에서 하나님 한 분만이 그야말로 '자연'(自然)하시며, '자재'(自在)하신 분입니다. 그렇다면 존재하는 것은 모두 하나님의 피조물이고, 하나님께 의존하며, 하나님과 관계해서만이 그 존재 의미가 있다고 말해야 합니다. 만일 그렇다면 우리가 세상에서 하는 활동도 하나님께 의존하는 것들이며, 하나님과 관계할 때 비로소 의미를 갖는다고 해야 합니다.

이 세상에 있는 것들은 하나님과 관계하고(in relation to God), 하나님께 상대해서(relative to God) 각각의 고유한 의미를 갖는다고 말할 수 있습니다. 만일 이 관계를 떠나 각각의 것을 독립시켜 버리면, 다시 말해 그것만이 마치 홀로 있는 것처럼 해 버리면, 홀로(*solus*) 떨어져 (*ab*) 떼어 낸(*solvere*) 결과 무엇이 '절대적'(absolute)인 것처럼 됩니다. 창조주 하나님에 대한 앎은 모든 종류의 절대화를 막아 줍니다. 이 세상에는 어떤 절대자도 없습니다. 모든 것은 하나님과 관계해서 상대적으로 존재하며 상대적인 의미를 갖습니다(이상하게 들릴지도 모르겠지만, 문자적인 의미대로라면 하나님도 절대자가 아닙니다. 하나님은 홀로 떨어져 계신 분이 아니라 이 세상과 관계하고 이 세상에 늘 관심을 가지는 분이시기 때문입니다. 우리의 신앙 고백에 이 사실이 포함되어 있습니다). 창조주 하나님을 믿는다면 우리는 이 세상 모든 것을 하나님과 관련하여 생각하고 하나님 안에서 그 고유의 의미를 찾아야 합니다.

"그 외아들 우리 주 예수 그리스도를 믿사오니"라고 고백하는 것도 세계를 보고 현실을 보고 우리 자신의 삶을 살아갈 때 이렇게 고백하지 않는 사람과는 전혀 다른 삶의 방향과 가치를 따를 수밖에 없게 해줍니다. 예수 그리스도를 생각할 때 우리는 무엇을 가장 먼저 떠올립니까? 한량없는 사랑이 아닐까요? C. S. 루이스의 말을 빌리면, 하나님의 사랑은 '필요에 따라 요구하는 사랑'(Need-Love)이 아니라 '주는 사랑'(Gift-Love)입니다.[13] 주는 사랑은 자신을 내어 주는 사랑입니다. 자신을 내어 주는 사랑은 사랑하는 이를 위해서 고통받는 사랑(suffering love)입니다. 세상의 죄와 허물과 부족, 세상의 악을 위해 피 흘리고 죽기까지 하신 사랑입니다. "그 외아들 우리 주 예수 그리스도를 믿사오니"라고 고백하는 것은 하나님의 지극하신 사랑을 경험하고 그 사랑에 감격해하는 것입니다. 하나님의 사랑에 감격하는 것은 나 자신의 감격으로 끝나지 않습니다. 이 감격은 세상을 사랑의 눈으로 보게 만듭니다. 우리 자신의 힘으로 우리는 도무지 세상을 사랑할 수 없지만 하나님이 우리에게 주신 사랑의 힘으로 세상을 다시 보게 됩니다.

이렇게 바라본 세상은 한편으로는 너무나 아름다운 세계요, 경이로운 세계입니다. 그 질서와 조화와 광대함에 우리는 놀랍니다. 질서와 조화가 있기 때문에 우리는 세계를 탐구하고 이해할 수 있습니다. 만일 그 자체가 혼돈과 무질서라면 우리는 세계를 탐구할 수도 없을 뿐 아니라 이해할 수도 없습니다. 아인슈타인이 이렇게 말했다고 합니다. "우주에 관해서 이해할 수 없는 오직 한 가지 사실은 우주가 이해될 수 있다는 것이다"(The only incomprehensible thing about the universe is that it's comprehensible).[14] 질서와 조화가 없다면, 다시 말해 이 우주가 합리적 구조를 가지고 있지 않다면, 우리는 우리의 이성을 통해 이것을 파악해 알 수 없을 것입니다.

사랑으로 본 세상은 여기에서 그치지 않습니다. 하나님의 무한하신 사랑의 눈으로 우리가 세상을 보면 세상은 고통과 아픔, 슬픔과 비탄덩어리일 뿐입니다. 질투, 시기, 원망, 미움, 상한 마음, 망가진 관계, 파괴된 질서, 배고픔, 무지, 폭력, 전쟁 등이 있습니다. 로마서 1장은 우리가 경험하는 세상의 어두운 면을 죄라고 일컫습니다. 죄는 우리 안에서, 우리 사이에서, 우리를 넘어서 그 힘을 발휘합니다. 죄로 인하여 훼손되지 않은 곳은 이 세상 어느 한 곳도 없습니다. 죄는 생존 경쟁이 치열한 사회는 말할 것도 없고 우리 가정 속에, 우리 교회 속에 깊이 들어와 하나님의 선한 창조 세계를 훼손시킵니다. 그러나 우리는 이것이 이야기의 끝이 아님을 "그 외아들 우리 주 예수 그리스도를 믿사오니"라는 고백을 통해 알고 있습니다. 우리는 그리스도의 죽음과 부활이 이 죄의 힘을 원칙적으로 무효화시켰음을 고백합니다. 우리에게는 궁극적으로 사랑이 이기고 선이 이긴다는 믿음이 있습니다. 우리가 예수 그리스도에 대한 신앙을 진심으로 고백할 때 우리는 죄에 의해 왜곡되고 훼손된 인간 현실을 한없이 아파하는 마음으로 바라볼 수밖에 없습니다.

"성령을 믿사오며"라고 우리가 고백하는 것도 그렇게 고백하지 않는 사람과는 다르게 세상을 살 수밖에 없게 해줍니다. 하나님은 우리가 볼 수 없는 방식으로, 성령 하나님으로 우리에게 와 계십니다. 하나님은 창조주로서 우리 위에(over us) 계시며 구속자로서 우리를 위해(for us) 계실 뿐 아니라 우리 안에(in us), 우리 가운데(among us) 계신다는 사실을 우리는 "성령을 믿사오며"라는 고백을 통해서 시인합니다. 우리가 인정하든 하지 않든 간에, 강하게 의식하든 의식하지 못 하든 간에, 우리가 예수님을 그리스도로 고백하고 받아들일 때, 하나님은 우리에게 계시고 우리 안에 계십니다. 성령은 우리 안에 계셔서 우리를 의롭게 하시고, 새롭게 생명을 주시며, 그 생명이 점점 거룩하게 자라 예수의 분량에 이르게까지 하십니다. 성령은 개인에게 영향을 줄 뿐 아니라 교회 공동체를 형성하며 이 공동체를 콤뮤니오 상또룸(*communio sanctorum*), 곧 '성도들의 사귐'의 공동체로 빚어 가십니다. 우리는 성령의 역사를 통해, 인간으로서는 도무지 믿을 수도 기대할 수도 없는 육체의 부활과 영원한 삶을 믿는다고 고백할 수 있습니다.

성령 하나님에 대한 신앙 고백을 통해 삼위 한 분 되신 하나님을 고백할 때 우리는 결코 비관론자가 될 수 없습니다. 우리의 현실과 사람을 볼 때 우리는 비관주의자가 될 수밖에 없지만 지금도 우리 가운데, 우리 안에서, 우리와 함께 살아 계시고 활동하시는 삼위 한 분 되신 하나님을 바라볼 때 우리는 어떤 시련이나 고난을 당하더라도 소망을 가지고 살 수 있습니다. 하나님은 그의 나라, 그의 의롭고, 거룩하고, 평화로운 통치를 이미 시작하셨기 때문입니다. 아직 완전히 이루어지지는 않았지만 정의와 평화의 통치가 우리 가운데 이루어지리라는 희망을 가지고 우리는 살 수 있습니다.

이 희망의 공동체가 다름 아닌 교회입니다. 그러므로 우리는 삼위 한 분 되신 하나님을 알려고 힘써 노력해야 합니다. 이 세상 어디에서도 그분을 가르쳐 주지 않습니다. 교회를 이루고 함께 모여 예배드리는 일을 통해, 찬양을 통해, 말씀을 통해, 성도들과 몸으로, 말로, 만나 교제함을 통해, 세상으로 나가 때로는 넘어지고, 실패하고, 울부짖는 일을 통해, 그리고 다시 교회로 함께 모여 위로하고 함께 기도하고 함께 아픔과 기쁨을 나누는 일을 통해 우리는 하나님이 전능하신 하나님, 천지를 지으신 창조주 하나님일 뿐 아니라 그분이 아버지이시고, 아들이시고, 거룩한 영이심을 조금씩 알게 됩니다.

사도신경: 하나님의 사랑 이야기에 대한 찬양

다시 요약해 보겠습니다. 사도신경은 지난 2000년 동안 그리스도의 교회가 고백해 온 신앙의 내용을 담고 있습니다. 하나님 아버지가 누구이며, 그 아들 예수 그리스도가 무엇을 하시는 분이며, 성령의 사역이 무엇이며, 우리의 소망이 무엇인지 하나님과 사람 앞에 공적으로 알리는 '표시'입니다. 이 표시를 통해 우리는 그리스도인이며, 교회의 일원임을 나타냅니다. 그러므로 사도신경을 교회 전통에서는 '숨볼룸 아포스톨로룸', '사도들의 표지', 좀더 정확하게는 '사도들의 암호 표시'라고 불렀습니다. 사도신경의 고백을 통해서 주님의 교회에 참여하는 사람들은 모두 이 암호 표시를 달고 있는 사람들입니다. 우리는 어떤 사람이 주의 교회에 속한 사람인지 아닌지를 이것을 통해 알 수 있습니다. 그러므로 세부적인 주장에 차이가 있고, 관습이나 습관에 차이가 있고, 신앙의 색깔이나 신앙의 이해에 어느 정도 차이가 있더라도 사도신경을 진정으로 고백하고 그에 따른 삶을 산다면 우리는 그를 교회의 일원으로 수용할 수 있습니다.

사도신경은 대단히 스케일이 큽니다. 하나님이 세상을 창조하신 일에서부터 시작하여 몸이 다시 사는 것과 영원히 믿는다는 내용까지를 포괄하고 있습니다. 여기에는 우주의 창조로부터 시작하여 종말에 이르는 길고긴 시간 동안 펼쳐지는 크나큰 사랑의 이야기가 있습니다. 하나님이 인류를 창조하고 구원하고 창조계를 다시 회복할 뿐 아니라 우리로 하여금 그 사랑을 증거하고 누리고 다가올 영원한 미래를 바라보면서 삶을 살아가도록 부르신 이야기가 있습니다. 사도신경을 통해 단순히 하나님이 누구고 예수 그리스도가 누구고 성령이 누구고 하는 것들을 아는 데 그치지 않고, 이 기나긴 하나님의 역사 속에 우리도 하나의 이야기가 되어 편입되어 있음을, 우리가 이 이야기를 듣는 자일 뿐 아니라 이 이야기를 전하고 이야기를 다시 만들어 가는 커다란 현실 속에 들어가 있음을 신앙 고백하면서 경험할 수 있어야 합니다.

더 읽고 생각해 볼 문제

1. 그리스도의 교회가 가장 보편적으로 하는 신앙 고백은 앞에서 이야기했던 것처럼 아타나시우스 신경, 니케아 신경, 사도신경입니다. 이것들이 세계 교회가 공유하고 있는 가장 보편적인 신앙 고백들입니다. 그러므로 우리는 이들을 존중합니다. 그러나 개신교 전통에는 신앙 고백을 항상 새롭게 작성하고자 노력했습니다. 그래서 웨스트민스터 신앙고백서, 네덜란드 신앙고백서 등이 생기게 된 것이지요. 전통을 통해 내려오는 신앙 고백들을 존중하면서도 시대와 문화의 변화에 따라 새롭게 고백해야 할 이유가 무엇일까요?

예컨대 북미 개혁교회(Christian Reformed Church in North America)는 전통적인 고백 문서 외에 새로운 신앙의 증언 문서로 "우리의 세계는 하나님의 것이다"(Our World Belongs to God)라는 매우 알차고 아름다운 문서를 1986년 총회에서 채택했습니다. 창조, 타락, 구속, 그리스도, 성령, 성경, 하나님의 새로운 백성, 하나님 백성의 사명, 새로운 창조를 중심으로 모두 58조목으로 된 문서입니다. 관심 있는 분은 http://www.crcna.org/pages/our_world_main.cfm에 들어가 읽어 보십시오.

2. 믿음과 앎, 신앙과 지성을 왜 무관한 것으로 보는지, 그 이유가 무엇인지 토론해 보십시오.

믿음과 앎, 신앙과 지성의 이원론은 한국 교회 안에서도 너무나 당연한 것처럼 되어 있습니다. 교회를 중심으로 신앙 생활하는 데는 오직 믿음만 필요하고 대학이나 직장에서 공부하고 일하는 데는 오직 지성만 필요한 것처럼 생각할 수 있습니다. 그러나 이것은 이미 서양에서 기독교가 발전해 올 때부터 좋지 않은 영향을 끼친 큰 오해입니다. 조금만 사상의 역사를 살펴보면 신앙과 지성을 따로 떼어 보는 전통은 그리스 철학에 근원을 둔 역사적인 산물입니다. 데카르트와 로크와 같은 근대 철학자들을 통해 이 전통이 강화되었습니다. 성경 전통은 이 이원론을 배격합니다. 우리의 신앙은 무엇보다 체험적인 앎을 전제하며, 앎 또한 신뢰를 전제합니다. 신앙을 배격하는 과학적 지식조차도 사실은 신뢰, 믿음, 신앙이 바탕에 깔려 있습니다. 이와 관련된 저의 글 「한국의 교양을 읽는다」(휴머니스트, 2004), "신앙과 이성은 공존할 수 있는가?", pp. 67-76를 읽어 보십시오. 믿음과 앎에 대한 뉴비긴의 논의도 도움이 됩니다. 레슬리 뉴비긴, 「다원주의 사회에서의 복음」(IVP, 2007 개정판), 2장 참조. 뉴비긴의 논의를 도와준 철학자는 마이클 폴라니입니다. 그의 「개인적 지식」(아카넷, 2002)을 보십시오. 폴라니 철학에 대한 입문으로는 제가 쓴 「인간의 얼굴을 가진 지식」(소나무, 2002), "제3장 객관적 지식을 넘어 인격적 지식으로"(pp. 87-120)를 읽으십시오.

3. 우리가 고백하는 하나님은 삼위일체 하나님입니다. 이 점이 다 같이 유일신론을 내세우면서도 기독교가 유대교와 이슬람과 다른 점입니다. 그럼에도 오늘날 교회에서 하나님의 삼위일체 되심에 관해서 설교하거나 공부하는 열심이 줄어든 이유가 무엇인지 생각해 보십시오.

바르트 이후 현대 신학은 '삼위일체론적 신학으로의 전회'라고 부를 정도로 강하게 삼위일체론적 성격을 띠고 있습니다. 그러나 국내 신학자들에게서는 이러한 변화를 찾아보기가 쉽지 않습니다. 유해무 교수의 「개혁 교의학」(크리스챤다이제스트, 1997)이 아마 예외일 것입니다. 관심 있는 분은 유 교수의 책과 최근에 홍성사에서 나온 정성욱 교수의 「삼위일체 신학과 영성」(2007)을 읽으십시오. 유해무 교수의 「신학: 삼위일체 하나님을 향한 송영」

(성약, 2007)은 고대 동방 교회 교부들의 삼위일체론에 관해서 우리말로 읽을 수 있는 드문 책입니다. 「목회와 신학」, 2007년 5월호(pp. 178-187)에 실려 있는 권혁빈 교수의 "트리니티 인 러브"(The Trinity in Love)는 현대신학의 삼위일체론과 적용을 다룬 글입니다. 고든 J. 스파이크만, 「개혁주의신학」(류호준 옮김, CLC, 2002)은 하나님의 삼위일체성과 도여베르트 전통에서 강조해 온 창조, 타락, 구속의 틀을 가지고 교의학의 패러다임을 새롭게 제안해 본 책입니다.

사도신경에 관해서 국내에 나온 책은 여럿 있습니다. 손봉호 교수의 「사도신경 강해」(성서유니온, 2005년 개정판), 이승구 교수의 「사도신경」(SFC, 2004), 바르트의 「사도신경 해설」(크리스챤다이제스트, 2001), 「교의학 개요/사도신경 해설」(크리스챤다이제스트, 1997), 판넨베르크의 「사도신경 해설」(한들출판사, 2000), 로호만의 「사도신경 해설」(대한기독교서회, 1984), 한스 큉의 「믿나이다」(분도출판사, 2003), 그리고 요셉 라칭거(현재 교황 베네딕도 16세)의 「그리스도 신앙 어제와 오늘」(분도출판사, 2007)이 있습니다.

제2강

신을 모르는 시대의 하나님

1. 사도신경은 아직도 유효한가?:
   오늘날의 다섯 가지 도전
2. 그리스도인이 취할 수 있는 태도
3. 무신론의 한 유형: 증거론적 무신론
4. 무신론의 다른 유형: 혐의론적 무신론
   (마르크스와 프로이트)과 칼빈의 답변
5. 신자들 가운데 있는 무신론:
   '현실적, 실제적 무신론'
6. 성경에서 증거하는 하나님:
   숨어 계시면서 현존하시는 하나님

사도신경 라틴어 원문에는 "크레도", "내가 믿습니다"라는 표현이 세 번 나옵니다. "하나님을 믿는다"고 할 때, "예수 그리스도를 믿는다"고 할 때(이 때는 믿는다는 말을 직접 쓰지 않고 '엣'(et), '그리고'란 접속사로 연결해 두었습니다), 마지막 세 번째로 "성령과 거룩한 공회와⋯영생을 믿습니다"라고 할 때입니다. '크레도'란 동사에 주목해 보면 사도신경이 삼위 한 분 되신 하나님에 대한 신앙 고백임이 쉽게 드러납니다. 그러나 최근에 새로 번역한 사도신경에 이르기까지 우리말 사도신경에는 이 사실이 드러나지 않습니다(우리가 현재 예배 중에 쓰고 있는 사도신경에는 '믿는다'는 말이 네 번 나옵니다). 사도신경이 지닌 삼위일체론적 구조를 이해하지 못하였거나 무시하기 때문이 아닌가 생각합니다.

이제 첫 고백, 사도신경 첫 줄을 보겠습니다. 라틴어로는 *Credo in Deum, Patrem omnipotentem, Creatorem caeli et terrae*로 되어 있습니다. 우리말로는 오랫동안 이 구절을 "전능하사 천지를 만드신 하나님 아버지를 내가 믿사오며"라고 번역해 사용해 왔습니다. 라틴어를 보면

2. 신을 모르는 시대의 하나님 59

이 구절이 서술하는 내용은 몇 가지로 구별됩니다. 우선 무엇보다도 지난 강의에서 설명했듯이 "나는 믿습니다"라는 고백이 있습니다. "나는 신뢰합니다", "나는 의탁합니다", "나는 맡깁니다"라는 말입니다. 이 속에는 "그러므로 나는 감사드리고 찬양합니다"는 뜻이 담겨 있습니다. 누구에게 맡기고, 누구를 신뢰하며, 누구를 찬양한단 말입니까? 하나님입니다. 그런데 그 하나님이 누군가 하면 아버지이시며, 전능자이시며, 천지를 지으신 창조주라는 것이 우리가 사도신경을 통하여 맨 먼저 하는 고백입니다. 라틴어 순서대로 직역하자면 아마도 이렇게 하는 것이 좋을 것입니다.

아버지이시고, 전능자이시고, 천지의 창조주이신 하나님을 나는 믿습니다.

내가 믿는다는 것이 출발점이고 믿음의 대상이 하나님이며, 하나님은 나에게 아버지이며, 전능자이며, 천지의 창조주라고 고백하고 찬양하는 것이 사도신경 첫 줄입니다. 유감스럽게도 우리가 현재 쓰고 있는 번역에는 이것이 전혀 드러나 있지 않습니다. "전능하사 천지를 만드신 하나님 아버지를 내가 믿사오며"를 보면 내가 하나님 아버지를 믿는데, 그분은 천지를 만드신 분이고, 천지를 만드신 이유는 그분이 전능하기 때문인 것처럼 고백하도록 되어 있습니다. 원문과 거리가 먼 번역입니다.

1. 사도신경은 아직도 유효한가?: 오늘날의 다섯 가지 도전

자, 그러면 이제 이런 질문을 던져 봅시다. 과연 21세기를 살아가는 지금 우리에게도 사도신경의 고백은 유효한가? 서양의 근대 문화가 우리 삶 속에 깊이 들어와 영향을 끼치고 있는 현재 상황에서도 우리는 이 고백을 할 수 있는가? 지금 우리는 예수를 믿지 않는 사람들과는 전혀 다른 생각을 해야 하고, 이를 감수해야 하는 그런 상황에 놓여 있습니다. 많은 사람들이 교회에 다니는 사람들을 보고 유아기에서 헤어나오고 있지 못하다고 생각합니다. 이런 상황에서 여전히 우리가 이 사실을 신앙 고백한다는 것의 의미는 무엇입니까? 우리는 지난 몇 세기 동안 있었던 일들을, 마치 아무런 일도 있지 않았던 것처럼 여길 수 없습니다. 예전에 믿던 사람들처럼 그렇게 신앙 고백을 하기가 쉽지 않은 상황이 되었습니다. 우리에게는 적어도 다섯 가지의 도전이 있다고 생각합니다. 하나씩 이 문제들을 간단히 생각해 보도록 하지요.

현대 우주론과 하나님의 창조 문제

첫째, 현대 우주론의 도전입니다. 지난 20년 사이에 학교 교육을 받은 사람들에게 이 우주는 하나님이 창조해서 생긴 공간이 아니라 물질과 에너지가 폭발하여 생긴 산물입니다. 학교에서는 이 우주가 하나님이 지으신 것이라 가르치지 않고 이른바 '빅뱅'(Big Bang), '대폭발'의 산물이라 가르칩니다. 우주가 하나님의 창조 결과라는 주장은 교회에서나 하는 것 같습니다. 구체적으로 현대 우주론은 150억 년 전 대폭발의 결과로 우주가 생겨났고, 지구는 약 40억 년 전에 출현했으며, 지구 위에 생명체가 생겨난 것은 약 30억 년 전이라고 가르칩니다. 가장 원시적인 형태의 생명이 지구상에 출현한 후로는 유전자 변이(genetic mutation)와 자연 선택(natural selection)의 과정을 따라 진화되어 왔다는 것이 일반적인 과학 이론입니다. 만일 이러한 이론들을 믿는다면 하나님이 존재하고, 그 하나님이 천지를 만드셨다는 것을 믿을 필요가 없는 것처럼 보입니다. 빅뱅을 통해 우주가 시작되었고 가장 원시적인 생명체에서 고등한 생명체로 생명이 진화되었다는 주장이 많은 사람들에게 수용됨에도 불구하고, 우리에게는 여전히 "천지를 만드신 하나님"을 고백할 수 있는가 하는 물음이 있습니다.

하나님의 전능하심과 악의 존재의 양립 문제

둘째, 하나님이 존재하고, 그 하나님이 선하신 분이라면 왜 이 땅에 악과 고통이 있는가 하는 물음입니다. 만약 하나님이 계신다면 그분은 전능하고 모든 것을 알 수 있을 것이고, 모든 면에서 완전하고 선할 것입니다. 그렇다면 어떻게 이 세상에 악과 고통이 존재할 수 있는가 하는 물음이 곧바로 생기게 됩니다. 무엇이나 할 수 있고, 무엇이나 아시고, 언제나 선하시고 완전하신 분이라면 그가 만든 세계에는 죽음도 없어야 할 것이고(왜냐하면 죽음은 나쁜 것 중에서도 나쁜 것으로 우리에게 경험되기 때문입니다), 질병도 없어야 할 것이고, 장애자도 없어야 할 것이고, 불평등도, 미움도, 질투도, 전쟁도 없어야 할 것인데, 실제로 이와 같은 것이 있는 것으로 보아, 하나님은 전능하지도 전지하지도 않거나, 선하지도 완전하지도 않은 분이거나, 아예 존재하지 않는 것이 아니냐 하는 것입니다. 이것은 이른바 '악의 문제'(the problem of evil)로서, 오랫동안 신학자와 철학자들을 괴롭혀 온 문제입니다. 고통과 악이 있음에도 불구하고 우리는 여전히 하나님이 전능자라고 고백할 수 있는가 하는 것이 문제입니다.

페미니스트들의 반론

셋째, 페미니스트(feminist) 신학자들, 여성주의 신학자들의 주장입니다. 이들의 주장을 따르면 하나님을 '아버지'라고 하는 것은 남성 중심의 가부장적 문화의 산물입니다. 우리나라에서도 최근 몇 년 간 여러 교회들의 총회에서 사도신경과 주기도문을 새로 번역하여 채택하자는 움직임이 있었는데, 그 가운데 어려움을 주는 것이 하나님을 '아버지'라고 여전히 부를 수 있는가 하는 문제입니다. 여성주의자들 가운데는 만일 우리가 하나님을 아버지라 부른다면 하나님을 남성으로 만드는 것이고, "만일 하나님이 남성이라면 남성이 곧 하나님"이 되기 때문에 이를 거부해야 한다고 주장하는 경우도 있습니다. 메리 데일리(Mary Daly)라는 신학자가 대표적인데요, 사실 논리적으로 이것은 말이 되지 않습니다. 그의 말이 옳다면 "고래가 포유동물이라면 포유동물은 고래다"라고 말하는 것도 옳아야 하는데, 그렇지 않습니다. 그렇더라도 저는 그녀가 왜 이렇게 논리적으로 말도 되지 않는 주장을 하는지 그 의도를 이해합니다.

인류 역사에서 여성의 권리가 인정받기 시작한 것은 겨우 한 세기 전의 일입니다. 20세기에 와서야 비로소 여성의 권리가 인정받기 시작했고, 아직까지도 여성들은 남성들에 비해 부차적인 위치에 있습니다. 시몬느 드 보부아르(Simone de Beauvoir)의 표현을 따르면 여성은 '제2의 성', 곧 남성이 우선하고 그 다음에 오는 성, 부차적인 의미를 갖는 성입니다. 우리는 여성주의 신학자들의 주장을 전혀 말도 되지 않는다고 배격할 수 없습니다. 우리는 좀더 관심을 가지고 그들의 목소리에 귀를 기울여야 합니다. 사실 교회에서조차 지난 2000년 동안 여성들은 2차적인 위치에 있었고, 엄청난 헌신과 봉사가 있었음에도 그에 걸맞은 위치나 대접을 받지 못했습니다. 여성주의 신학자들의 주장은 이를 신학적으로 교정한다는 점에서 의미가 있습니다. 여성주의 신학자들의 반대에도 불구하고 우리는 여전히 하나님을 '아버지'라고 부를 수 있습니까? 우리는 이에 대해 반성해 보아야 할 처지가 되었습니다.

생태계 위기와 기독교의 책임 문제

넷째, 생태주의자들의 도전입니다. 하나님은 인간을 당신의 형상대로 지으신 다음, 생육하고 번성하며, 땅을 정복하라는 명령(축복)을 주셨습니다. 생태주의자들이 문제 삼는 것은 "땅을 정복하라"는 명령입니다. 땅을 정복하라는 명령 때문에 땅이 정복의 대상이 되었고, 인간들이 과도하게 땅을 개발하고 착취하게 되었다는 주장입니다. 「생태학적 위기의 역사적 기원」(Historical Origin of Ecological Crisis)이란 논문의 저자인 린 화이트 2세를 따르면, 인간이 자연을 마구 개발하게 된 두 가지 결정적인 계기가 있습니다.[1] 그 가운데 하나가 농업 기술의 변화이고, 다른 하나가 사고방식의 변화인데, 기독교가 사고방식을 바꾸어 놓는 데 큰 역할을 했습니다. 중세의 가톨릭 신부들이 하던 중요한 일 가운데 하나가 미사 드리기 전에 향을 뿌리는 것이었습니다. 향을 뿌리는 것은 귀신을 쫓아내기 위함이었습니다. 귀신을 쫓아냄으로써 귀신이 점유하던 땅을 인간들이 마음대로 사용할 수 있게 한 것이지요. 린 화이트 2세가 환경 문제를 해결하기 위한 대안으로 제시한 것은 성 프란시스코의 삶을 따라 사는 것이었습니다. 성 프란시스코는 모든 만물을 형제와 자매로 누이와 동생으로 삼았습니다. 그는 성 프란시스코처럼 살지 않고서는 환경 문제가 해결되지 않을 것이라고 보았습니다. 환경론자들의 비판에도 불구하고 여전히 우리는 하나님의 창조, 우리에게 주신 땅에 대한 사명을 이야기할 수 있겠는가 하는 것이 우리에게 주어진 네 번째 도전입니다.

무신론의 문제

다섯째, 무신론의 도전입니다. 하나님은 존재하지 않는다는 주장입니다. 무신론에는 물론 여러 가지 형태가 있습니다. 현실적 무신론, 또는 실제적 무신론(practical atheism)이 있습니다. 이론적인 무신론과 구별하기 위한 것이지요. 교회에 출석하고, 기도하고, 성경 읽고, 신앙 생활의 외적인 모습은 잘 갖추고 있지만, 그의 실제 삶은 마치 하나님이 계시지 않은 것처럼 살아가는 사람들에게서 발견되는 무신론입니다. 무신론 가운데서도 가장 무서운 무신론입니다. 사실상 그리스도인에게는 이보다 덜 위험하나, 그리스도인이 아닌 사람들에게는 설득력을 갖는 무신론이 있습니다. 흔히 '이론적 무신론'이라고 부르는 무신론입니다. 포이어바흐, 마르크스, 니체, 프로이트, 사르트르, 러셀 같은 사람들이 대표적입니다. 설명은 다르지만 모두 하나님에 대한 신앙이 '환상'이고 '착각'에 지나지 않는다고 본다는 점에서는 일치합니다. 이 모든 주장에도 불구하고 우리가 하나님을 믿는다고 여전히 고백할 수 있습니까?

사도신경의 첫째 구절은 이 모든 반대 주장에도 불구하고 하나님은 존재하고, 아버지 되시고 전능하시고 천지의 창조자라고 고백합니다. 이렇게 고백할 수 있는 근거는 무엇입니까? 우리는 여전히 아무렇지도 않은 것처럼, 마치 반대 주장들이 없는 듯이 이렇게 신앙 고백할 수 있을까요?

2. 그리스도인이 취할 수 있는 태도

우리는 이런 질문 또는 이런 도전에 직면해서 두 가지 다른 반응을 보일 수 있습니다. 하나는 무시해 버리는 것입니다. 이것이 교회가 오랫동안 취해 온 태도입니다. 500년 동안 끊임없이 교회를 향한 도전들이 제기되었지만 교회에서는 이에 응전하는 노력은 별로 해 오지 않았습니다. 또 하나의 태도는 주눅이 드는 것입니다. "그래, 너희들 말이 맞아. 지금까지 별 문제 없이 교회에서 가르치고 믿어 왔던 것들에는 분명히 문제가 있어!" 이렇게 말하면서 그들의 말을 모두 인정하고 받아들이고 물러나는 것입니다. 저는 이 둘 다가 바람직하지 않다고 생각합니다. 비록 모든 문제를 명료하게 해명할 수는 없지만, 우리는 우리에게 주신 이성과 지성을 최대한 사용해서 우리가 믿고 따르고 중요하게 생각하는 것이 무엇인지 검토할 필요가 있습니다. 그렇게 하자면 문제가 무엇인지 분별하고, 성경을 통해 이 문제를 깊이 바라보지 않으면 안 됩니다.

성부 하나님에 대한 우리의 고백과 관련하여 제기된 문제들은 우리의 믿음을 혼란스럽게 할 수 있습니다. 저는 이러한 사실을 부인하지 않습니다. 어떻게 그 도전에 응대해야 할지 모르기 때문이기도 하고 그 도전을 통해 의심이 일어날 수 있기 때문이기도 합니다. 악의 문제와 같은 문제에 부딪쳐 정말 하나님이 우리를 사랑하시는가 하는 의문이 들 수 있습니다. 교회사를 보더라도 한 하나님을 믿는 사람들이 어떻게 여성과 남성을 그렇게 차별할 수 있었을까 하고 분노를 느낄 수 있습니다. 과학이 설명하는 우주의 기원과 과정이 훨씬 더 신뢰할 만하지 않은가 하는 생각을 가질 수 있습니다. 그러나 저는 이 도전들은 우리에게 성부 하나님에 대한 우리의 신앙을 근본적으로 한번 생각해 보게 하는 데 좋은 기여를 한다고 생각합니다. 그러므로 이것들을 무시하거나 지나치게 과대평가할 필요가 없습니다. 문제가 무엇인지 들여다보고 성경은 어떻게 말하는지 다시 한 번 귀기울여 볼 필요가 있습니다.

베드로전서 3:15에는 이런 구절이 있습니다. "너희 마음에 그리스도를 주로 삼아 거룩하게 하고 너희 속에 있는 소망에 관한 이유를 묻는 자에게는 대답할 것을 항상 예비하되 온유와 두려움으로 하고." 우리는 이러저러한 주장이 있음에도 불구하고 어떻게 이것을 믿을 수 있는가 하는 물음에 대해 그에 대한 답을 마련해 두어야 합니다. '대답'이라는 말의 헬라어는 '아폴로게인'(*apologein*)입니다. 여기에서 신학교에서 가르치는 과목 가운데 하나인 '변증학'(Apologetics)이라는 말이 나옵니다. 우리에게는 소망의 근거와 이유(logos)에 대해 답변해야 할 의무가 있습니다. 저는 우리가 고백하는 신앙에 대한 여러 가지 도전은 우리가 믿는다고 고백하는 내용을 다시 한 번 생각해 보게 할 뿐 아니라 우리가 "소망을 두고 있는 것에 관한 이유"를 묻는 사람들에게 대답하는 기회가 된다고 생각합니다.[2]

3. 무신론의 한 유형: 증거론적 무신론

이제 무신론에 관해 얘기를 해 보도록 하지요. 무신론에 대해 이야기하고자 하는 것은, 이를 통해 하나님을 믿는다고 할 때 그 의미가 무엇인지 좀더 명확하게 하고자 해서입니다. 무신론의 역사 전부를 이야기하기는 복잡하니까, 무신론이 주장하는 것이 무엇인지 두 가지 정도만 추려서 이야기해 보도록 하겠습니다. 하나는 하나님에 대한 믿음에는 증거가 없다는 주장입니다. 다른 하나는 하나님에 대한 믿음이 하나의 환상이고 착각일 뿐이라는 주장입니다. 이 두 가지 무신론을 중심으로 이야기하겠습니다. 먼저 첫 번째 주장에 대해서 이야기하겠습니다.

"하나님의 존재를 보여 주는 증거가 없다"는 주장

어떤 무엇을 믿는 데는 증거가 있어야 한다고 주장하는 생각을 증거주의(evidentialism)라고 합니다. 대표적인 철학자로는 18세기의 흄과 20세기의 버트란드 러셀을 들 수 있습니다. 하나님에 대한 믿음과 관련해서 증거주의자들의 주장을 요약하자면 두 가지입니다. 하나님에 대한 믿음은 논리적으로 그 증거를 얻을 수 없다는 것입니다. 다시 말해 하나님에 대한 믿음은 연역적(deductive)인 것도 아니고 귀납적(inductive)인 것도 아니고 귀추법적(abductive)인 것을 통해서 증명해 낼 수 있는 것도 아니라는 것이지요. 두 번째는 하나님에 대한 믿음은 경험을 통해서도 증거를 얻을 수 없다고 보는 것이지요. 먼저 하나님에 대한 믿음은 연역적(deductive)인 것도 아니고 귀납적(inductive)인 것도 아니고 귀추법적(abductive)인 것을 통해서 증명해 낼 수 있는 것도 아니라는 말이 무슨 말인지 알아보도록 하지요.

이 말을 조금 자세하게 풀어 보겠습니다. 연역적이라고 하는 것은 이렇습니다. 비가 오면 땅이 젖는다. 비가 온다. 땅이 젖는다. 이런 것이 연역적인 추론입니다. 이미 알려져 있는 것으로부터 어떤 결론을 이끌어내는 것이죠. 귀납적인 것은 이렇습니다. 여기서 보니까 땅이 젖어 있다. 비가 오는가 보다. 저기 가서 보니까 저기도 땅이 젖어 있다. 역시 비가 오는가 보다. 이렇게 해서 비가 오니까 땅이 젖는다는 결론을 이끌어냅니다. 여러 관찰을 통해서 일반화된 논리를 이끌어내는 것이지요. 귀추법적인 추론은 이렇습니다. 땅이 젖었는데, 왜 젖었을까? 누군가가 물을 뿌려 땅이 젖었을까? 여기 이 땅뿐 아니라 저기 있는 땅도 젖어 있는데, 그렇다면 누군가가 물을 뿌려서 한꺼번에 그렇게 되지는 않았을 것이다. 그렇다면 아마도 비가 왔는가 보다. 이런 식으로, 발생한 현상을 설명할 수 있는 최선의 설명 방식을 찾아가는 것을 귀추법이라고 합니다. 이 가운데 어떤 방법을 쓰더라도 하나님의 존재에 대한 어떤 증거를 찾을 수 없다는 것이 증거주의자들의 주장입니다.

다른 하나는 경험을 통해서도 하나님의 존재에 대한 믿음을 정당화

할 수 있는 증거를 찾을 수 없다는 것입니다. 20세기 무신론자 가운데 대표적인 철학자가 버트란드 러셀(Bertrand Russell)입니다.[3] 누군가가 그에게 혹시 죽어서 하나님을 만나면 무엇이라 할 것인가 물었습니다. 러셀의 답은 이랬다고 합니다. "하나님, 충분한 증거를 주시지 않았어요."(God, you gave insufficient evidence).[4] 18세기 철학자 데이비드 흄(David Hume)은 러셀에 앞서 이렇게 말했습니다. "현명한 사람은 증거에 비례해서 믿는다"(A wise man proportions his belief to the evidence). 증거가 많으면 많을수록 믿음의 강도를 높이고, 증거가 약하면 약할수록 믿음의 강도를 낮추라는 것이지요. 기독교 신앙은 믿을 만한 증거가 별로 많지 않으므로 믿음의 강도를 낮추거나 아예 믿지 않는 것이 좋은 전략이라는 것이 흄의 생각이었습니다.

증거주의자들은 논리적인 추론을 통해서도 경험적인 사실을 통해서도 하나님의 존재를 증명할 수 없다고 주장합니다. 전제로부터 곧장 결론을 이끌어낼 수 있는 것도 아니고 관찰 사실들을 모아 그것으로부터 하나님의 존재를 서술하는 일반적인 명제를 구성할 수 있는 것도 아니고 하나님의 존재 가설이 경험을 통해 관찰한 현상들을 가장 잘 설명해 줄 수 있는 이들은 증거 없이 하나님을 믿는 것은 불합리하다고 생각하며 이 믿음에 대한 증거를 요구합니다. 그 까닭이 무엇일까요? 그것은 이들이 증거나 논변 없이 하나님을 믿는다면 인간이 마땅히 지켜야 할 '지적 의무'를 다하지 않았다고 보기 때문입니다.[5]

이렇게 생각한 사람 가운데 하나가 19세기 수학자요 철학자인 윌리엄 클리포드(W. K. Clifford)였습니다. 그가 쓴 "믿음의 윤리"(The Ethics of Belief)라는 유명한 논문이 있습니다.[6] 우리가 무엇인가를 믿는다면(이 믿음은 아주 넓은 의미였습니다. 예컨대 지금 제가 들고 있는 이 보드마커로 칠판에 쓰면 검은 자국이 생긴다고 하는 것도 믿음에 속합니다), 믿는 사람으로서 반드시 지켜야 할 규칙과 의무가 무엇인지 서술한 것이 이 논문입니다.

"만일 믿음을 불충분한 증거를 토대로 수용했다면 그 즐거움은 훔친 것이다. 그것은 우리에게 실제로 우리가 소유하지 않은 힘에 대한 의식을 제공해 줌으로써 우리를 속일 뿐 아니라 인류에 대한 의무를 무시하는 가운데 훔쳐 죄를 짓는 것이다. 그와 같은 믿음으로부터 우리를 방어해야 할 의무는 마치 우리 신체를 곧장 점령해 도시 전체로 퍼지는 전염병으로부터 우리 자신을 방어하는 것과 같다."

"요컨대, 충분한 증거 없이 무엇을 믿는 것은 언제, 어디서, 누구에게나 잘못된 것이다"(To sum up: it is wrong always, everywhere, and for anyone to believe anything upon insufficient evidence).

클리포드가 주장하는 것은, 우리에게 빚이 있으면 빚을 갚아야 할 의무가 있고, 약속을 했으면 약속을 지켜야 할 의무가 있는 것처럼, 무엇인가를 믿는다면 믿는 사람으로서 반드시 지켜야 할 지적인 의무(intellectual duty)가 있다는 것입니다. 예컨대 이 보드마커로 칠판에 쓰면 검은 자국을 만들어서 칠판에 글씨를 쓸 수 있다고 믿는다면, 그 믿음의 근거를 실제 증거를 통해서 보여 주어야 한다는 것이지요. 만약 하나님이 존재하고, 하나님이 나의 아버지라고 믿는다면, 그렇게 믿어야 할 증거를 제시해야 할 의무가 있다는 것이지요. 이 기준을 따르면 하나님에 대한 믿음을 가지고 겸손히 순종하면서 신실하게 살아가는 사람들 대부분이 지적인 의무를 저버리고 산다는 비난을 받게 될 것입니다. 신자 100명을 세워두고 하나님의 존재를 분명한 증거를 가지고 마치 피타고라스의 정리를 증명하듯이 증명해 보라고 한다면 할 수 있는 사람이 거의 없을 것입니다. 그렇다고 그들의 믿음이 불합리하고 말도 되지 않는 것이라고 말할 수 있겠습니까?

우리에게 있는 기초적 믿음

이상이 증거주의자들이 요구하는 대략적인 내용입니다. 그렇지만 여기에 문제가 있습니다. 최소한 두 가지가 있습니다.

첫째, 우리가 믿는 것이 과연 우리의 의지에 달려 있는가 하는 것입니다. 제가 여기 서 있습니다. 한번 눈을 감고서 제가 여기 없다고 생각해 보십시오. 그리고 눈을 떠 보십시오. 제가 사라졌습니까? 그렇지 않습니다. 보드마커로 글씨를 쓸 수 있다는 것을 제 의지로 부정해서 생각할 수 있습니까? 그럴 수 없습니다. 믿음은 의지의 결과가 아닙니다. 믿는다는 것은 우리 의지의 결과로 되는 것이 아닙니다[여기서 오해를 피해야 합니다. 하나님을 믿는다고 할 때 믿음은 의지가 배제된 단순한 신념이나 믿음(belief)의 차원에서 한 걸음 나아가 의지가 포함된 신앙(faith)입니다. 그러므로 신앙의 문제는 단순히 믿음(belief) 차원에만 국한되지 않습니다. 지식과 의지와 감정이 모두 개입되어 있습니다. 신앙을 신뢰(trust)나 헌신(commitment)이라고 할 때 이 세 가지의 전인적 요소가 포함되어 있습니다]. 다른 예를 들어 보겠습니다. 우리는 지구가 태양 주위를 돌고 있다고 믿고 있습니다. 그런데 만약 누군가가 돈 일억 원을 주면서 이 사실을 믿지 말라고 하거나 강제로 그렇게 한다면 어떻게 될까요? 그렇다고 해도 그 믿음이 없어지는 것은 아닙니다. 믿음이란 우리 의지로 좌지우지할 수 있는 것이 아닙니다. 경험을 통해, 또는 말씀을 듣고, 기타 여러 계기로 하나님을 믿게 되었다면, 이 믿음을 우리 의지로 지워 버릴 수는 없는 노릇입니다. 교회에 참여하거나 참여하지 않을 수는 있겠지만, 의지적으로 하나님에 대한 믿음을 갖지 않으려고 할 수는 없다는 것입니다.

둘째, 과연 우리가 모든 경우에 증거를 갖다 대야 할 의무가 있는가 하는 점입니다. 우리 삶을 자세히 들여다보면, 우리가 믿고 있는 사실에 대해 어떤 경우에나 증거를 요구한다는 것이 전혀 가능하지 않다는 사실이 금방 명백해집니다. 예컨대 저는 아침에 커피를 마셨다는 것을 알고 있습니다. 저는 그것을 확실하게 기억하고 있습니다. 제가 아침에 커피를 마셨다는 저의 믿음에 대해 증거가 있어야 합니까? 제가 기억하는 대로 분명히 저는 커피를 마셨고 만일 다른 사람이 묻는다면 제 기억에 의존해서 "그렇다"고 답할 것입니다. 여기에는 어떤 다른 증거도 필요 없습니다. 우리가 아는 대부분의 믿음과 생각은 사실 모두 다 따져 보지 않고 믿는 것들입니다. 우리가 알고 믿고 있는 상당히 많은 것들은 교과서를 통해 알고, 신문을 통해 얻고, 책을 통해서 익힌 것들입니다. 우리가 모든 것을 일일이 확인해야 한다면, 우리가 알 수 있는 것은 지극히 적을 것입니다. 피타고라스 정리를 증명해 낼 수 없다고 하더라도 피타고라스 정리는 여전히 참입니다. 마찬가지로 믿음은 믿음 자체로 충분한 것이지 어떤 증거를 가져야 하는 것은 아닙니다.

하나님이 존재하신다는 나의 믿음이 왜 그것으로 충분하지 않은지, 그것을 지지할 다른 믿음을 증거로 사용해야 할 이유가 무엇인지 분명하지 않습니다. 기독교 철학자인 앨빈 플란팅가(Alvin Plantinga)는 하나님에 대한 믿음은 그 자체로 어떤 다른 증거를 요구하지 않는 '적절히 기초적인 믿음'(properly basic belief), '그 자체로 적합한 기초적인 믿음'이라는 말로 표현했습니다. 어떤 다른 증거를 기초로 해서 믿는 것이 아니라 증거의 필요 없이 믿었으면 그 믿음으로 충분하다는 이야기입니다. 제가 커피를 마셨다는 믿음이 어떤 다른 증거나 논변을 요구하지 않고 그 자체로 '적절히 기초적인 믿음'이듯이 내가 하나님이 계심을 믿는다면 그 믿음도 다른 '증거' 없이 수용할 수 있는 '적절히 기초적인 믿음'입니다.[7]

여기 앉은 분들 가운데(이 책을 읽는 분들 가운데) 정말 하나님이 계신지 알기 위해서 증거를 수집하고 충분히 저울에 달아 본 다음 믿은 사람은 거의 없을 것입니다. 각자 다양한 방식으로 우리는 하나님의 살아 계심과 우리 삶 속에서 현존하심을 믿습니다. 우리 자신이 도무지 헤아릴 수 없는 큰 죄인임을 깨닫는 순간, 하나님이 우리를 당신의 자녀로 받아 주셨다는 확신을 갖는 순간, 캄캄한 산 속에서 텐트에 혼자 자다가 하나님의 임재를 경험하면서, 올림픽대로를 운전하다가 서쪽 하늘의 노을진 모습에서 하나님의 임재를 체험하면서 우리는 하나님의 현존을 깨달을 수 있습니다. 온갖 서술할 수 없는 여러 방식으로 하나님은 우리에게 자신을 알려 주시고 믿음을 갖게 하십니다. 우리는 그것을 통해 하나님을 받아들일 수가 있습니다. 이것이 증거주의자들이 하나님을 믿는 믿음에는 증거가 없다는 데 대해 우리가 대응할 수 있는 하나의 방식입니다.

만일 모든 것에 다 기초가 있고 증거가 있어야 된다면 우리 삶 자체가 가능하지 않을 것입니다. 저는 수업을 마치고 하루 일과가 끝이 나면 지하철을 타기 위해 이대입구 전철역으로 갑니다. 만일 오늘 지하철이 안 다닐 것이라고 생각한다면 저는 역으로 갈 수 없을 것입니다. 당연히 다닐 것이라고 생각하고 역으로 가는 것입니다. 이제까지의 경험으로 전철이 다니지 않은 적이 없기 때문이죠. 아침에 빵을 먹으면서, 이 빵을 먹으면 과연 배가 부를까 하고 의심을 한다면 빵을 먹을 수 없을 것입니다. 이런 고민 없이 빵을 먹을 수 있는 것은 이제까지의 경험으로 볼 때 먹으니까 요기가 되었기 때문이지요.

명확한 증거를 지식에 요구하게 된 결과

계몽주의 이후의 무신론이 지닌 기본적인 태도는, 우리의 믿음은 신뢰에서 출발하는 것이 아니라 의심에서 출발해야 한다는 데 있습니다. 이러한 논리를 만들어 낸 대표적인 인물이 데카르트입니다.[8] 확실하게 검토해 보기 전에는 어떤 것도 받아들이지 말라는 것입니다. 모든 것을 의심하고 거기서 출발하라는 것이지요. 그렇지만 이렇게 주장하는 것은 우리가 어릴 때부터 무엇을 배우는 과정을 생각해 보면 전혀 올바른 권고가 아닙니다. 수를 익히거나 글자를 배울 때, 또는 지리에 관한 내용들을 배울 때, 아이들은 스스로 검토해 보지 않은 채로 선생님이나 부모로부터 들은 내용을 바로 받아들입니다. 물론 지식에는 잘못된 것이 있습니다. 대개 중고등학교 때까지 배우는 것은 지식의 재생산일 뿐이고, 실제로 대학에서 공부를 하고 나중에 연구자가 되면 잘못된 많은 것을 깨닫고 수정하게 되는 일이 많습니다. 그러나 어떤 지식이라도 기본적으로는 신뢰에서 출발하고 신뢰를 통해 받아들일 수 있어야 그 다음에 비판적인 태도를 가지고 참다운 지식을 얻어낼 수 있습니다.

의심에서 출발한 근대 인식론은 결국 무신론에 이르렀을 뿐 아니라 많은 다른 문제들에 봉착하게 되었습니다. 의심에서 출발한 결과 근대 인식론은 우리 외부의 문제(the existence of the external world), 바깥 세계에 대한 의문을 낳게 되었습니다. 분명히 저기 나무도 있고 해도 있고 달도 있는데 이들의 존재를 아무도 증명하지 못하게 되었습니다. 타인의 존재에 대해서도 비슷한 문제가 제기되었습니다. 이를 타인의 마음의 문제(the problem of the other mind)라고 합니다. 타인이 과연 존재하는지, 타인이 생각하는 것이 과연 무엇인지, 그 사람이 정말 사람인지, 로봇인지 도무지 알 수 있는 방법이 없어졌습니다. 의심에서 출발하니까 하나님뿐 아니라 우리가 눈 뜨고 보면 당연히 존재하는 세계 자체가 문제가 된 것입니다.

우리에게 필요한 것은 지극히 일상적인 데로 되돌아오는 것입니다. 책상을 내리치면 손이 아프다는 것을 알고 딱딱한 데 내 머리가 부딪치면 머리가 깨진다는 것을 알고, 저기에 자동차와 집이 있다는 것을 아는 것입니다. 우리의 일상적인 삶이 이미 우리가 신뢰 가운데 수용한 세계이고, 이를 바탕으로 우리가 살도록 하나님이 우리를 만드셨다는 것을 믿으며 사는 것이 사람도 제대로 알고 이 세상도 제대로 알고 하나님도 제대로 아는 방법입니다.

4. 무신론의 다른 유형: 혐의론적 무신론(마르크스와 프로이트)과 칼빈의 답변

지금까지 이야기한 것은 하나님을 믿기 위해서는 증거가 있어야 한다는 사람(증거주의적 무신론자)들의 논변이었습니다. 하나님이 계시다는 충분한 증거가 없기 때문에 하나님을 믿을 수 없으며, 보이는 무엇인가가 있어야만 하나님을 믿겠다고 하는 것이 바로 이들의 생각이었습니다. 오늘 이야기하고자 하는 것은 이와는 다른 종류의 무신론입니다. 바로 우리의 믿음이 환상이나 착각에 불과하다고 보는 태도입니다. 프로이트와 마르크스, 니체가 이런 주장을 하는 대표적인 사람들입니다. 이들은 우리가 믿는 믿음에는 무엇인가 나쁜 의도가 있다고 봅니다.

마르크스와 프로이트의 '종교 환상론'

먼저 프로이트의 생각을 들어 보겠습니다. 프로이트는 이렇게 이야기합니다.

"교리의 형태로 주어지는 종교적 관념들은 경험의 침전물도 아니고 사색의 최종 결과도 아니다. 그것들은 환상이며 인류의 가장 오래되고 강력하고 절박한 원망의 실현이다."[9]

프로이트는 우리에게는 어떤 바람이 있는데 그 바람을 지어낸 생각을 통해 실현하는 것이 종교라고 봅니다. 폭풍이나 번개, 천둥 같은, 어떻게 해 볼 수 없는 자연의 힘을 경험한 원시 상태의 사람들이 아버지와 같은 인물을 상정해 놓고, 마치 하나님이 아주 능력 있는 아버지인 것처럼 상상하고 믿게 되었다는 것이지요. 그래서 프로이트는 종교를 '인류의 보편적인 강박 신경증(노이로제)'라고 부르기도 합니다.[10] 종교란 제거해야 할 일종의 정신병이라는 것이지요. 그는 종교로부터 해방될 때 비로소 인간이 처해 있는 처절한 현실을 아무런 환상이나 착각 없이 직시하게 된다고 보았습니다. 하나님을 믿는다는 것은 지적 능력을 제대로 발휘하지 못한 채 여전히 유아기적인 미숙한 상태에 머물러 있는 것이라고 보았던 것이지요.

프로이트가 하나님을 믿지 못한 이유가 무엇인지를 다룬 책을 읽은 적이 있습니다.[11] 이 책의 저자는 프로이트의 이론을 통해 프로이트가 하나님을 못 믿게 된 이유를 설명하고 있는데요. 그를 따르면 프로이트가 하나님을 믿지 못하게 된 것은 아버지와의 관계 때문입니다. 비엔나의 유대인 가정에서 태어난 프로이트는 어릴 때 아버지와 함께 비엔나 시내를 걸어가다가 아주 충격적인 경험을 하게 됩니다. 그 당시 오스트리아에는 반유대주의가 일어나기 시작했는데, 어떤 사람이 다가와 프로이트의 아버지가 쓰고 있던 모자를 벗겨 시궁창에 버린 일이 있었습니다. 아버지는 일언반구도 하지 못하고 그저 눈길을 돌리고 피하고 말지요. 프로이트의 아버지는 덩치도 크고 힘도 세고 아주 권위주의적인 사람이었습니다. 그런 아버지가 스스로 인종 차별 당하는 것에 대해서는 아무런 항의도 하지 못하는 모습을 보면서 프로이트가 가지고 있던 아버지에 대한 상이 완전히 일그러지게 됩니다. 그 후로 프로이트는 자라가면서 아버지의 그런 모습을 여러 차례 더 보게 됩니다. 이런 여러 가지 정황들이 프로이트가 경험한 여러 사건들과 더불어 아버지를 불신하도록 하고, 나아가서는 하나님을 불신하게 된 원인이 되었다는 것이지요. 프로이트가 설명하는 방식으로 프로이트의 불신에 대해 설명한 것입니다.

마르크스의 경우도 프로이트와 마찬가지입니다. 그는 종교를 하나의 착각이요 환상으로 봅니다. 그는 이렇게 쓰고 있습니다.

"종교는 자기 자신을 발견하지 못했거나 어디선가 또다시 자신을 잃어버린 인간의 자기 의식이요 자기 감정이다. 하지만 인간은 추상적 존재가 아니다.…인간은 인간들의 세계요, 국가, 사회다. 이 국가, 이 사회가 종교, 곧 그릇된 세계 의식(*ein verkehrtes Weltbewußtsein*)을 산출한다. 왜냐하면 이 국가, 이 사회가 그릇된 세계(*verkehrte Welt*)이기 때문이다.…종교는 영혼이 결여된 상태의 영혼이요, 억압받은 피조물의 신음이요, 심장 없는 세계의 감정이다. 종교는 민중의 아편(*das Opium des Volks*)이다."[12]

다른 부분은 몰라도 아마 "종교는 민중의 아편"이라고 하는 마지막 문구는 다들 들어 보았을 것입니다. 마르크스가 보기에 종교는 자본자와 노동자, 가진 자와 가지지 못한 자가 있는 이 왜곡된 사회 현실 속에서 고통을 견디게 하는 일종의 마약, 마취제와 같았습니다. 이 부당한 현실을 직시해서 정면으로 대항해서 싸우지 못하고 내세를 바라보면서 현실에 있는 모든 고통을 수용하도록 만드는 역할을 하는 것이 종교라고 생각한 것입니다. 다른 구절을 한 군데 더 보도록 하겠습니다.

"환상적인 행복인 종교의 폐지는 진정한 행복을 위한 요청이다. 민중들이 그들의 조건과 관련해서 환상에서 벗어나라고 요구하는 것은 환상을 필요로 한 조건을 포기하라고 [그들에게] 요구하는 것이다."[13]

사람들은 종교라고 하는 환상에 사로잡혀서 자신이 마치 행복한 것처럼 생각하는데, 진정으로 행복해지기 위해서는 종교를 없애 버려야 한다고 마르크스는 생각했습니다. 종교를 없애 버리기 전까지는 결코 행복할 수 없다는 것이 마르크스의 생각이었습니다. 그는 자본주의 사회의 모순을 폐기하면 자동적으로 종교도 폐기될 것이라고 보았습니다. 프로이트가 종교를 심리학적 문제로 보았던 데 비해 마르크스는 구체적인 사회 경제적인 질서와 관련하여 보았습니다. 그렇지만 그 역시 종교를 그릇된 의식으로 보았다는 데서 프로이트와 견해를 같이합니다. 그에 따르면 착취와 억압 속에서 민중들이 유일한 안식처로 삼는 것이 바로 종교입니다. 그는 종교를 폐지하려면 그릇된 세계 질서를 폐기하지 않으면 안 된다고 보았습니다. 이처럼 종교를 폐지하는 것과 계급적인 사회 질서를 바꾸는 것은 아주 밀접한 관련을 맺고 있습니다. 그래서 마르크스는 종교 비판은 모든 비판의 전제가 된다고 이야기합니다. 사회를 바꾸려면 종교를 없애야 하고, 종교를 비판하는 것은 왜곡된 사회 질서를 비판하기 위한 전제가 됩니다.

증거주의자들은 신앙에는 증거가 충분하지 않다고 보았습니다. 반면 마르크스와 프로이트는 증거가 문제가 아니라 인식 기능 자체의 오작동으로 인해 신앙이 생긴다고 봅니다. 하나님을 믿는다는 사람은 착각에 빠져 있으며, 실재를 제대로 보지 못하고 상상하는 것이 마치 실재인 것처럼 본다는 것이지요. '환상(幻想)'을 뜻하는 영어 단어 'illusion'

에 이러한 뜻이 잘 표현되어 있습니다. illusion은 라틴어 *in*(속으로)+*ludus*(놀이)에서 나온 것입니다. 상상을 통해 놀이 속으로 들어간 결과, 그것을 마치 현실인 것처럼 보게 되는 것을 말합니다. 이들은 우리의 인식 기능과 감각 기능이 제대로 작동하면, 실재를 있는 그대로 그렇게 느끼고 볼 수 있게 될 것이며, 하나님이 없다는 사실도 파악할 수 있으리라고 주장합니다. 우리의 인식 기능이 제대로 작동하면 자연스럽게 하나님에 대한 믿음이 삭제될 것이고, 그렇게 되면 천지창조도, 사후 세계도 천국도 지옥도, 심판자 등도 사라질 것이라고 보는 것이지요.

지식에 미치는 죄의 영향: 칼빈의 주장

하나님이 천지를 창조했고, 한 백성을 택하여 구하시고, 예수 그리스도를 통해 만백성을 택하셨다고 믿는 것은 정말로 착각이고 환상일까요? 하나님의 존재를 믿는 것은 인식 기능에 문제가 있기 때문일까요? 우리는 우리가 잘못 보는 것이 아니라 이 사람들이 그렇게 생각하는 것이 오히려 오작동의 결과가 아닌가 하는 혐의를 가져 볼 수 있습니다. 앨빈 플란팅가와 니콜라스 월터스토프(Nicholas Wolterstorff) 같은 개혁주의 인식론자들, 포담에서 철학을 가르치고 있는 메롤드 웨스트팔(Merold Westphal)의 주장을 따르면, 우리가 하나님을 인정하지 못하고 하나님을 제대로 보지 못하는 것은 우리의 인식 기능에 문제가 있기 때문입니다.[14] 죄의 영향 때문에 사물과 현실을 제대로 보지 못하게 되었다는 것입니다. 불신은 죄의 결과입니다. 바울은 로마서 1장에서 이렇게 쓰고 있습니다.

"하나님의 진노가 불의로 진리를 막는 사람들의 모든 경건하지 않음과 불의에 대하여 하늘로부터 나타나나니 이는 하나님을 알 만한 것이 그들 속에 보임이라. 하나님이 이를 그들에게 보이셨느니라. 창세로부터 그의 보이지 아니하는 것들 곧 그의 영원하신 능력과 신성이 그가 만드신 만물에 분명히 보여 알려졌나니 그러므로 그들이 핑계하지 못할지니라. 하나님을 알되 하나님을 영화롭게도 아니하며 감사하지도 아니하고 오히려 그 생각이 허망하여지며 미련한 마음이 어두워졌나니 스스로 지혜 있다 하나 어리석게 되어 썩어지지 아니하는 하나님의 영광을 썩어질 사람과 새와 짐승과 기어 다니는 동물 모양의 우상으로 바꾸었느니라"(롬 1:19-23).

"불의로 진리를 막는 사람들"이라는 표현은 죄가 참된 인식과 참된 현실을 보는 것을 방해하고 있다는 것을 보여 줍니다. 바울의 생각을 신학적으로 가장 잘 정리한 이는 아마도 칼빈일 것입니다. 「기독교 강요」 1권 3장 1절 시작 부분을 보도록 하겠습니다.

"사실상 인간의 마음속에 타고난 본능에 의하여 하나님을 알 수 있는 지각(知覺)이 있다는 것은 논란의 여지가 없다. 아무도 무지를 구실로 삼아 핑계하지 못하도록 하기 위해, 하나님은 자신의 신적 위엄을 어느 정도나마 깨달아 알 수 있는 이해력을 각자에게 심어 주셨다. 그리고 하나님은 이에 대한 기억을 새롭게 하시기 위하여 계속적으로 신선한 물방울을 떨어뜨려 주신다. 그러므로 모든 사람은 한 분 하나님이 존재하신다는 것과 이 하나님이 바로 그들의 창조주라는 사실을 인식하고 있기 때문에, 하나님을 경배하지 아니하며, 그들의 생명을 바쳐 하나님의 의지에 순종하지 않을 때에는, 반드시 자신의 증거로 말미암아 정죄를 받게 된다.…하나님의 존재에 대한 뿌리 깊은 확신을 갖지 못할 만큼 미개한 국민이나 야만적인 종족은 없다. (중략) 조금도 다를 것이 없는 것처럼 보이는 사람들까지도 항상 무엇인가 종교의 씨앗을 그 속에 지니고 있다. (중략) 이 사실은 하나님에 대한 어떤 관념이 모든 사람의 마음속에 새겨져 있다고 하는 하나의 무언의 고백이 아닐 수 없다."[15]

이어 3절 초두에서 칼빈은 이렇게 말합니다.

"인간의 마음에 결코 지워 버릴 수 없는 하나님 의식[神意識]이 새겨져 있다는 것은 건전한 판단력을 가진 사람이라면 누구나 다 항상 확신하게 될 것이다. 참으로 모든 사람들에게는 어떤 신(神)이 존재한다는 믿음이 나면서부터 고유하다. 그리고 이 믿음이 모든 사람의 골수까지 깊이 고정되어 있다."[16]

이처럼 칼빈은 인간이 하나님이 살아 계심을 명백하게 인식할 수 있다고 주장합니다. 그러나 그럼에도 불구하고 인간이 하나님을 인식하지 못하고 믿음을 갖지 못하는 이유는 무엇입니까? 이에 대해 칼빈은 두 가지로 말하고 있습니다.

첫째, 우리의 무감각 때문입니다. 우리가 하나님에 대한 믿음을 본성적으로 타고 났음에도 불구하고 하나님에 대한 의식과 하나님을 경배하는 '경배의 씨앗'(종교의 씨앗)을 억눌러 자라지 못하도록 하는 까닭은 우리가 무감각하기 때문이라는 것이지요. "하나님에 대한 기억이 생래적인 의식에 의해 아낌없이 내적으로 제시되었으나 오만하고 상습적인 죄로 말미암아 그 마음이 완고해져, 하나님에 대한 일체의 기억을 미친 듯이 쫓아버리는 사람들이 많다"(강요, I, 4, 2)는 것입니다. 둘째, 죄 때문입니다. 우리는 죄로 인해 강요당하지 않는 한 결코 하나님을 생각하지 않고, 반항하며 끌려가기 전에는 하나님께 가까이 가지 않게 되었습니다(강요, I, 4, 4). 우리에게는 하나님께 마땅히 돌려야 할 영광과 존경을 보내지 않고 자신을 끝까지 지탱하려는 성향이 있다는 것입니다.

요컨대, 인간에게는 누구에게나 하나님의 존재를 인식할 수 있는 의식이 있고, 이것이 죄로 인해 억압을 받지 않는다면 자연스럽게 하나님을 믿을 수 있을 것입니다. 저기에 나무가 서 있다는 것을 믿듯이, 다른 사람도 나와 같이 마음을 가지고 있고 생각할 줄 알고 고통을 느낀다는 사실을 믿듯이, 그와 마찬가지로 하나님의 존재도 믿을 것입니다. 많은 사람들이 하나님이 존재한다는 사실을 쉽게 믿지 못하는 까닭은 죄 때문입니다. 우리가 하나님을 제대로 믿지 못하는 까닭은, 칼빈에 따르면, 우리에게 일종의 인식 기능상의 결함이 발생했기 때문입니다. 만일 이것이 옳다면 마르크스와 프로이트가 환상이나 착각으로 본 것이 실제 현실이고, 그들이 현실로 본 것이 오히려 착각이라고 말할 수 있을 것입니다.

결국 문제는 우리의 현실, 우리가 살고 있는 세계, 우리 자신의 존재를 어떻게 보는가에 달려 있습니다. 하나님을 믿는 믿음이 합리적인가 합리적이지 않은가, 말이 되는가, 되지 않는가 하는 것은 결국 이 세계와 우리 자신을 어떻게 보느냐 하는 것에 달려 있습니다. 조금 어려운 말로 인식론의 문제는 결국 존재론과 인간학에 달려 있다고 말할 수 있습니다.

이렇게 한번 가정해 보지요. 예를 들어 이 만년필의 존재가 무엇입니까? 생김새, 재료, 누가 만들었는가, 이 모두가 중요하지만 그 가운데 가장 중요한 것은 아마도 이것의 쓰임새, 곧 필기 도구로서의 적절한 기능일 것입니다. 옷의 존재는 무엇일까요? 몸을 가려 주고 보온을 해주며 겉모습이 예뻐 보이도록 하는 것이겠지요. 신발의 존재는 무엇일까요? 발을 보호하고 걸을 때 발을 편하게 하는 것이겠지요. 이렇게 어떤 것의 존재는 그것의 쓰임새, 그것의 적합한 기능을 하는 데 있고, 그 각각의 기능은 만든 사람과 사용하는 사람의 의도와 설계에 달려 있습니다. 의도와 설계를 떠나 만년필과 옷, 신발의 존재를 말할 수 없습니다.

그렇다면 인간은 어떨까요? 방금 이야기한 것의 연장선에서 보자면 인간이 가장 인간답게 기능하는 것이겠지요. 그러면 어떻게 기능해야 인간이 인간답게 기능하는 것일까요? 여기에 선택의 갈림길이 놓여 있습니다. 기독교적 유신론을 따를 것이냐, 아니면 현대 세계관을 지배하는 사상이 주장하는 바를 따를 것이냐 하는 것입니다. 우리는 이 가운데 하나를 선택할 수밖에 없습니다. 이 둘 중에 어느 것을 선택하느냐를 따라 우리의 존재론과 인간론은 크게 달라질 것입니다.

자연주의 vs 유신론

현대의 세계관 중 가장 강력한 사상으로 자연주의(naturalism)와 반실재론(anti-realism), 그리고 세속적 휴머니즘(secular humanism)을 들 수 있습니다.[17] 이 가운데서 아마 인간의 존재와 기능과 관련해서 가장 유력한 후보를 들자면 자연주의일 것입니다. 자연주의를 가장 단순하게 정의하자면 "존재하는 것은 오직 자연뿐이며 자연을 구성하는 물질의 원리에 따라 모든 것이 움직인다"는 것입니다. 만약 이 사실을 받아들인다고 해 봅시다. 그렇다면 어떤 '의도'나 '설계'를 말할 수 없습니다. 물질이 가지고 있는, 자연 자체에 내재한 운동의 법칙이나 우연성이나 이런 것들을 가지고 모든 것의 존재와 기능을 설명해야 합니다. 자연주의자들은 이로부터 과학, 도덕, 예술, 심지어 종교의 출현까지 설명하려고 애씁니다.

하지만 자연주의를 철저히 옹호할 경우 이어지는 결론은 너무도 명백합니다. 저는 버트란드 러셀이 도달한 결론이 가장 정직하고 솔직하다고 생각합니다. 러셀의 "자유인의 숭배"라는 글에 나오는 말을 들어 보십시오.

> 사람은 결과를 예측할 수 없는 원인들의 산물이라든지, 사람의 출생과 성장, 그가 가지고 있는 희망과 두려움, 그의 사랑과 믿음은 단지 원자들의 우연한 배열의 결과에 지나지 않는다든지, 어떤 정열도, 어떠한 용맹도, 어떠한 강렬한 사유와 감정도 내세에서는 개인의 삶을 보존할 수 없다든지, 모든 세대의 수고와 헌신과 영감과 번쩍이는 천재성도 태양계의 종말이 오면 소멸할 수밖에 없다든지, 인류의 업적을 자랑하는 전당도 이 우주가 파멸하면 어쩔 수 없이 분토가 되어 버리고 만다는 말들은 논란의 여지가 없지는 않더라도 너무나 확실해서 어느 철학도 그것을 부인하기가 어렵다. 영혼의 거처는 차후에 이러한 진리들을 발판으로 할 때에만, 돌이킬 수 없는 절망에 기초할 때에만 안전하게 세워질 수 있다.[18]

러셀에 따르면 (1) 사람은 예측할 수 없는 원인들의 산물에 지나지 않으며, (2) 사람의 출생, 성장, 사람이 가지고 있는 희망과 두려움, 사랑과 믿음은 원자들의 우연한 배열의 결과에 지나지 않으며, (3) 어떠한 정열도, 어떠한 용맹도, 어떠한 강렬한 사유와 감정도 내세에서는 개인의 삶을 보존할 수 없을 뿐 아니라 모든 세대의 수고와 헌신과 영감과 번쩍이는 천재성도 태양계의 종말이 오면 소멸할 수밖에 없습니다. 자연주의의 결론은 우리 인간의 삶에는 자연 바깥에서 주어진 어떤 근거나 목적, 어떤 이유도 없다는 것입니다. 삶을 근거지어 주는 근거, 토대, 목적, 의미, 목표가 없다는 생각을 일컬어 '아무것도 없다(nihil, nothing)는 주의', 곧 '허무주의'(nihilism)라고 부릅니다. 러셀은 자연주의의 정직한 결론이 허무주의일 수밖에 없음을 잘 보여 줍니다.

이와는 반대로 만일 인간을 지으신 하나님의 의도와 설계를 수용한다면 어떻게 될까요? 그렇다면 인간의 존재는 인간에게 주어진 기능을 가장 적절하게 발휘하는 것이 될 것입니다. 그 기능이 무엇입니까? 하나님을 알고 사랑하며, 그분께 합당한 존경을 돌려 드리고, 이웃과 자연, 그리고 나와 더불어 평화롭고, 나에게 주어진 삶을 정성과 마음과 힘을 다해 사는 것이라고 말할 수 있습니다. 간단하게 이야기하면, 하나님을 사랑하고 이웃을 사랑하고 하나님이 주신 은사를 잘 사용하여 평화로운 공동체를 만드는 것이라고 할 수 있습니다. 우리의 인식 능력은 사물을 인식하고 타인을 이해하고 삶을 계획하는 데 매우 중요한 역할을 합니다. 그런데 이 능력이 제대로 발휘되자면 우리의 인식 기관들이 제 기능(보고 듣고 만지고 생각하고 상상하고 기억하고 추론하는 일 등)을 해야 합니다. 마치 냉장고가 설계자의 의도대로 제대로 작동될 때 그 기능을 제대로 수행할 수 있듯이, 우리의 인식도 하나님이 설계하신 대로 작동할 때 제대로 기능할 수 있을 것입니다.

　냉장고는 냉장고를 만든 사람을 알 수 없습니다. 그렇지만 사람은 사람을 자신의 형상대로 지으신 분을 알 수 있습니다. 만일 죄로 인하여 억압하지 않는다면 말이지요. 이것이 칼빈의 가르침입니다. 그러나 현실적으로 우리는 성령 하나님이 말씀을 통해 우리를 깨우쳐 주시지 않고서는 예수 그리스도를 통해 온전하게 알게 되는 하나님의 존재와 그분의 어떠하심에 대해서 알 수가 없습니다. 그래서 칼빈은 「기독교강요」 1권 6장 4절에서 이렇게 말합니다.

> "…인간의 마음은 무력하여 하나님의 거룩한 말씀의 도움이 없이는 하나님께 도달할 수 없고, 유대인을 제외한 모든 사람이 다 말씀을 떠나서 하나님을 찾았으므로 필연적으로 공허와 오류에서 방황할 수밖에 없었다…"[19]

　우리가 성경을 열심히 읽고 공부해야 할 이유는, 무엇보다도 말씀과 기도, 삶의 기쁨과 고난 가운데서 하나님을 알고 그분과 정들어 가기 위함입니다. 하나님과의 관계가 회복될 때 우리는 우리 자신과의 관계, 가까이 있는 타인이나 멀리 있는 타인과의 관계, 자연과의 관계를 회복할 수 있습니다. 최근 들어 교회마다 교제를 부쩍 강조하고 있는데, 하나님과의 관계가 제대로 되어 있지 못할 때 우리 자신과의 교제나 타인과의 교제나 자연과의 교제는 왜곡될 수밖에 없습니다. 세상 어느 책도 성경만큼 우리가 알아야 하고 합당한 존경을 드려야 할 하나님에 대해서 정확하게 가르쳐 주는 책이 없습니다. 우리가 하나님을 알기 위해서 성경을 힘써 연구하고 알아야 할 이유가 여기에 있습니다.

우리는 우리 자신을 말씀 앞에 내어 놓고 말씀을 읽는 가운데, 기도하는 가운데, 그리고 그것을 가지고 삶을 살아가는 가운데 삼위 한 분 되신 하나님을 배우고 삼위 한 분 되신 하나님을 알아가게 됩니다. 그리하여 오직 삼위 하나님이야말로 우리 삶의 근거이며, 삶의 주인이며, 삶의 희망임을 알고, 이로부터 깊이 우러나온 감사로 인해 고난 중에서도 기뻐하며 살 수 있습니다. 하나님을 바로 알 때 감사와 찬송이 우러나오고, 감사와 찬송이 우러나올 때 그야말로 우리 삶 전체가 감사로 넘치게 될 것입니다.

5. 신자들 가운데 있는 무신론: '현실적, 실제적 무신론'

지금까지 이야기한 것은 이론적인 무신론이었습니다. 그렇지만 이보다 더 무서운 것이 있습니다. 바로 현실적, 실제적 무신론(practical atheism)입니다(이 용어는 현재까지 제가 확인한 바로는 칸트가 처음 사용하였습니다). 우리의 교회 현실에서 중요하고 더욱 심각한 것은 바로 이 현실적, 실제적 무신론자입니다. 왜냐하면 이론적 무신론자들은 교회 바깥에 있지만 현실적, 실제적 무신론자들은 교회 안에 있고, 교회 밖에 있는 사람들에게 주의 백성의 공동체에 대한 신뢰를 떨어뜨리는 것이 바로 이들이기 때문입니다.

실제적, 현실적 무신론자란 누구를 말합니까? 디도서 1:16을 읽어 보겠습니다.

"그들이 하나님을 시인하나 행위로는 부인하니 가증한 자요 복종하지 아니하는 자요 모든 선한 일을 버리는 자니라."

이처럼 이론적으로는 하나님의 존재를 믿는다고 말하고 고백하고 그렇게 생각하면서 실제 삶에서는 '마치 하나님이 존재하지 않는 것처럼' 사는 사람이 바로 실제적 무신론자입니다. 시편에도 이와 꼭 같은 이야기가 있습니다. 시편 14:1-3을 읽어 보겠습니다.

"어리석은 자는 그의 마음에 이르기를 하나님이 없다 하는도다. 그들은 부패하고 그 행실이 가증하니 선을 행하는 자가 없도다. 여호와께서 하늘에서 인생을 굽어 살피사 지각이 있어 하나님을 찾는 자가 있는가 보려 하신즉 다 치우쳐 함께 더러운 자가 되고 선을 행하는 자가 없으니 하나도 없도다."

이 구절은 나중에 바울이 로마서에서 그대로 인용하기도 합니다. 이들은 하나님을 인정하면서도 삶을 들여다보면 선을 행하지 않고 악을 행합니다. 시편 10:4에도 똑같은 이야기가 나옵니다.

"악인은 그의 교만한 얼굴로 말하기를 여호와께서 이를 감찰하지 아니하신다 하며 그의 모든 사상에 하나님이 없다 하나이다."

이들은 이론적인 의미에서의 무신론이 아니라 실제 삶에서 무신론적인 삶을 살아가고 있습니다. 제가 인터넷을 통해서 읽은 글에서 뉴욕주 픽스킬 루터교회에서 목회하는 윌리엄 터지슨(William P. Terjesen) 목사는 이렇게 말합니다.

"세상에 무신론자들은 그렇게 많지 않다. 그러나 실제적 무신론자들은 수백만이나 주변에 있다. 그 가운데 많은 사람이 교회에 열심히 다니는 사람들이다."[20]

바깥에서 무신론을 주장하는 사람들은 그렇게 큰 문제가 아닐 수 있습니다. 실제 삶에서 무신론자처럼, 하나님이 없는 것처럼 사는 것이 심각한 문제입니다. 그렇다면 우리 자신이 실제적, 현실적 무신론자임을 어떻게 알 수 있을까요? 터지슨은 네 가지를 그 방법으로 제안합니다.

첫째, 신자임을 고백하면서도 하나님의 말씀인 성경을 많은 의견 가운데 단지 하나의 의견에 지나지 않는다고 생각하는 사람입니다. 자신의 경험이나 세상 상식이 더 중요한 잣대와 기준이 되는 사람입니다. 이들에게 성경의 가르침은 케케묵은 옛날 이야기에 지나지 않으며, 우리 삶의 기준이나 잣대가 될 수도 없습니다. 말씀을 절대적인 기준으로 따라 살려 하기보다는 자신의 생각이나 관점을 더 중요하게 여깁니다.

둘째, 신앙 고백을 하면서도 그의 세계관과 철학, 삶의 가치가 하나님의 말씀에 의존하기보다는 세상 사람들의 철학과 가치관에 의존해 있는 사람입니다. 교회 세습을 하거나 세속적인 가치관에 따라 성공을 추구하는 사람 등을 예로 들 수 있습니다.

셋째, 하나님을 믿는다고 하지만 하나님이 우리 기도를 듣고 응답하신다는 신앙이 전혀 없는 사람입니다. 하나님은 아무것도 하지 않으시는 하나님, 따라서 기도할 필요 없는 그런 하나님으로 생각하는 사람입니다.

넷째, 천국이나 지옥에 대해서 명확하지 않은 기대를 하는 사람입니다. 예컨대 도덕적으로 선하게 행하면 천국 갈 것이고, 약간 문제가 있더라도 하나님이 천국에 들여 주리라 믿는 사람입니다. 행위의 의로움에 의존하는 사람을 두고 터지슨은 현실적 무신론자라고 부릅니다.

저는 이 네 가지 기준에 대해 대체로 동의합니다. 그러나 다시 생각해 보면 이 기준은 어쩌면 지나칠 정도로 일종의 '지식'에 치우쳐 있습니다. 현실적 무신론자는 단지 이런 지식 면에서 잘못 알고 있을 뿐 아니라 실제로 하나님 없는 사람처럼 행동하는 데서 그 자신을 더 드러낸다고 저는 생각합니다. 하나님을 믿고, 예수 그리스도를 따라 산다고 하면서도 성령의 열매가 없다면 실제로 무신론자라고 해야 되지 않을까요? 입으로 주여, 주여 외치고, 예배에 열심히 참석하고, 기도하는 자리에 자주 앉지만, 이 세상이나 이 세상에 있는 것들을 하나님 자리에 대신 두는 사람이면 그야말로 현실적인 무신론자라 해야 할 것입니다. 교회에 오래 다니면 다닐수록, 교회에서 중요한 역할을 하면 할수록, 현실적 무신론자가 될 가능성은 그렇지 않은 경우보다 더 많아 보입니다. 예수를 믿는 믿음으로 구원받지만, 이 구원을 동시에 두려움과 떨림으로 이루어가야 합니다.[21]

6. 성경에서 증거하는 하나님: 숨어 계시면서 현존하시는 하나님

그러면 이제 우리가 고백하는 하나님은 어떤 하나님인지 물어 보아야 합니다. 증거주의자들이 이야기하는 것은 하나님이 있다면 보여 달라, 보여 주면 믿겠다는 것입니다. 그러나 성경을 보면 하나님은 눈으로 볼 수 없는 분입니다. 이사야 45:15을 읽어 보겠습니다.

"구원자 이스라엘의 하나님이여 진실로 주는 스스로 숨어 계시는 하나님이시니이다."

이사야는 이스라엘이 고레스 왕의 도움으로 구원받을 것을 얘기하면서 하나님에 대해서 "숨어 계시는 하나님"으로 이야기하고 있습니다. 하나님은 자신을 숨기시고 보여 주지 않으십니다. 만약 하나님이 우리 눈에 보이는 분이라면 공간적 제약이 있을 것이고, 그렇다면 참다운 의미에서 신이 아닐 것입니다. 우리가 우상을 만들어 내는 이유는 하나님을 찾고자 하는, 하나님에 대한 본성이 우리에게 있기 때문입니다. 체스터튼(G. K. Chesterton)이 이런 이야기를 한 적이 있습니다. "창녀 집에 가서 문을 두드리는 사람은 사실 하나님을 찾고 있는 것이다."[22] 하나님에 대한 갈망, 하나님을 통해서만 채워질 수 있는 갈증이 창녀를 찾는 것으로 나타난 것이지요. 신명기 4:12을 읽어 보겠습니다.

"여호와께서 불길 중에서 너희에게 말씀하시되 음성뿐이므로 너희가 그 말소리만 듣고 형상은 보지 못하였느니라."

하나님은 음성으로만 듣고, 말씀을 통해서만 들을 수 있을 뿐 직접 보지는 못합니다. 하나님을 왜 볼 수 없습니까? 모세의 경험을 따라 이야기해 보면, 하나님을 보면 죽기 때문입니다. 출 33:20에 이 사실이 분명하게 기록되어 있습니다. "또 이르시되 네가 내 얼굴을 보지 못하리니 나를 보고 살 자가 없음이니라."

하나님은 우리에게 대해서 숨어 계시는 분입니다. 그러면서도 그의 능력과 영광을 행하십니다. 숨어 계신 그분은 갑자기 바벨론이 망하게 하시고 페르시아가 승리하도록 하시며, 그렇게 함으로써 당신의 백성을 자기 고향으로 돌려 보내셨습니다. 하나님은 우리가 보지 못하지만, 숨어 계시면서 역사의 배후에서 모든 일을 행하시며, 우리의 구원을 위해 온갖 일을 행하십니다. 이것이 '숨어 계신 하나님'이라는 표현에 담긴 뜻입니다. 하나님은 숨어 계시면서도, 동시에 당신이 누구이신지 우리에게 알려 주시는 분입니다. 출애굽기 3장에 나오는, 떨기나무 불꽃 가운데서 여호와의 사자를 만나는 이야기를 예로 들어 보겠습니다. 하나님이 모세를 바로에게 보내서 이스라엘 백성을 애굽에서 이끌어나갈 계획을 하실 때, 모세가 묻습니다.

"모세가 하나님께 아뢰되 내가 이스라엘 자손에게 가서 이르기를 너희의 조상의 하나님이 나를 너희에게 보내셨다 하면 그들이 내게 묻기를 그의 이름이 무엇이냐 하리니 내가 무엇이라고 그들에게 말하리이까"(출 3:13).

모세가 하나님의 이름에 관해 질문하자 하나님은 이렇게 대답하십니다.

"하나님이 모세에게 이르시되 나는 스스로 있는 자이니라. 또 이르시되 너는 이스라엘 자손에게 이같이 이르기를 스스로 있는 자가 나를 너희에게 보내셨다 하라"(출 3:14).

하나님은 "나는 스스로 있는 자다." 이렇게 답하십니다. 이 구절은 해석상 아주 어려운 부분입니다. 여기서 '야웨', '여호와'라는 말이 나오는데요. 히브리어로는 '에흐예 아쉐르 에흐예'라고 읽습니다. 예전 영문 번역에서는 이를 "I am that I am." 또는 "I am who I am."이라고 번역했습니다. 독일어 번역이나("Ich bin, die ich bin")나 불어 번역("Je suis qui je suis")도 구조는 비슷한 데 이 모든 번역은 라틴어 번역 '에고 숨 쿠이 숨'(Ego sum qui sum)의 구조를 그대로 따르고 있습니다. 최근에는 "I will be who will be." "I am the one who will be." "I am the one who causes to be." 등으로 번역을 하기도 합니다. 여러 번역을 비교해 보면 우리말 번역은 오히려 구약을 처음으로 헬라어로 번역했던 70인역의 "에고 에이미 호 온"(*ego eimi ho on*), 곧 "나는 있는 자이다"에 오히려 가깝습니다. '스스로'가 첨가된 것이 다르지요. 이스라엘의 하나님이 스스로 보여 준 이름을 어떻게 번역하는가 하는 것은 히브리어 동사 '있다', '있을 것이다', '있게 할 것이다' 등을 뜻하는 동사 '하야(*hayah*)를 어떻게 해석하느냐에 달려 있습니다. 그런데 여기서 핵심은 하나님은 그냥 영원불변토록 계시는 분이라는 것보다는 고난받는 자기 백성들을 돌아보고 그들이 있는 곳에 함께하시겠다는 응답을 하고 계신다는 사실입니다. 그러므로 우리말로 "나는 스스로 있는 자다"란 말은 형이상학적 의미에서 영원 불변자, 본체, 실체를 뜻하는 것이 아니라 실제로, 역사 속에서, 자기 백성들의 삶의 현장 가운데 임재하고, 그 곳에 함께할 자임을 밝혀 드려낸 것입니다. 출애굽기 3:7-8을 읽어 보도록 하겠습니다.

"여호와께서 이르시되 내가 애굽에 있는 내 백성의 고통을 분명히 보고 그들이 그들의 감독자로 말미암아 부르짖음을 듣고 그 근심을 알고 내가 내려가서 그들을 애굽인의 손에서 건져내고 그들을 그 땅에서 인도하여 아름답고 광대한 땅, 젖과 꿀이 흐르는 땅 곧 가나안 족속, 헷 족속, 아모리 족속, 브리스 족속, 히위 족속, 여부스 족속의 지방에 데려가려 하노라."

동사에 주목하여 다시 읽어 보십시오. 하나님은 이스라엘 백성들의 고통을 보고, 듣고, 알고, 내려와서, 건져 내고, 인도하여 (가나안 땅에) 이르게 하시는 분입니다. 역사에 개입하고 참여하고 행동하시는 하나님, 우리 육신의 눈으로 보지는 못하지만 숨어 계시면서 자기 백성의 삶 속에 참여하고, 오셔서 건져 내시는 하나님이십니다. 이 하나님은 우리를 경악케 하고 공포에 떨게 하는 자연의 힘으로 오시는 것이 아니라 우리에게 말을 걸어오고 반응을 기대하고 응답해 주기를 바라는 분의 목소리로 다가오십니다. 열왕기상 19:11-12을 읽어 보겠습니다.

"여호와께서 이르시되 너는 나가서 여호와 앞에서 산에 서라 하시더니 여호와께서 지나가시는데 여호와 앞에 크고 강한 바람이 산을 가르고 바위를 부수나 바람 가운데에 여호와께서 계시지 아니하며 바람 후에 지진이 있으나 지진 가운데에도 여호와께서 계시지 아니하며 또 지진 후에 불이 있으나 불 가운데에도 여호와께서 계시지 아니하더니 불 후에 세미한 소리가 있는지라."

하나님은 바람 가운데도, 지진 가운데도, 불 가운데도 계시지 않습니다. 불이 있은 후에 들린 세미한 소리, '콜 드마마 다카', '부드럽고 조용한 소리'는 단순한 소리가 아니라 하나님의 목소리입니다. 하나님은 말씀하시는 모습으로 오십니다. 그 목소리는 나의 욕망, 나의 소원대로 좌지우지할 수 없습니다. 귀기울이고 듣고 순종해야 할 목소리입니다. 목소리로 찾아오신 하나님, 말씀하시는 하나님이 계속 이야기하시는 것이 무엇입니까? 절대로 우상, 형상을 만들지 말라는 것입니다. 하나님이 계속해서 금지하는 것이 바로 우상을 만드는 것입니다. 우리가 우상을 만들고 형상을 만드는 것은 그것을 우리가 지배하고 요청하기 위해서입니다. 하나님은 그것을 금지하시는 것입니다. 하나님은 예기치 않게, 숨어 계시면서, 동시에 우리 삶 속에 깊이 관여하면서 어렵고 고통당하는 순간에 찾아오시는 분입니다. 찾아오시는 하나님이 곧 아브라함과 이삭과 야곱의 하나님입니다. 출애굽기 3:15을 읽어 보십시오.

"하나님이 또 모세에게 이르시되 너는 이스라엘 자손에게 이같이 이르기를 너희 조상의 하나님 여호와 곧 아브라함의 하나님, 이삭의 하나님, 야곱의 하나님이 나를 너희에게 보내셨다 하라. 이는 나의 영원한 이름이요 대대로 기억할 나의 칭호니라."

하나님은 "너희 조상의 하나님"이 곧 "아브라함의 하나님, 이삭의 하나님, 야곱의 하나님"이라고 말씀하십니다. 우리가 신앙 고백하는 하나님은 어떤 분이십니까? 눈에 보이지 않으면서도 그의 백성의 기도와 간구를 들으시고 참여하시는 하나님이십니다. 기도 속에, 말씀을 통해, 음성으로 자신을 보여 주시는 하나님이십니다. 그 하나님은 아브라함의 하나님, 이삭의 하나님, 야곱의 하나님이십니다. 아브라함과 이삭, 야곱의 삶을 보면 하나님이 직접 찾아오시는 것을 볼 수 있습니다. 야곱의 경우만 생각해 보겠습니다. 형 에서를 피해 밧단 아람으로 도망가면서 노숙하게 되었을 때 야곱은 꿈에 사다리를 보게 됩니다(창 28장).

"꿈에 본즉 사닥다리가 땅 위에 서 있는데 그 꼭대기가 하늘에 닿았고 또 본즉 하나님의 사자들이 그 위에서 오르락내리락 하고 또 본즉 여호와께서 그 위에 서서 이르시되 나는 여호와니 너의 조부 아브라함의 하나님이요 이삭의 하나님이라. 네가 누워 있는 땅을 내가 너와 네 자손에게 주리니 네 자손이 땅의 티끌같이 되어 네가 서쪽과 동쪽과 북쪽과 남쪽으로 퍼져나갈지며 땅의 모든 족속이 너와 네 자손으로 말미암아 복을 받으리라"(창 28:12-14).

여기서 볼 수 있는 하나님은 "아브라함의 하나님", "이삭의 하나님"입니다. 아직 "야곱의 하나님"은 아닙니다. 고향 땅으로 돌아올 때, 야곱은 비로소 하나님을 "야곱의 하나님"으로 부르게 됩니다. 얍복 강에서 하나님의 천사와 씨름하고 난 후 야곱은 이스라엘이라는 이름을 얻게 됩니다. 그리고 곧 이어 야곱이 하나님께 단을 쌓는 이야기(33:20)가 나오는데, 그 때 그 땅의 이름을 '엘엘로헤이스라엘'이라고 부릅니다. 이 말의 뜻은 '하나님은 이스라엘의 하나님이다'입니다. 이스라엘이 곧 야곱이 이름이니까 이를 다르게 풀어 보면 '하나님은 나 야곱의 하나님이다' 이렇게 됩니다.

우리가 믿는 하나님은 개념적으로 아는 하나님도 아니고, 형상을 보고 아는 하나님도 아닙니다. 우리가 믿는 하나님은 음성을 듣고 말씀을 듣고 알게 되는 하나님입니다. 하나님의 음성과 말씀을 듣는 데는 역사가 필요하고 과정이 필요합니다. 야곱은 처음에 하나님을 조상들이 믿던 하나님으로 받아들였습니다. 그러다가 수십 년 간 고통을 겪고 아비의 집으로 돌아오면서 비로소 "나 야곱의 하나님"이라는 고백을 하게 됩니다. 삶 속에서, 이야기 속에서, 사건 속에서 하나님을 자기 하나님으로 고백한 것입니다. 우리의 신앙 생활이 항상 순탄한 것은 아닙니다. 때로 우리는 하나님과 멀어지기도 하고 가까워지기도 하고, 또 기복이 있기도 합니다. 그렇지만 그 때마다 하나님은 숨어 계시면서도 우리에게 개입하시고 찾아오시고 우리의 하나님, 곧 나의 하나님이 되어 주신다는 것을 알 수 있습니다. 그분은 우리가 어떤 모양이나 개념으로 붙잡으려고 할 때는 언제나 자신을 숨기시면서도 언제나 우리와 함께 계시는 분입니다.[23]

 더 읽고 생각해 볼 문제

1. 무신론자들의 주장을 그리스도인 자신의 신앙 검증을 위해서 사용해 볼 수 없는지 함께 생각해 보고 토론해 보십시오.

강의 가운데서 저는 크게 두 가지 종류의 무신론을 다루었습니다. 하나는 이론적 무신론이고 다른 하나는 실제적, 현실적 무신론입니다. 이론적 무신론은 생각이나 행동으로 하나님이 존재하지 않는다고 주장하는 무신론입니다. 실제적 무신론은 말로나 생각으로는 하나님이 존재한다고 말하거나 믿으면서 실제 삶에서는 마치 하나님이 존재하지 않는 것처럼 사는 사람들의 무신론을 말합니다. 이론적 무신론을 우리는 두 가지 유형, 곧 증거를 요구하는 사람들의 무신론과 신앙을 하나의 환상으로 보는 사람들의 무신론을 나누어 보았습니다. 무신론은 우리의 실제 신앙을 비춰 볼 수 있는 거울이 될 수 있습니다. 교회 생활을 하고 있는 우리 모습이 무신론자들의 주장에 어떻게 반영되어 있는지 확인해 보십시오. 현대 여러 유형의 무신론에 관해서 류의근 교수가 번역한 롸이쁜(Luijpen, 저자 이름이 우리말 번역에는 뢰이쁜으로 되어 있습니다)의 「현대 무신론 비판」(Religion and Atheism, CLC, 2005)을 참고하십시오. 마르크스와 프로이트, 그리고 이 강의에서 다루지 않은 니체의 무신론에 관한 논의와 비판은 한스 큉의 「신은 존재하는가」(성염 옮김, 분도출판사, 1994)를 참고하십시오. 무신론에 대한 깊은 검토가 신앙인에게 오히려 도움이 될 수 있다는 주장은 메롤드 웨스트팔의 주장입니다. 그의 「혐의와 신앙: 근대 무신론의 종교적 쓰임새들」(Suspicion and Faith: The Religious Uses of Modern Atheism, Grand Rapids, Michigan: Eerdmans, 1993)을 참고하십시오.

2. 하나님의 존재 증명을 성경에서는 찾아볼 수 없습니다. 그러나 서양 전통을 보면 하나님의 존재를 증명하려는 시도가 줄곧 있었습니다. 존재 증명에는 어떤 종류가 있는지, 각각의 증명이 안고 있는 난점이 무엇인지, 하나님의 존재를 우리는 어떻게 증거할 수 있는지 생각해 보고 토론해 보십시오.

칸트 이후, 하나님의 존재 증명은 유럽 신학이나 철학에서는 거의 사라진 주제입니다. 그러나 영미 전통에서는 줄곧 그 전통이 유지되어 왔습니다. 최근 영미 분석철학 전통 안에서 형성된 종교철학계에서는 매우 정교한 논의들을 전개하고 있습니다. 주요 논변의 종류와 내용에 관해서는 마이클 피터슨, 윌리엄 해스커, 브루스 라이헨바하, 데이비드 배싱어가 공동으로 집필한 「종교의 철학적 의미」(Reason & Religious Belief, 하종호 옮김, 이화여자대학교출판부, 2005), 5장에서 읽을 수 있습니다. 이 책은 존재론적 논변, 우주론적 논변, 목적론적 논변, 도덕적 논변을 새롭게 소개하고 있습니다. 조금 어렵기는 하지만 플란팅가의 「신과 타자의 정신들」(이태하 옮김, 살림, 2004)도 추천합니다. 플란팅가에 관해서는 켈리 제임스 클락의 「이성에로의 복귀」(이승구 옮김, 여수룬, 1998)를 참고하십시오. 옥스퍼드에서 철학적 신학을 가르친 리처드 스윈번은 확률 이론을 이용해서 신 존재를 증명한 여러 작품을 남겼습니다. 그 가운데 「하나님은 존재하는가?」(*Is There a God*, Oxford & New York: Oxford University Press, 1998)라는 책이 전문가가 아닌 분들도 쉽게 접근할 수 있는 책입니다.

3. 성경에 나타난 하나님은 어떤 하나님입니까? 몇몇 인물들(예컨대 아브라함, 야곱, 모세, 욥, 요나 등)을 중심으로 그들에게 나타난 하나님이 어떤 분인지 생각해 보고 토론해 보십시오.

하나님은 어떤 개념이나 명제로 나타나지 않고 구체적인 사건과 이야기 속에서 자신을 드러내는 모습이 성경의 하나님에 두드러집니다. 개념이나 명제를 쓸 때조차도 언제나 구체적인 사건과 이야기와 관련해서 하나님은 자신이 누구인지, 관련 인물에게 어떤 분이 되어 주시는지가 드러납니다(1장 논의 참조). 아브라함과 야곱의 경우, 하나님은 전능자로(4장 참조), 모세에게는 이스라엘 백성을 구원하시는 야웨 하나님으로 나타납니다. 하나님을 부르는 이름이, 그분을 서술하는 단어가 만일 '개념'이라면 우리는 하나님을 우리의 생각, 우리의 욕망 안에 사로잡는 꼴이 됩니다. '개념'은 영어의 '컨셉'(concept), 독일어의 '베그리프'(Begriff)에서 보듯이 '쥐다', '붙잡다'는 행위에 뿌리를 두고 있습니다. 하나님은 개념 속에 넣을 수 없는 분입니다. 하나님의 이름은 개념이 아니라 (하나님 편에서 보면 하나님이 우리에게 주시는) '약속'이고 (하나님을 향하여서는 우리가 하나님께 드리는) '찬양'이고 '증언'입니다. "나는 전능자다", "나는 스스로 있는 자다"라고 하나님이 자신의 모습을 보여 주신 것은 하나님이 전능자로, 곧 만물을 주재하고 복 주시는 분으로 우리에게 오시며, 우리가 어느 곳에 있든지 언제나 하나님은 구원의 능력으로 개입하고 참여하시겠다는 '약속'입니다. 우리가 하나님을 '전능자'요, '야웨'라고 부를 때는 하나님이 그런 분이심을 '찬양'하고 '증언'하는 것입니다. 요나의 경우(욘 4:1) 하나님은 "은혜로우시며 자비로우시며 노하기를 더디하시며 인애가 크시사 뜻을 돌이켜 재앙을 내리지 아니하시는 하나님"이라고 고백합니다. 출애굽기 34:6에 나오는 구절과 같은 내용이지요. 요나는 실제 삶을 통해서 하나님을 체험적으로 고백하고 찬양드리지 못했습니다. 오히려 개념과 명제 안에 갇혔습니다. 성경 언어, 특히 야웨 하나님과 관련해서 사용한 구약 성경 언어의 특징을 잘 드러낸 책으로 류호준, 류호영 교수가 번역한 월터 브루그만의 「구약신학」(*Theology of the Old Testament: Testimony, Dispute, Advocacy*, CLC, 2003)을 읽기를 권합니다. 먼저 3장 "이스라엘의 증언 실천"을 읽으면 도움이 될 것입니다.

제3강

하나님 아버지/어머니?

1. 인격적 존재요, 말씀하시는 하나님
2. 페미니스트 신학자들의 문제 제기
3. 하나님과 관련된 이름:
   남성적 이름과 여성적 비유
4. 하나님을 아버지라 부르기가 쉽지
   않은 경우: 길선주의 예
5. 우리의 아버지 되신 하나님
6. 하나님의 아버지 되심의 결과:
   우리 자신이 누리는 것과
   우리가 행해야 할 것
7. 지상의 아버지와 천상의 아버지,
   누가 아버지 이해의 기초인가?

지난 시간 우리는 무신론에 대해서 살펴보았습니다. 무신론은 문자 그대로 '하나님은 없다'는 주장을 말합니다. 하나님의 존재에 대해서 취할 수 있는 태도 가운데 하나입니다. 이러한 태도로는 적어도 개념적으로 일곱 가지를 구별해 낼 수 있지 않을까 생각합니다. '모든 존재가 신(또는 신적)'이라고 보는 범신론을 가장 왼편에 놓는다면 '신은 없다'고 주장하는 무신론을 오른편에 놓을 수 있을 것입니다. 그 사이에 범재신론(만유재신론), 다신론, 유신론, 이신론, 불가지론을 둘 수 있을 것입니다. 유신론을 중심으로 왼쪽과 오른쪽으로 줄을 세워 보면 이렇습니다.

범신론 ← 범재신론 ← 다신론 ← **유신론** → 이신론 → 불가지론 → 무신론

- 범신론은 모든 것은 신이거나 신적이라고 봅니다. 신과 세계는 결국 하나입니다. 따라서 창조주와 피조물 사이에 존재론적 차이와 거룩하신 하나님과 죄인들 사이의 도덕적 차이가 없습니다.

- 범재신론 [또는 사람에 따라 만유재신론(萬有在神論)이라고 번역해 쓰는 panentheism]은 문자 그대로 모든 것(*pan*)은 신(*theos*) 안에 (*en*) 있다고 주장합니다. 신과 세계는 범신론의 주장과는 달리 구별되긴 하지만 본질적으로 한 덩어리입니다. 그러므로 신은 세계 없이 존재할 수 없고, 세계 또한 신 없이 존재할 수 없습니다. 따라서 신은 세계에 일어나는 사건들의 영향을 받을 뿐 아니라 세계를 통해서 자신을 실현할 수 있다고 봅니다.

- 다신론은 예컨대 그리스 신화에서 보는 것처럼 제우스, 헤라, 아프로디테처럼 여러 신들이 존재한다고 믿는 것을 말합니다.

- 유신론(theism)은 전능하고 전지하며 완전한 사랑이며 지금도 자연과 역사 속에서 활동하는 신의 존재를 믿는다는 주장을 담고 있습니다. 기독교와 유대교, 이슬람 전통에서 수용하는 유일신론(monotheism)과 동의어로 봅니다. 구약 성경에서 가끔 볼 수 있는 것처럼 '야웨는 신들 중의 신'이라고 보는 것은 유일신론과 구별해서 '최고신론'(henotheism)이라 부릅니다(여기서 접두어 *heno*는 '하나'를 뜻합니다마는 이 때 '하나'는 수적으로 하나란 뜻이기보다는 우리가 엄지손가락을 내밀면서 '바로 이거야'라고 말할 때 지칭하는 내용과 같습니다).

- 이신론(deism)은 이론적으로 세계를 창조한 신을 믿는다고 하지만, 그 신은 마치 훌륭한 시계공처럼 완벽하게 스스로 돌아갈 수 있는 시계를 만들어 두고는 전혀 개입하지 않는 신이라고 보는 사상을 말합니다. 18세기 계몽주의 사상가들 가운데 이렇게 일없이 '한가하게 지내는 신'(*deus otiosus*)에 대한 생각을 찾아볼 수 있습니다.

- 불가지론(agnosticism)은 문자 그대로 신이 존재하는지, 존재하지 않는지 알 수 없다는 유보적 주장을 담고 있습니다.

어떤 경우든 하나님에 대해서 말하고 있습니다. 무신론은 하나님이라 부르는 존재가 없다는 방식으로 하나님에 대해 말하고 있고, 범신론은 신과 세계 사이에 본질적인 구별 없이 모든 것이 신이거나 신적이라는 방식으로 하나님에 대해 말하고 있습니다.

1. 인격적 존재요, 말씀하시는 하나님

그런데 사도신경을 통해 우리가 하나님을 고백할 때 우리는 하나님에 대해서 어떻게 고백하고 있습니까? 유신론적인 방식으로 고백하지 않습니다. 유신론적으로 고백하지 않는다구요? 금방 고개를 갸우뚱 할 분들이 있겠지요. 기독교는 유신론이잖아요? 하나님의 존재를 인정하는 종교가 맞지 않나요? 그렇습니다. 그렇지만 우리의 신앙 고백은 예컨대 유대교와 이슬람을 포함하는, 넓은 의미에서의 유신론적인 방식과 구별됩니다. 우리는 예수 그리스도를 통하여 하나님 신앙을 고백합니다. 우리가 (아직까지 교회에서 쓰고 있는 번역대로) "전능하사 천지를 만드신 하나님 아버지를 믿사오며"라고 신앙 고백을 할 때, 벌써 우리는 예수 그리스도를 통해서 알게 된 하나님에 대해서 신앙을 고백하고 있습니다. 그러므로 신학자 바르트가 사도신경의 신앙 고백이 제대로 되자면 "우리 주 예수 그리스도를 믿사오니"라는 고백이 먼저 있고, 그 다음에야 "전능하사 천지를 지으신…"이란 고백이 뒤따라왔어야 했다고 본 것은 올바른 지적이라고 저는 생각합니다. 유대교와 이슬람과 마찬가지로 우리가 따르는 기독교 신앙도 유신론을 지지한다고 해도 우리가 막상 신앙을 고백할 때는 사도신경에서 하는 것처럼 "나는 아버지 하나님을 믿습니다.…나는 예수 그리스도를 믿습니다.…나는 성령을 믿습니다"라고 고백합니다. 이것이 세례를 통해 예수 그리스도와 함께 죄에 대해서 죽고 예수 그리스도와 함께 새 생명을 누리는 사람으로 거듭난 성도의 고백입니다. 이 고백을 통하여 우리는 하나님이 계실 뿐만 아니라, 그분이 오늘도 우리와 함께, 우리 안에서 역사하시고 계신다는 믿음을 표현합니다. 세례를 받을 때 성령 안에서, 예수 그리스도를 통해 아버지 하나님의 자녀로 언약 관계를 맺는 것처럼 매주 공예배를 통해 우리는 약속을 다시 확인하고 서약합니다.

하나님은 '인격적' 존재

사도신경은 그냥 "나는 하나님을 믿습니다"라고 하지 않습니다. 단순한 유신론적 고백을 하는 것이 아니라 삼위 하나님에 대한 신앙을 고백합니다. 하나님은 무엇보다 우리의 아버지 되시고, 전능자이고, 천지의 창조주 되신 분임을 고백하고 찬양을 올리는 것이 사도신경의 첫 줄의 내용입니다. 하나님에 대한 인격적 서술이 고백의 중심을 이룹니다. 하나님에 대해서 '인격적'이란 말을 붙이는 것은 사실 어폐가 있어 보입니다. 왜냐하면 하나님은 사람이 아니기 때문에 사람 인(人)자를 써서 하나님에 대해 '인격적'이라 말할 수 있는가 의문을 표시할 수 있기 때문입니다. 그런데 '인격적'이란 말은 영어로 하자면 '퍼스널'

(personal)입니다. '퍼스널'은 '개인적'이란 말로도 쓰입니다만 본래 뜻은 어떤 역할의 주체, 어떤 책임의 주체가 된다는 말입니다. 어떤 책임이나 역할을 맡을 수 있으려면 생각할 수 있고 판단할 수 있고 행동할 수 있어야 합니다. 한 단체가 '법인'이 될 수 있는 것은 그 단체가 법적 책임의 주체가 될 수 있다는 의미입니다. 하나님에 대해서 하나님은 '인격적인' 분이라고 말하는 것은 하나님은 모든 인격체가 지닌 지성과 의지와 감정을 지니실 뿐 아니라 그의 피조물과 교제할 수 있고 소통할 수 있고 자신의 결정에 대해서 책임지고 집행하실 수 있는 분이라는 뜻입니다. 물론 하나님은 이렇게 하시되, 우리와는 비교할 수 없는 분임을 교회 전통은 고백해 왔습니다. 한 예로 아우구스티누스의 고백록의 한 구절을 보시지요(고백록 1권 4장입니다).

"제가 묻사오니 그러면 나의 하나님 당신은 누구십니까? 주님이 아니시고 누구십니까? 주님 외에 누가 하나님이십니까? 당신은 지극히 높으시고 선하시며, 전지 전능하시며, 지극히 자비로우시면서도 의로우시며, 지극히 은밀히 계시면서도 가장 가까이 현존하시며, 지극히 아름다우시면서도 지극히 강하시며, 항상 계시되 어디에 의존해 계시지 않으시며, 스스로는 변화하지 않으시되 모든 것을 변화시키시며, 새롭게 되거나 옛것으로 돌아가지 않으시되 모든 것을 새롭게 하십니다."[1]

아우구스티누스가 고백을 통해 찬양한 하나님은 사용된 용어만 두고 보면 매우 역설적인 하나님입니다. 자비로우면서도 의로우시고 은밀히 계시면서도 가까이 현존하시며 아름다우시면서도 강하시며 항상 계시되 어디에도 의존하시지 않으신 분입니다. 아우구스티누스는 여기에 덧붙입니다.

"당신은 항상 일하시되 안식하시고, 항상 거두시되 부족함이 없으시며, 항상 받들어 주시고, 채워 주시고, 보호해 주십니다. 당신은 항상 창조하시고, 보존해 주시고, 완성케 하십니다. 당신은 부족한 것이 없으시나 찾으시고, 사랑을 하시되 흥분하시지 않으시며, 질투를 하시나 안정하시고, 뉘우치나 괴로워하시지 않으시며, 성을 내시되 평정하십니다."[2]

일하시되 쉬시고, 거두시되 부족함이 없고, 감정을 갖되 감정의 동요가 전혀 없으신 분. 우리의 언어는 긍정과 부정을 통해 사실 또는 사태를 반대된 것으로 그려내는 것을 허용하지 않습니다. 그럼에도 아우구스티누스는 이렇게 하나님은 양면을 동시에 가진 분으로 그려 말하고 있습니다. 그러면서도 언어를 사용하지 않을 수 없는 사정과 언어의 한계를 의식합니다. 고백록 1권 4장 마지막 부분은 이렇게 끝납니다.

"오, 나의 생명, 나의 거룩한 즐거움이 되신 하나님, 내가 지금 무엇을 말했습니까? 인간이 당신에 대해서 말할 때 무엇을 말할 수 있습니까? 당신을 찬양해야 할 때에 침묵을 지키는 자들에게는 화가 있을 것이니 당신을 찬양함에 있어서는 말을 많이 하는 것도 실상 벙어리와 같습니다."[3]

그럼에도 우리의 언어를 통해 하나님에 관해서, 그것이 아무리 찬양이라 하더라도, 이렇게 또는 저렇게 말할 수 있는 가능성이 어디서 오는 것일까요? (두 번째 강의 마지막 부분에서 간략하게 언급했듯이) 숨어 계시면서 어디에나 계시는 하나님, 현존하시는 야웨 하나님에 대해서 사도신경에서 고백하듯이 '아버지', '전능자', '천지의 창조주'라고 말할 수 있는 근거가 무엇일까요?

우리는 이 물음을 앞에서 잠시 언급했듯이 하나님은 '인격적'인 분이라는 사실을 통해서 풀어 보고자 합니다. 종교 전통을 보면 하나님이 인격적이란 사실에 관해서는 두 가지 극단적 태도를 볼 수 있습니다. 하나는 그리스 신화에서 볼 수 있듯이 불사(不死)의 측면에서 그리고 능력 면에서는 인간보다 뛰어난 신들이 있습니다. 그러나 감정이나 행동 면에서 인간과 동일합니다. 이들도 화를 내고 복수를 하고 간음하고 속임수를 씁니다. 인간적인 너무나 인간적인 신들이지요. 또 다른 하나의 극단은 궁극적 실재는 인격과 무관하다고 보는 생각입니다. 인도철학 전통과 노자와 장자의 도가철학 전통에서 볼 수 있는 관점이라 할 수 있습니다. 「도덕경」 4장을 보면 도(道)에 관해서 이렇게 말합니다.

도는 텅 비어 있다.
그러나 그 작용은 끝이 없다.
(…)
나는 그것이 누구의 자식인지 모르겠다.
하느님보다도 먼저 있었던 듯하다.
(道沖而用之惑弗盈…吾否知誰之子. 象帝之先.)[4]

인격성을 띤 상제보다 모든 사물의 근본 원리요 구조요 조화의 힘인도(道)가 먼저 있었던 것 같다는 생각입니다. 궁극적인 것은 인격이 결여된, 인격을 넘어선 차원이라고 보는 것이지요. 도덕경은 예컨대 공자가 수용한 인격적 상제천(上帝天)을 거부하고 있습니다. 공자의 경우, 하늘(天)의 인격성을 암시하는 부분이 많습니다. 자신을 이해하는 이가 있다면 하늘일 것이라고 말합니다.[5] 송나라 재상 환퇴가 공자를 죽이려 하자 "내가 소유한 덕의 주인이 하늘이거늘 환퇴가 나를 어떻게 하겠는가?" 하는 말을 하기도 했습니다.[6] 공자에게 하늘은 인격적 질서요 자신에게 사명을 준 존재였습니다. 그러나 공자의 하늘은 자신의 뜻을 직접 알려 주지 않는 하늘입니다. "하늘이 언제 말하더냐(天何言)? 말이 없어도 사계절은 순행하고 수백 가지의 사물들은 생겨난다. 하늘이 언제 말을 하더냐?"고 공자는 말합니다.[7]

말씀하시는 하나님

그러나 이스라엘 역사를 통해, 예수의 사건을 통해, 그리고 신약 교회를 통해 자신을 드러내고 보여 준 하나님은 '말씀하시는 하나님'입니다.[8] 무엇보다도 예수 그리스도 자신이 말씀이시고, 말씀이신 그분이 하나님이 어떤 분이심을 보여 줍니다. 그러므로 우리는 공자처럼 "하늘이 언제 말하더냐?"고 반문할 수 없습니다. 하나님은 우리에게 자신이 어떤 분이고 우리에게 무엇을 원하시는지 선지자들을 통해, 예수 그리스도를 통해, 그의 사도들을 통해 말씀하십니다. 이것이 담긴 책이 성경입니다. 우리는 성경을 통하여, 성경 안에서 말씀하시는 인격적인 하나님을 만나고, 그분에 대해서 우리가 말할 수 있는 술어들을 얻습니다.

우리가 하나님에 대해서 말할 수 있는 근거는 오직 여기에 있습니다. 우리의 신앙 경험이나 논리적 추론, 또는 언어적 상상력을 따라 하나님이 어떤 분이라 말할 수 있습니다. 그러나 이렇게 말할 때 성경의 언어는 언제나 우리의 표준이고 잣대가 됩니다. 만일 그렇지 않다면 우리의 경험을 통해 말하는 하나님은 우리의 사고와 우리의 개념, 우리의 욕망에 따라 만들어 낸 하나님일 가능성이 높습니다.

하나님을 아버지로, 전능자로, 천지의 창조주로 부르며 그분께 신앙을 고백하고 의탁하며 찬양하는 것은 우리 자신의 욕망의 산물이거나 사회 경제적, 문화적 이념의 결과일까요? 페미니즘 진영의 신학자들은 하나님을 '아버지'라 부르는 전통적인 실천에 대해 강하게 저항하고 있는 현실을 우리는 알고 있습니다. 그들은 틀렸을까요?[9)]

2. 페미니스트 신학자들의 문제 제기

페미니스트 신학자들은 하나님에 대한 명칭조차도 양성 평등을 보여 주기를 원합니다. 성경을 보면 예컨대 '반석'이니, '방패'니, '요새'니 하는 단어처럼 성(性)과 무관하게 하나님을 찬양하는 용어들이 있지만 예컨대 '왕'이나 '주', '아버지', 그리고 (우리말로는 별 문제없습니다만 서양말 경우에 문제가 되는) 남성 3인칭 대명사(예컨대 영어의 he)처럼 하나님을 마치 남성인 것처럼 표현하는 단어들이 많습니다. 페미니스트 신학자들을 따르면 이런 표현은 여성을 차별하므로 하나님에 대해서 지금까지 무비판적으로 사용해 오던 성경의 용어들을 폐기하고 (1) 양성을 평등하게 표시하는 방식으로 하나님에 관해 말하거나 (2)중성적 표현을 쓰거나, 아니면 (3)중성적이고 동시에 남성적인 면과 여성적인 면을 평등하게 표시하는 명칭을 하나님에 대해 쓰자고 제안합니다. 이러한 주장을 일컬어 '포괄주의'라고 하고 이러한 주장을 하는 사람들을 일컬어 '포괄주의자'라고 부릅니다. 그리고 포괄주의적인 방식으로 하나님에 대해서 말하는 표현을 통틀어서 '하나님에 대한 포괄적 언어'(inclusive language for God)라고 부릅니다.

포괄적 언어 사용의 전략

포괄적 언어를 실현하는 전략에는 세 가지가 있습니다. 첫째, 성 평등적인 언어를 쓰는 것입니다. 예컨대 하나님을 '아버지'로, 그리고 '그분'(he)으로 부를 뿐 아니라 여기에 "하늘에 계신 우리 아버지" 대신 "하늘에 계신 우리 아버지/어머니"라고 하자는 것입니다. 아버지와 어머니를 반드시 나란히 쓸 필요 없이 때로는 '아버지/그분'(Father/he)이라고 쓰다가 때로는 '어머니/그분'(Mother/she)으로 수적으로 어느 한쪽에 지우치지 않도록 균형 있게 번갈아 쓰자는 제안입니다. 포괄성을 유지하기 위한 둘째 전략은 성과 무관하거나 성 중립적인 언어를 쓰자는 제안입니다. '아버지', '어머니' 대신 '어버이'(Parent)를 쓰고 '왕'(King)과 '주' 대신에 '군주'(Monarch), '통치자'(Ruler) 또는 '주권자'(Sovereign)를, '하나님의 아들' 대신 '신적 자녀'(Divine Child)를 쓰고 '아버지와 아들과 성령'(Father, Son and Holy Spirit) 대신 '창조주, 구속자, 위로자'(Creator, Redeemer, Comforter)를 쓰자고 제안합니다. 하나님과 관련된 용어들이 어떤 방식으로든 남성이나 여성적 이미지를 주지 않도록 하는 것이 전략적으로 중요합니다. 세 번째 전략은 성 대등한 용어와 성 중립적 언어를 결합하는 방식입니다. 예컨대 '하나님'(God), '거룩한 분'(Holy One), '창조주'(Creator), '세상의 빛'(Light of the World), '영원한 지혜'(Eternal Wisdom), '구속주'(Redeemer), '통치자' 등을 예컨대 '아버지'와 '어머니'보다 훨씬 더 많이 사용하는 것이지요.

포괄적 언어 사용주의자들을 모두 페미니스트라 할 수 없지만 그들이 페미니즘 운동과 긴밀하게 연관되어 있다는 사실은 부인할 수 없습니다. 페미니스트들은 전통 사회를 근본적으로 가부장적이고 남성 중심적인 사회로 보고 성차별주의가 그 근본 구조에 깔려 있다고 봅니다. 여성은 남성에 대해서 이차적인 존재로 사회적 역할이나 지위에서 제한적인 권리밖에 누릴 수 없습니다. 정치, 경제, 사회의 중요한 기관은 모두 남성들 위주로 구조화되어 있고 중요한 의사 결정이나 감정, 의사 소통, 갈등 해소는 남성들 손에 달려 있습니다. 그런데 가부장적이고 남성 중심주의적인 사고는 여성에게 심리적인 해를 끼칠 뿐만 아니라 무엇보다 사회적 불의를 야기시켰다고 봅니다. 여성들의 열등감이나 낮은 자존감, 수많은 여성들과 아이들에 대한 남성들의 폭력과 유기 등은 남성주의의 결과로 지목되는 것들입니다.

교회 안에서의 양성 평등 문제

페미니스트들이 볼 때, 교회나 일반 사회나 마찬가지로 여전히 가부장적이고 남성 중심주의적입니다. 그러므로 신학계나 교회 안에서 활동하는 페미니스트들은 교회 안에서 먼저 양성 평등을 이루어야 한다는 생각을 하게 됩니다. 이와 관련해 세가지 영역을 생각해 볼 수 있습니다.

첫 번째는 성차별주의로 인한 피해자들을 목회적으로 돌보는 일에 대한 관심입니다. 포괄적 언어 사용을 주장하는 사람들 가운데는 목회 상담 경험이 그 동기가 된 사람들이 있습니다. 아버지로부터 심하게 무시받고 버림받은 경험을 한 남성들이나 여성들은 하늘의 아버지를 수용하기가 무척 힘들다는 보고들이 있습니다. 힘세고 무서운 아버지로의 폭력이나 폭언을 경험한 사람들은 전능하고 남성적인 하나님 아버지를 받아들이기가 쉽지 않다는 것이지요. 그러므로 그런 사람들이 하나님을 '아버지'라 부르도록 하지 말고, '어머니', '사랑하는 이', '친구' 또는 '어버이'로 부르도록 하는 것이 시급하다는 것입니다. 영적 건강을 위해서 포괄적인 언어를 사용하자는 것입니다.

두 번째는 교회 안에서, 그리고 신학 현장에서 남녀, 여남 평등을 이루기 위해 포괄적 언어 사용이 요구된다고 보는 사람들이 있습니다. 지금까지 교회와 신학은 남성들이 주도했고 중요한 교회 문서들도 모두 남성들 손에서 만들어졌습니다. 그러므로 페미니스트 신학자들은 만일 여성이 교회의 신학이나 정치, 예배, 직제 등을 재편성하는 일에 참여할 경우 여성적 경험이 제대로 반영될 수 있다고 봅니다. 성경 해석과 관련해서 피오렌자(Elisabeth Schuessler Fiorenza)의 말은 시사하는 바가 큽니다. "성경적 종교를 형성하고 결정하는 일에 여성의 권위를 다시 주장할 때 페미니스트 신학은 해방을 위한 전반적 실천의 순간으로 성경 해석 행위를 다시 개념화하기를 시도한다."[10]

교회 내의 지배 구조의 변경은 페미니스트 신학자들을 따르면 일종의 정의의 문제이고, 이 때 정의는 그리스도인의 덕목에 한정되는 것이 아니라 하나님 자신의 본질적 속성을 반영합니다. 봉사와 주일학교 교육, 구역 관련 부분을 제외한 다른 분야, 특히 그 가운데서 교회의 목회적 지도력에서 여성 배제가 심한 한국 교회는 특히 이 두 번째 영역에 관한 검토와 고려가 필요할 것입니다.

셋째, 포괄적 언어 사용을 세계관의 문제로 접근하는 사람들이 있습니다. 여기서 말하는 세계관이란 영적 존재인 남성적 하나님을 제일 위에 두고 물질적 존재인 땅을 맨 아래에 두고 그 사이에 남자와 여자를 두되, 남자를 위에, 여자를 아래 두는 세계관을 말합니다. 이것이 정말 기독교 세계관인지 의심스럽습니다. 오히려 유교적 세계관이라고 하면 어느 정도 수긍이 됩니다마는 어쨌든 강조점은 가부장주의에 있고 기독교의 가부장주의가 깨뜨려져야 진정한 여성 해방이 가능하다고 페미니스트 신학자 로즈매리 류터(Rosemary Reuther)는 주장하고 있습니다.[11] 매리 데일리(Mary Daly)의 "하나님이 남성이기 때문에, 남성이 하나님이다"(Since God is male, the male is God)란 표현도 포괄적 언어 사용을 하지 않으면 남성 중심의 신관으로부터 해방될 수 없다는 생각을 반영하고 있습니다. 세 번째 관심은 포괄적 언어를 세계관의 변혁을 통해 사회 변혁을 가져오자는 매우 큰 운동의 한 부분으로 진행되고 있는 것으로 이해할 수 있습니다.

3. 하나님과 관련된 이름: 남성적 이름과 여성적 비유

자, 그러면 어떻게 해야 할까요? 지금까지 우리가 하나님에 대해서

'아버지'라 부르던 호칭을 폐기하고 '아버지/어머니' 또는 '어버이'라고 하나님을 불러야 할까요? 성부, 성자, 성령 대신에 '창조주, 구속주, 위로자'라고 해야 할까요? 사실 여성들이 사회 속에서 오랫동안 차별을 받아 온 사실과 남성들과 마찬가지 평등한 위치와 기회, 지위를 사회뿐만 아니라 교회 안에서도 누릴 수 있도록 우리의 의식과 제도를 바꾸어 가야 한다는 데 대해서 크게 반대하는 사람은 없을 것입니다. 우리가 힘써 해야 될 일입니다. 아버지의 폭력과 박해 경험 때문에 하나님을 정말 '아버지'라 부르기 어려워하는 성도들의 고통도 가볍게 여길 일이 아닙니다. 그런데 이런 심리적, 사회적, 문화적 이유들, 한 걸음 더 나아가 세계관적이고 이념적인 이유 때문에 우리가 하나님을 부를 때 지금까지 교회 전통이 불러온 명칭을 폐기하고, 아니면 거기에 덧붙여, 중성적이거나 여성적인 명칭으로 하나님을 부르는 것이 정당한지 한 번 생각을 해 보아야 하겠습니다.

어떤 방식으로 진행해 볼까요? 성경에서 하나님을 부르는 이름들을 먼저 찾아보는 것이 좋을 것입니다. 두 경우를 살펴볼 수 있습니다. 먼저 '하나님'과 관련된 단어를 몇 가지 살펴보고 다음에 '주'와 관련된 단어를 보도록 하지요.

성경에 나타난 하나님의 '이름'

구약에서 하나님은 엘(*El*)과 엘로아(*Eloah*), 엘로힘(*Elohim*)으로 호칭됩니다. 때로는 수식어를 통해 나타납니다. 엘 샤다이(*El Shaddai*, 전능하신 하나님), 엘 엘리온(*El Elyon*, 지극히 높으신 하나님), 엘 올람(*El*

Olam, 영존하시는 하나님) 등이 그 예입니다. '엘'은 문법적으로는 언제나 남성형으로 쓰입니다. 이와 달리 구약 성경에서 하나님에 대해서 가장 많이 사용되고 있는 히브리어는 '엘로힘'입니다. 이 단어는 여러분이 들어 알고 있듯이 문법적으로는 복수형입니다. 하지만 다신론적 함의는 이 속에 없습니다. 창세기 1:1 "태초에 하나님이 천지를 창조하셨다"고 할 때 하나님에 대해서 히브리어로 '엘로힘'을 쓰고 있습니다. 엘로힘은 말하자면 하나님을 지칭하는 보통 명사(common noun)라고 할 수 있습니다. 동시에 참된 하나님의 지위를 보여 주는 타이틀로 사용되는 경우도 종종 있습니다. "나는…네 하나님 여호와니라. 너는 나 외에는 다른 신들을 네게 두지 말라"(출 20:2-3)라고 할 때 이 때 하나님(엘로힘)은 보통 명사라기보다 참된 신의 지위를 보여 주는 것으로 이해할 수 있습니다. 엘로힘도 형식으로는 남성형입니다. 엘과 엘로힘을 헬라어로 번역할 때는 테오스(*Theos*)가 사용되었습니다. 관사가 없이 사용되는 경우도 있으나 남성형 관사 호(*ho*)를 붙여 호 테오스(*ho theos*)로 사용하는 경우가 대부분입니다(행 17:4 참조). 남성형 관사와 남성형 어미(-os)를 가지고 있습니다. 그래서 '여신'을 뜻하는 '헤 테아'(*he thea*)와 구별됩니다(행 19:37, 아르테미스의 경우). 하나님에 대해서 신구약 성경의 언어는 문법상으로는 언제나 남성형을 사용했다고 말할 수 있습니다.

'주'와 관련된 단어들도 사정은 다르지 않습니다. 우리가 흔히 '여호와'라고 발음하는 야웨(*Yahweh*)는 모세에게 하나님이 계시한 하나님의 특별한 고유 명사입니다. 하나님은 모세에게 이스라엘 백성에게 가서 "나를 너희에게 보내신 이는 너희 조상의 하나님 곧 아브라함의 하나님, 이삭의 하나님, 야곱의 하나님 여호와라 하라"고 말씀하십니다. 그리고 덧붙여 "이는 나의 영원한 이름이요 대대로 기억할 나의 칭호니라"고 하십니다(출 3:15). 여호와 또는 야웨는 구약 성경에 칠천 번 정도 하나님의 고유한 이름으로 사용됩니다. '야웨 엘로힘', 야웨 하나님, 또는 주 하나님, '야웨 에로헤누'(Jahweh elohenu), 야웨 우리 하나님 또는 주 우리 하나님으로 자주 나타납니다. 모세에게, 그리고 이스라엘에게 계시된 하나님의 고유한 이름 야웨는 "나는 스스로 있는 자"라는 번역으로 우리가 익숙한 출애굽기 3:14의 "에흐에 아쉐르 에흐에"와 관련이 있다는 것에 대해서는 아무런 의심이 없습니다. 이 두 경우 모두 공통된 히브리어 동사 하야(hayah)와 관련되어 있습니다. "있다" 또는 "있게 하다" 등 여러 가지로 이해되는 동사입니다. '에흐에'는 "나는 있다" 또는 "나는 있게 할 것이다"로 1인칭 단수로, 그리고 '야웨'는 "그가 있다"(He is)로 번역될 수 있다는 데 학자들은 대체로 동의합니다. 백성들의 고난을 보시고 조상들과 맺은 과거 언약을 신실하게 지키시는 하나님이 스스로 "나는 있는자이다" 또는 "나는 있을 자이다"라고 자신을 보여 주시면서 자신의 이름을 3인칭적으로 '그는 있다', '그는 있을 것이다'라고 알려 주신 경우입니다. 이런 배경에서 존 쿠퍼는 엘리자벳 존슨이 야웨를 여성형을 사용하여 "She who is"로 번역해 쓰자는 제안은 근거가 없다고 단정합니다.[12]

유대인들은 '야웨' 외에도 아도나이(Adonai), 곧 '나의 주'라는 표현을 하나님께 썼습니다. 창세기 15:2을 보면 아브라함은 하나님을 '아도나이 야웨', 곧 나의 주 야웨라고 부릅니다. 그런데 야웨라는 주의 이름을 이스라엘 사람들은 거룩한 이름으로 생각했기 때문에 입에 담기를 점점 꺼려하고 그 대신 '아도나이' 또는 '아돈'을 하나님을 부르는 호칭으로 사용하였습니다. 이 말을 헬라어로 번역한 것이 큐리오스(*kyrios*)이고 이것을 우리는 '주'로 다시 번역해 쓰고 있습니다. 신약 성경에는 그러므로 야웨라는 이름은 나오지 않습니다. 그 대신 큐리오스가 야웨와 아돈 둘 다 지칭하는 이름으로 사용됩니다. 그러므로 우리가 신약 성경을 읽을 때 이 두 명칭이 하나의 단어에 담겨 있음을 기억할 필요가 있습니다. 신약은 예수님에 대해서 큐리오스, 곧 주라는 단어를 사용합니다. 예컨대 빌립보서 2:6-11 가운데 예수님의 낮아짐과 높아짐을 그리는 부분에서 "모든 입으로 예수 그리스도를 주라 시인하여 하나님 아버지께 영광을 돌리게 하셨느니라"라고 할 때 예수님에 대해 사용한 주, 곧 큐리오스는 예수님의 신격을 말합니다. 이 때 큐리오스도 야웨나 아돈 또는 아도나이와 마찬가지로 문법적으로는 남성형입니다. 성경에는 하나님에 대해서 사용하는 왕, 목자, 재판관, 방패, 요새, 구원자, 피난처, 통치자, 창조주, 아버지, 용사, 남편, 토기장이 등 여러 명칭, 호칭, 서술어가 사용됩니다. 이 모두가 문법적으로는 남성형입니다.

'아버지'란 하나님의 호칭

이 가운데서 특별히 우리의 관심을 끄는 것은 '아버지'라는 명칭입니다. 하나님에 대해서 가장 많이 쓴 이름이 구약에서 '야웨'라면 신약에서는 '아버지'입니다. 그래서 카이퍼와 비슷한 시기에 활동했던 네덜란드 신학자 헤르만 바빙크(Herman Bavinck)는 이렇게 말합니다. "아버지란 이름은 이제 신약 성경에서 하나님의 '보통 이름'(*de gewone* naam)이 되었다." 바빙크는 이어서 이렇게 말합니다.

"야웨의 명칭을 '큐리오스'(주)로 옮겨 놓은 것은 모자람이 있다. 아버지란 이름이 이것을 말하자면 채워 주었다. 이야말로 하나님의 최고의 계시다. 하나님은 단순히 창조주, 전능자, 신실한 분, 왕과 주이실 뿐 아니라 또한 그분 백성들의 아버지다. 이스라엘의 신정왕국은 하늘에 계신 아버지의 나라로 넘어간다. 아래 속했던 이들은 자녀가 되었고 시민들이 가족이 되었다. 정의와 사랑, 국가와 가족, 이 둘이 자기 백성들에 대한 신약적 관계 가운데 완전히 성취되었다. 여기에 완전한 왕권이 존재한다. 왜냐하면 여기에는 동시에 아버지이면서 왕이신 분이 그의 아래 속한 이들을 폭력으로서 복종시키는 것이 아니라 그 스스로 자신의 아래 있는 사람들을 창조하시고 보존하시기 때문이다. 이들은 그분으로부터 자녀로 태어났으며 그분의 모습을 간직하고 그분의 한 가족이다. 이 관계가 신약에서 그리스도를 통해 가능하게 되었는데, 그리스도는 아버지 자신의, 홀로 나시며 사랑받는 아들이시다. 믿는 이들은 이 자녀됨에 참여하며 성령을 통하여 자녀됨에 대해서 깨달아 알게 된다(요 3:5, 8; 롬 8:15)."[13]

신약 성경을 보면 구약의 경우처럼 '아버지'를 비유로 사용한 경우가 적지 않습니다. 가장 유명한 경우가 누가복음 15장 탕자 비유의 경우지요. 그러나 대부분은 가족 관계를 표시하는 용어로 아버지를 사용합니다. 예컨대 고린도전서 8:6을 보면 바울은 "우리에게는 한 하나님 곧 아버지가 계시니…"라고 하였습니다. 요한복음에는 하나님을 그저 '아버지'란 명칭으로 지칭하고 부르는 경우가 허다합니다. 빌립은 예수님이 하나님 아버지에 대해서 말했더니 "주여 아버지를 우리에게 보여 주옵소서. 그리하면 족하겠나이다"라고 요청합니다(요 14:8). 예수님은 자신을 본 것이 곧 아버지를 본 것이라 답합니다. 왜냐하면 아버지가 예수님 안에, 예수님이 아버지 안에 있기 때문입니다.

하나님을 우리가 '아버지'라 부르게 된 것은 예수님 때문입니다. 예수님이 하나님을 지칭할 때 가장 많이 쓴 호칭이 곧 아버지였습니다. 요한복음 전체에 이것이 가장 잘 나타나 있습니다. 누가복음 2:49 예수님을 찾아 나선 부모들에게 "내가 내 아버지 집에 있어야 될 줄을 알지 못하셨나이까?"라고 반문합니다. 예수님과 하나님 사이의 매우 친밀한 관계를 표시한 말일 텐데, 이 친밀한 관계의 표현을 예수님은 홀로 쓰지 않으시고 그의 제자들에게도 쓰게 하였습니다. "내 아버지 곧 너희 아버지, 내 하나님 곧 너희 하나님"(요 20:17)은 우리도 예수님처럼 하나님을 우리 아버지로 부를 수 있다는 말입니다. 여기에 그치지 않습니다. 우리도 예수님처럼 하나님의 아들 되신 예수의 영, 곧 성령을 통해 하나님을 우리의 "아빠"로 부를 수 있습니다(갈 4:6-7). 아버지는 하나님에 대한 직접적 호칭으로 사용됩니다. 어머니가 하나님에 대한 직접적인 호칭으로 등장하는 경우는 없습니다.

아버지의 의미를 좀더 자세히 살펴보기 전에 하나님에 대해서 여성적인 이미지를 사용하는 경우를 살펴보았으면 좋겠습니다. 이를 통해 하나님을 '어머니'라 부를 수 있는 근거를 찾기보다는 하나님을 '아버지'라 부른다고 해서 하나님이 우리가 알고 있는 아버지처럼 가부장적이고 남성 중심적인 분이라는 편견을 깨뜨릴 수 있을 것입니다.

하나님을 모성적 이미지로 그린 성경 구절

하나님이 이스라엘의 회복을 약속하시면서 이렇게 말합니다(사 42:14). "내가 오랫동안 조용하며 잠잠하고 참았으나 내가 해산하는 여인같이 부르짖으리니 숨이 차서 심히 헐떡일 것이라." 해산 자체보다는 여인이 해산할 때 수반되는 표현들을 이스라엘에게 보이겠다는 약속입니다. 해산하는 여인의 부르짖음과 호흡 곤란에 대한 직유법의 표현입니다. 66:13에는 이렇게 적혀 있습니다. "어미가 자식을 위로함같이 내가 너희를 위로할 것인즉 너희가 예루살렘에서 위로를 받으리니." 하나님이 마치 어머니 같으시다는 표현입니다. 어머니가 자식을 위로하는 것처럼 하나님이 이스라엘을 위로할 것이라는 직유법적 표현입니다. 이와 비슷한 표현이 마태복음 23:37에 나옵니다. "예루살렘아 예루살렘아…암탉이 그 새끼를 날개 아래에 모음 같이 내가 네 자녀를 모으려 한 일이 몇 번이더냐?" 예수님 자신이 새끼를 모아 품으시는 암탉에 빗대어 말씀하신 경우입니다.

은유법을 사용한 비유도 있습니다. 예컨대 신명기 32:18 "너를 낳은 반석을 네가 상관하지 아니하고 너를 내신 하나님을 네가 잊었도다"에서는 하나님을 '낳는 분'에 빗대어 이스라엘의 무관심과 망각을 지적합니다. 시편 90:2 "산이 생기기 전, 땅과 세계도 주께서 조성하시기 전 곧 영원부터 영원까지 주는 하나님이시니이다"라고 한 부분은 우리말 번역으로 보아서는 특별히 여성적 은유가 드러나지 않습니다. 그러나 히브리어 원문이나 영어 번역에는 여성적 이미지가 분명합니다. '생기다'는 말은 '낳다'(were born)는 말이고 '조성한다'(영어로는 brought forth)고 번역된 말도 여성이 아이를 낳을 때 쓰는 표현입니다. 아버지와 어머니의 은유가 표현된 이사야 45:10-11에는 이런 구절이 있습니다. "아버지에게는 무엇을 낳았소 하고 묻고 어머니에게는 무엇을 낳으려고 해산의 수고를 하였소 하고 묻는 자는 화 있을진저 이스라엘의 거룩하신 이 곧 이스라엘을 지으신 여호와께서 이같이 이르시되 너희가 장래 일을 내게 물으며 또 내 아들들과 내 손으로 한 일에 관하여 내게 명령하려느냐." 하나님을 직접 아버지, 어머니라 칭하지 않지만 하나님이 이스라엘을 '내 아들들'(내 자녀들)이라고 스스로 말씀하시는 것으로 보아 하나님이 그의 자녀들의 아버지와 어머니 되심을 은유적으로 보여 주고 있다고 할 수 있습니다.

마지막으로 이사야 46:3을 보도록 합시다. 이 구절은 교회사 전통에서 매우 드물게 칼빈이 하나님을 '아버지와 어머니'로 비유법을 써 주석한 부분입니다. 먼저 본문을 읽어 보지요. "야곱의 집이여 이스라엘 집에 남은 모든 자여 내게 들을지어다. 배에서 태어남으로부터 내게 안겼고 태에서 남으로부터 내게 업힌 너희여. 너희가 노년에 이르기까지 내가 그리하겠고 백발이 되기까지 내가 너희를 품을 것이라. 내가 지었은즉 내가 업을 것이요 내가 품고 구하여 내리라. 너희가 나를 누구에게 비기며 누구와 짝하며 누구와 비교하여 서로 같다 하겠느냐." 하나님이 마치 어머니같이 이스라엘을 어릴 때부터 안고 품으실 뿐 아니라, 좀 민망스럽기는 하지만 노년에 이르기까지 백발이 되기까지 품으실 것이라 약속하고 있습니다. 이 경우는 직접 '어머니'란 단어가 나오지 않지만 동사의 서술을 보아 어머니의 행동을 은유로 사용하여 하나님의 사랑을 표현하고 있습니다. 칼빈은 이 구절을 두고, 하나님이 자신을 태에서 아이를 낳은 어머니와 비교하는 '퍽 강한 비유'를 사용하고 있다고 평했습니다. 칼빈은 이어서 이렇게 말합니다.

"하나님을 어디서나 '아버지'라고 불렀다(렘 31:9; 말 1:6)고, 그리고 이 타이틀이 하나님께 더 적합하다고 반론을 펼친다면 나는 이렇게 답하겠다. 어떤 표현법으로도 우리로 향하신 하나님의 정(情)을 그려낼 수 없다. 하나님의 정은 무한하고 다양하다. 그러므로 사랑에 관해서 말할 수 있고 상상할 수 있는 것 모두를 하나로 합쳐 놓더라도 하나님의 사랑의 위대하심은 그것을 능가한다. 어떤 메타포로도 하나님의 비교할 수 없는 선하심을 그려낼 수 없다. (…) 요컨대 유대인들이 자신들의 출처를 기억하기로 마음먹었다면 그들이 헛되게 태어나지 않았을 뿐 아니라 그들에게 **아버지와 어머니로 스스로 나타내신 하나님**(*Deum qui se illis et patrem et matrem praebuit*)이 그들을 늘 도와주시리라는 결론에 도달할 수밖에 없을 것임을 보여 주는 것이 선지자의 의도다(필자 강조).",[14]

하나님을 여전히 '아버지'라 불러야 할 이유

이제 잠정적인 결론을 내려 봅시다. 칼빈을 따라 우리도 하나님에 대해서 아버지/어머니라고 부르면 어떨까요? 그렇다면 포괄적 언어 사용을 주장하는 페미니스트의 요구를 만족시킬 수 있을 것입니다. 저도 그렇게 하고 싶은 마음이 있지만 이 문제와 관련해 하나 검토해야 할 것이 있기 때문에 이렇게 하는 것에 대해 유보적 입장을 취하고자 합니다. 그것은 곧 이름, 타이틀, 서술, 호칭을 구별해 쓰는 것이 우리가 사용하는 언어의 특성이란 점입니다. 예를 들어 보지요. 저의 이름은 강영안입니다. 주민등록증이나 신분증, 그리고 각종 증명서에는 이것이 제 이름으로 적혀 있습니다. 사람들도 공식적으로 저를 부를 때는 뒤에 이런 저런 명칭을 붙여 '강영안'이란 이름을 사용합니다. 저를 사람들은 '교수님'이라 부르기도 하고 '선생님'이라 부르기도 합니다. 교수라는 것은 대학이라는 교육 기관에서 저에게 부여한 직책입니다. 서강대 이사회가 저를 임용할 때 저에게 교수에게 요구되는 직무 수행을 기대하였습니다. 저를 선생님이라 부르는 것은 제가 유치원이나 초중등학교에서 일하는 분들처럼 가르치는 일에 종사하고 있기 때문입니다. 그래서 저에게 배움을 받는 사람은 저를 선생님이라 부릅니다. 이것 외에도 저는 철학 분야에서 최종 학위를 받아 '철학 박사'라는 타이틀을 가지고 있습니다. 교회에 가면 '장로'이기도 하고 집에서는 '남편'이고 '아버지'이기도 합니다. 아마 이 가운데 '남편'이란 용어를 제외하고는 모두 제 호칭으로 사용될 수 있습니다. 하나님의 경우는 어떨까요?

우리 어법으로는 호칭으로 사용될 수 있는 용어는 고유 명사, 타이틀(직책, 직위, 자격과 관련된 일부) 등입니다. 비유적으로 표현하는 용어들은 서술어로 사용될 수 있지만 호칭으로 사용되지 않습니다. 하나님에 대해서 우리는 시편에 나오는 것처럼 "주는 나의 구원이시요, 나의 방패시요, 나의 찬양이시라"고 말할 수 있지만 그렇다고 하나님을 일컬어 '구원', '방패', '찬양'이라는 말을 호칭으로 사용하지 않습니다. 앞에서 얘기한 것처럼 그냥 '하나님'이라 부르거나 '하나님 아버지' 또는 '아버지', '주님' 또는 '여호와 하나님'이라는 호칭을 우리는 자연스럽게 씁니다. 이것이 성경에서 가장 일반적으로 하나님에 대해 쓰는 호칭입니다. 예수님에 대해서도 '주님', '예수님'이 자연스럽게 쓰는 호칭입니다. 예수님은 우리의 목자 되신 분이시니 아마 '목자님'이라고 불러도 되지 않을까 생각합니다. 그런데 그렇게 잘 어울리지 않는 호칭도 있습니다. 예수님이 우리를 자신의 친구로 생각하고 친구를 위하여 목숨을 버리는 것보다 더 귀한 것은 없다고 말씀하시지만 그렇다고 우리는 예수님을 향하여 '나의 벗, 나의 친구여'라고 부르지 않습니다. 예수님을 통해 우리가 하나님을 아버지로 부르게 되었으니 예수님은 우리에게 또한 형제가 되십니다. 그렇다고 예수님을 우리는 '형님'이라고 부르지 않습니다. 그렇다고 예수님이 우리에게 은유적으로 친구 되시고, 형 되신다는 사실이 전혀 고려되지 않는 것이 아닙니다. 우리는 예수님을 그렇게 서술할 수 있습니다. 심지어 하나님에 대해서 하나님은 나의 아버지 되시고 어머니 되신다고 서술할 수 있습니다. 그러나 하나님을 부르는 호칭으로 성경을 통해 알려 주신 것은 아버지입니다. 우리가 하나님을 어머니 같은 분으로, 우리를 품어 주시고 안아 주시고, 우리의 필요를 위해 애쓰시는 분으로 그릴 수 있습니다. 그렇다고 반드시 하나님을 어머니라고 불러야 하는 것은 아니라고 생각합니다.

4. 하나님을 아버지라 부르기가 쉽지 않은 경우: 길선주의 예

그러면 포괄적 언어 사용에 대해서 이 정도로 그치고 하나님이 우리 아버지 되신다고 하는 것이 어떤 의미인지 알아보도록 합시다. 먼저 우리 한국 교회사에 나타나는 일화를 하나 소개하겠습니다. 하나님을 '아버지'라 부르기를 주저한 길선주 목사의 경우입니다.

길선주 목사는 1907년 평양 대부흥운동 당시 한국인 가운데 중심에 서 있었던 지도자(당시는 장로)입니다. 그는 나중에 목사 안수를 받고 장대현 교회 목사가 되고, 1919년 기미 독립선언서 작성 시 33인 가운데 한 분으로 참여하기도 합니다. 길선주 목사를 전도한 사람은 김종섭이라는 분입니다. 이 둘은 원래 유교 집안 출신의 도인(道人)들이었습니다. 생식을 하고, 호흡법을 연마하고, 차력술을 하는 바로 그런 사람들 말이지요. 김종섭은 평양에서 선교 활동을 하던 사무엘 마펫(마포삼열)으로부터 기독교에 관해 듣고 기독교인이 되었는데, 길선주 목사를 전도하기 위해 한문으로 된 신구약 성경을 갖다 주기도 하고, 장원량우상론(張袁兩友相論: 장씨와 원씨라는 두 친구가 서로 토론한 내용)이라는 전도지와 게일이 번역한 「천로역정」을 갖다 주기도 했습니다. 어느 날 김종섭이 길선주 목사를 찾아갔습니다. 그 때 길선주 목사는 도교가 진리인지, 아니면 서양에서 들어온 기독교가 진리인지 알기 위해 자기가 섬기고 있던 삼령신군에게 날마다 기도하고 있었는데, 응답은 없고 마음에 번민만 쌓이고 있었습니다. 둘이 나눈 대화의 내용이 이렇습니다.[15]

　　김종섭 : "삼령신군에게 기도하니 어떠하오?"
　　길선주 : "번민만 날 뿐이오."
　　김종섭 : "그러면 하나님 아버지께 기도해 보시오."
　　길선주 : "인간이 어떻게 하나님을 아버지라 칭하리오?"
　　김종섭 : "그러면 아버지라는 칭호는 빼고 그저 상제(上帝)님이라 하여 상제
　　　　　　님께 기도해 보시오."

기도를 시작한 지 사흘째 되던 날 새벽에 길선주 목사는 이런 체험을 하게 됩니다. 김인서의 영계선생소전(靈溪先生小傳)에 이렇게 이 날 밤 체험이 기록되어 있습니다.

"'예수가 참 구주이신지 알게 하여 주시옵소서'라고 간절히 기도하는 중에 옥적(玉笛, 옥피리) 소리와 같이 청량한 소리가 방 안에 들리더니 이어 총소리 같은 소란한 큰 소리가 있어 공기가 진동하는지라. 선생이 크게 놀라 잠잠하니 공중에서 '길선주야, 길선주야, 길선주야' 3차 부르거늘 선생이 더욱 두렵고 떨며 감히 머리를 들지 못하고 업디어 '나를 사랑하는 아버지여 나의 죄를 사하여 주옵시고 나를 살려 주옵소서' 기도하면서 방성대곡하니 그 때 선생의 몸은 불덩이처럼 달아서 더욱 힘써 기도하였다."[16]

이것이 길선주 목사가 하나님을 알게 되고, 하나님을 아버지라 부르게 되고, 자기 죄를 고백하고 그리스도인이 된 순간의 일입니다. 길선주 목사의 경우 하나님을 아버지라고 부르게 된 것은 하나님이 직접 찾아와 주심으로써 가능했던 일입니다. 하나님이 찾아오셨을 때 비로소 그는 하나님을 아버지라 부르고 자신의 죄를 고백하게 되었습니다. 이것은 길선주 목사의 경우에만 해당하지 않습니다. 만일 예수를 통해 하나님이 우리를 찾아 주시지 않는다면 우리가 하나님을 아버지라 부를 수 없습니다.

5. 우리의 아버지 되신 하나님

그런데 신적인 존재를 가리켜 전능한 자, 창조자 등으로 부르는 것은 기독교만의 전통은 아닙니다. 예컨대 「일리아드」나 「오디세이」를 읽어 보면 제우스를 가리켜 목자 제우스, 전능한 분, 천지의 창조자, 심지어는 아버지라고 부르는 장면이 여러 번 나옵니다. 따라서 어떻게 보면 하나님을 목자나 전능한 분, 천지의 창조자, 아버지라고 부르는 것이 기독교 신앙 고백만의 특이성이라고 할 수는 없습니다. 만약 기독교 신앙 고백의 특이성, 기독교 신앙 고백의 독특한 면이 있다면, 그것은 바로 예수 그리스도를 통해 아버지에 대한 신앙 고백을 한다는 사실입니다.

예수 그리스도를 통해 알게 된 아버지 하나님

예수 그리스도를 통해 하나님을 안다고 할 때 무엇보다 중요한 것이 바로 하나님을 아버지, 또는 나의 아버지, 우리 아버지라고 부를 수 있다는 것입니다. 왜냐하면 예수님이 하나님을 "아바 아버지"로 부르셨고 우리에게도 그렇게 부르라고 하셨기 때문입니다. 마태복음만 보더라도 세상의 소금과 빛이 될 것을 권하면서 "이같이 너희 빛을 사람 앞에 비취게 하여 저희로 너희 착한 행실을 보고 하늘에 계신 너희 아버지께 영광을 돌리게 하라"(5:16)고 말씀하시고 기도를 가르치실 때는 "하늘에 계신 우리 아버지"(6:9-13)로 하나님을 부르게 하셨습니다. 구약 성경에도 하나님을 아버지로 묘사한 곳이 몇 군데 있지만 하나님에게 직접 '아버지'란 칭호를 쓴 적은 거의 없습니다. 그러나 예수 그리스도를 통해 우리는 하나님을 아버지라 부르게 되었습니다.

그렇다면 하나님이 우리 아버지라는 것, 우리 아버지 되신다는 것의 의미는 무엇입니까. 앞에서도 얘기한 것처럼 아버지라는 표현이 제일 많이 나오는 것은 요한복음이지만(요한복음만 해도 '아버지'란 단어가 100번도 넘게 나옵니다) 일단 공관복음에서만 아버지에 대한 특징적인 표현을 네 가지만 찾아보겠습니다.[17]

자비롭고, 선하시고, 용서하시며, 돌보시는 아버지

첫째, 아버지의 자비로우심입니다. 누가복음 6:36에는 "너희 아버지의 자비로우심 같이 너희도 자비로운 자가 되라"라는 표현이 나옵니다. 이 말씀을 하시는 맥락을 보면 이렇습니다. 27절을 보면 예수님이 원수를 사랑하라는 말씀을 하십니다. 왜 우리가 모든 사람을 선대해야 하는가에 대한 이유로, 예수님은 하나님이 자비로우시다는 것을 듭니다. 하나님 아버지는 자비로우신 분이시고, 우리에게 자비를 베푸시는 분이십니다. 우리가 고통받을 때 같이 고통받으시고 우리에게 개입하시는 분이 바로 하나님 아버지이십니다.

둘째, 아버지의 선하심입니다. 마태복음 5:44을 보면 "너희 원수를 사랑하며 너희를 박해하는 자를 위하여 기도하라"고 하시면서 예수님은 "이같이 한즉 하늘에 계신 너희 아버지의 아들이 되리니 이는 하나님이 그 해를 악인과 선인에게 비추시며 비를 의로운 자와 불의한 자에게 내려주심이라"라고 말씀합니다. 하나님 아버지는 악인이나 의인이나 누구에게나 의로운 자나 불의한 자 모두에게 햇빛을 비춰 주시고 비를 내려 주십니다. 다시 말해 이들 모두에게 똑같이 선을 베푸십니다. 하나님 아버지는 누구에게나 두루 선을 행하시는 분입니다.

셋째, 아버지의 용서하시는 사랑입니다. 마가복음 11:25에 보면 예수님은 "서서 기도할 때에 아무에게나 혐의가 있거든 용서하라. 그리하여야 하늘에 계신 너희 아버지도 너희 허물을 사하여 주시리라"라고 말씀하십니다. 아버지는 허물과 죄를 사하여 주시는 분이고, 용서해 주시는 분입니다. 하나님 아버지는 우리를 받아 주시고 용서해 주십니다. 이 모습을 그림을 보는 듯이 선명하게 보여 주는 것이 누가복음에 나오는 탕자의 비유입니다. 집 나간 아들이 돌아왔을 때 그를 받아 주고 용서해 주는 아버지의 모습에서 우리는 용서하고 용납해 주는 참다운 아버지의 모습을 볼 수 있습니다.

넷째, 아버지의 미리 아심과 관심, 돌보심입니다. 마태복음 6:6-8에 보면, 예수님은 은밀한 중에 기도하라고 권하면서 "너희에게 있어야 할 것을 하나님 너희 아버지께서 아시느니라"라고 말씀하십니다. 하나님은 우리가 기도할 것을 미리 아시니 사람들의 눈에 띄는 곳에서 기도하지 말고 오히려 은밀한 중에 기도하라는 것이지요. 또 31-32절에는 "그러므로 염려하여 이르기를…너희 하늘 아버지께서 이 모든 것이 너희에게 있어야 할 줄을 아시느니라"라고 되어 있습니다. 천부, 곧 하늘의 아버지께서는 우리에게 필요한 것 모두를 아시고 미리 베푸시고 거기에 관심을 가지시는 분이십니다. 7:11에는 "구하는 자에게 좋은 것으로 주시지 않겠느냐"라고 되어 있습니다. 먹을 것, 입을 것, 살 곳 등 물질적인 것뿐만 아니라 그 외 우리에게 필요한 것들 채워 주신다는 것을 알 수 있습니다. 누가복음 12:32에는 "적은 무리여 무서워 말라. 너희 아버지께서 그 나라를 너희에게 주시기를 기뻐하시느니라." 아버지께서는 우리에게 있어야 할 것을 미리 아시고, 심지어 그 나라까지 주시기를 기뻐하시니 일용할 양식을 위해 기도하지 말라고 하십니다. 아버지는 물질적인 것뿐 아니라 영적, 정신적, 사회적 필요들을 채워 주십니다.

공관복음에 나오는 몇 가지만 보더라도 우리는 하나님이 어떤 분이신지 금방 알 수 있습니다. 하나님 아버지는 자비로우신 분이시고, 선한 분이시고, 허물과 죄를 용서해 주시는 분이시고, 우리들의 필요를 미리 알고 채워 주시며, 심지어 그의 나라까지 주시는 분임을 확인할 수 있습니다.

6. 하나님의 아버지 되심의 결과: 우리 자신이 누리는 것과 우리가 행해야 할 것

그런데 하나님이 이런 분이라는 것을 확인하는 데만 그치지 않고 우리가 하나님을 아버지라고 부를 때 우리의 신분, 존재, 정체성이 완전히 바뀌었다는 것을 알 필요가 있습니다. 아버지이신 하나님을 믿는다고 할 때, 그 신앙 고백은 우리가 누구인가에 대한, 우리의 신분 변화에 대한 인식이 수반되었다는 것을 알아야 합니다. 이와 관련하여 두 가지 사실만 이야기하도록 하겠습니다.

인격적, 독립적, 상호 책임적 관계

첫째, 우리가 하나님을 아버지라고 부른다면, 너무나 당연하게도, 우리는 하나님의 아들이고 딸이고, 자녀입니다. 우리가 하나님을 아버지로 부를 수 있다는 것은 우리가 하나님과 관계없는 외인(外人)이나 나그네나 외국인이 아니라 자녀임을 뜻합니다(갈 4:6-7). 로마서 8:16에는 이런 말씀이 있습니다. "성령이 친히 우리의 영과 더불어 우리가 하나님의 자녀인 것을 증언하시나니 자녀이면 또한 상속자 곧 하나님의 상속자요 그리스도와 함께한 상속자니." 우리는 후사(後嗣) 곧 하나님 나라의 일원이고 가족이고 상속자가 되었습니다.

예수 그리스도를 통해 하나님을 아버지라 부르게 되고, 이로 인해 우리가 하나님의 자녀가 되었다고 할 때, 여기에는 두 가지 차원이 있습니다. 하나는 하나님과의 관계가 바뀌었다는 것이고, 다른 하나는 우리가 만나는 사람들과의 관계, 공동체와의 관계에서 하나님이 우리 아버지가 되신다는 것입니다.

하나님은 우리와 무한히 다르신 분입니다. 하나님이 얼마만큼 크고 얼마만큼 지혜로운 분이신지 우리는 상상도 할 수 없고 알 수도 없습니다. 그러나 하나님이 예수 그리스도를 통해 우리를 자녀 삼으시고, 우리를 예수 그리스도의 형제와 자매로 만드심으로써 하나님과 우리 사이에 아버지와 자녀의 관계가 형성되었습니다. 바울은 이 사실을 성령께서 증거하신다고 이야기합니다(롬 8:16).

아버지와 자녀의 관계는 주종 관계가 아닙니다. 왕과 신하의 관계도 아니고, 목자와 양의 관계도 아닙니다. 이들 관계는 아버지와 자녀 관계보다 친밀하지도 않고 인격적이지도 않습니다. 하나님과 우리의 관계를 아버지와 자녀 관계로 이야기하는 것은 우리의 관계가 인격적이라는 뜻입니다. 아버지와 자녀 관계는 또한 독립적인 관계입니다. 하나님이 우리를 자녀 삼으신 것은 우리를 늘 어린아이로 있도록 하기 위함이 아닙니다. 자녀는 자라야 하고, 자람의 목적은 성숙해지는 것, 곧 어른이 되는 것입니다. 성경은 우리가 미숙한 상태에 있기보다 성령 안에서 성령을 통해 그리스도의 장성한 분량에 이르기까지 자라가도록, 성숙하도록 요구합니다. 마지막으로 아버지와 자녀 관계는 상호 책임적인 관계입니다. 하나님은 우리가 제 발로 서고, 독립할 뿐 아니라 우리가 우리 스스로의 삶에 대해 책임지기를 원하십니다. 인격적이고, 독립적이고, 상호 책임적인 관계가 바로 하나님과 우리 사이의 긴밀한 관계입니다.

뿐만 아니라 삼위일체 되신 하나님 안에서 우리는 모두 한 형제이고 가족이 되었습니다. 예수님이 사역 초기에 얼핏 보아서는 이해하기 어려운 말씀을 하십니다. "누가 내 어머니며 내 형제들이냐?" 이렇게 말씀하고 돌아보시면서 "보아라 내 어머니이며 형제들이다" 이렇게 이야기하십니다. 어렸을 때 성경을 읽으면서 이 부분을 이해하기가 어려웠습니다. 옛날 사람들은 흔히 기독교를 가리켜 무군무부(無君無父)의 종교라고 비판하였습니다. 기독교는 임금도 없고 부모도 없는, 그야말로 호래자식의 종교라는 것이지요. 그래서 김종섭은 마포삼열에게 이렇게 묻기도 했습니다. "당신들도 부모를 섬기느냐?" 마포삼열이 그렇다고 대답하자 다시 "그런데 왜 부모를 섬기지 않고 여기까지 왔느냐? 이건 불효가 아니냐?" 이렇게 묻지요. 마포삼열의 대답은 이렇습니다. "내가 여기 온 것은 우리 아버지, 어머니가 원하셨기 때문이다. 부모 뜻대로 하는 것이 효냐 뜻대로 하지 않는 것이 효냐." 이에 김종섭은 기독교가 불효의 종교가 아님을 알게 됩니다.[18]

예수님께 어머니와 형제들을 거부하고 싶은 마음이 어디 있었겠습니까? 예수님은 다만 이 사건을 통해 이제 모두가 하나님을 아버지라고 불렀으니 우리 모두가 하나님 안에서 어머니이고 형제이자 누이고 동생 같은 거룩한 형제가 되었다는 것을 보여 주려 하신 것입니다. 하나님을 한 아버지로 섬긴다면, 이러한 사실로부터 하나님의 자녀들 사이에는 빈부귀천이나 잘나고 못나고 하는 것에 따른 아무런 차별이 없다는 것을 알 수 있습니다. 교회 공동체가 가지고 있는 특징 가운데 하나가 바로 우리 가운데 원칙적으로 아무런 차별이 없다는 것입니다. 인간적인 조건이야 어찌하든지 똑같이 하나님을 아버지로 섬기는 사람이라는 것입니다. 하나님이 예수 그리스도를 통해 우리를 자녀 삼았다는 것은 우리 안에 차별이 없을 뿐 아니라, 예수 그리스도 바깥에 있는 사람들, 이 땅에 있는 모든 피조물을 받아 주셨다는 것을 뜻하기도 합니다. 칼 바르트는 이렇게 말합니다.

"하나님은 그의 아들 예수 그리스도 안에서 당신의 자녀들 모두를 사랑하시고, 당신의 자녀들 안에서 모든 인간을 사랑하시고, 인간 안에서 모든 피조물을 사랑하시는 분이다."[19]

하나님은 그의 아들 예수 그리스도 안에서 우리를 당신의 자녀로 삼으시고, 자녀 삼으신 사람들 안에서 인류를 사랑하시고, 인류 안에서 모든 피조물을 사랑하신다는 것입니다. 우리 모두의 신분이 아들이고 딸이라는 사실을 보여 주는 것이 바로 첫 번째 사실입니다.

기독교 윤리: 아버지 성품 닮기

둘째, 우리가 하나님의 자녀가 되었다는 데는 하나님을 닮아가야 한다는 요구가 포함되어 있습니다. 삶과 행위가 있어야 한다는 것입니다. 누가복음 6:36을 보면 "너희 아버지의 자비하심같이 너희도 자비하라." 이렇게 되었습니다. 우리가 하나님의 자녀가 되었다는 것은 서술적인 차원에서 보면 하나의 복입니다. 우리는 하나님의 자녀로 영광과 복을 누리는 존재가 되었습니다. 신분이 바뀐 것이지요. 그런데 신분의 변화는 너희도 그렇게 되라는 요구를 함축합니다. 하나님이 자비하시다는 것은, 우리도 자비로워야 한다는 뜻입니다. 하나님이 선하시면 우리도 무슨 일이나 누구에게나 차별 없이 선을 행해야 합니다. 하나님이 미리 아시고 베풀어 주시고 관심 가지신 것처럼 우리도 교회 공동체 안에서 그렇게 해야 합니다. 신학자들이 쓰는 말로는 이렇습니다. "직설법(indicativus)은 명령법(imperativus)을 함축한다." "서술형은 명령형을 함축한다." 하나님은 거룩하신 분이시다, 그러면 너희도 거룩하라, 하나님은 모든 사람에게 선을 베푸시는 분이시다, 그러면 너희도 선을 베풀어라, 이런 식이지요. 신분의 변화는 곧장 우리에게 명령으로, 우리도 그런 존재가 되라는 것으로 다가옵니다.

마태복음 7장에 보면 예수님은 거짓 선지자들을 삼가라고 말씀하시면서, 거짓 선지자를 분별할 수 있는 기준으로 '열매'(16절, "그들의 열매로 그들을 알지니")를 제시하십니다. 거짓 선지자들에게는 신분의 변화에 수반되는 변화가 없습니다. 예수님은 이렇게 말씀하십니다. "좋은 나무마다 아름다운 열매를 맺게 되고 못된 나무가 나쁜 열매를 맺나니"

(17절). "나더러 주여 주여 하는 자마다 천국에 다 들어갈 것이 아니요 다만 하늘에 계신 내 아버지의 뜻대로 행하는 자라야 들어가리라"(21절). 우리의 삶과 윤리는 신분의 변화에 수반되는 행위의 열매라고 할 수 있습니다.

마찬가지로 바울은 이렇게 이야기합니다. "너희가 전에는 어둠이더니 이제는 주 안에서 빛이라 빛의 자녀들처럼 행하라. 빛의 열매는 모든 착함과 의로움과 진실함에 있느니라"(엡 5:8). 착함(선)과 의로움(공정함)과 진실함(감추임이 없는 정직함, 신실함), 이 세 가지는 빛의 열매입니다. 하나님의 자녀 된 신분을 얻었으면 그 얻은 신분의 결과로 나타나게 되는 열매가 선한 행위, 바르고 공정한 삶, 거짓이 없이 진실한 삶, 이 세 가지입니다. 하나님의 자녀에게 반드시 요구하는 것, 우리가 하나님을 아버지라고 부를 때 하나님이 우리에게 요구하는 것이 바로 이 빛의 열매입니다.

기독교 윤리란 다른 것이 아닙니다. 그것은 무엇보다 하나님의 자녀들이 아버지를 닮아가는 것입니다. 아들 되신 예수 그리스도를 닮아가는 것이고, 성령 하나님을 닮아가는 것입니다. 닮아가기, 흉내 내기, 모방하기(mimesis)를 통해 우리 속에서 아버지의 모습, 아들의 모습, 성령의 모습이 나타나는 것이 기독교 윤리의 첫 번째 특징입니다. 아버지가 자비로우신것처럼 우리도 자비롭고 예수님이 자기를 비우시고 종의 모습을 가지신 것처럼 우리도 종의 모습으로 살아가고, 하나님의 영이 거룩하신 것처럼 우리도 거룩하게 살아가는 것이 기독교 윤리입니다. 이렇게 하자면 우리 자신이 삼위 하나님께 근원을 두어야 합니다. 그렇지 않고서는 열매를 맺을 수 없습니다. 이것이 기독교 윤리의 두 번째 특징입니다. 빛의 열매를 맺으려면 빛의 근원되신 하나님으로부터 빛을 받아야 합니다. 기독교 윤리는 또한 명령의 형태로 나타납니다. 아버지가 자비로운 것처럼 너희도 자비하라, 너희 아버지가 선을 행하시는 것처럼 너희도 선을 행하라, 이렇게 항상 서술형이 앞서고 명령이 뒤따라옵니다. 하나님은 신분의 변화 없이 무엇인가를 명령하지 않으십니다. 변화를 주고 나서 어떤 명령을 주십니다. 이것이 기독교 윤리의 세 번째 특징입니다.

7. 지상의 아버지와 천상의 아버지, 누가 아버지 이해의 기초인가?

마지막으로 생각해 볼 것이 있습니다. 하나님을 아버지라 부르는 데 어려움을 느끼는 사람들 가운데 아버지로부터 학대를 받았거나 아버지와의 관계가 원만하지 못한 사람들이 있습니다. 상담 경험이 없는 저로서는 이것과 관련된 신학적, 철학적 문제만을 언급할 수밖에 없습니다. 아버지로부터 상처받은 분들에게 어떤 실제적인 도움을 줄 수 있을지 저로서는 잘 모르겠습니다. 그러나 만일 지상의 아버지와의 관계가 좋아야만 하나님을 아버지라고 부를 수 있다면, 과연 하나님을 아버지라 부를 수 있는 사람이 얼마나 될지 모르겠다는 말씀을 드리지 않을 수 없습니다. 하나님을 우리 아버지로 부르기 위해 지상의 아버지에 대한 경험이 필수적인가 하는 데 의문을 가져 볼 수 있습니다. 두 가지 이론적 모형을 들어 보겠습니다. 먼저 칸트의 경우입니다.

존재 유비에서 본 아버지와 자녀

칸트는 하나님을 아버지로 표상하는 것은 하나님으로부터가 아니라 지상의 아버지로부터 가능하다고 생각했습니다. 하나님을 아버지라고 생각할 때 지상의 아버지를 통해 하나님 아버지를 보는 것이지 지상의 아버지에 대한 경험 없이는 그럴 수 없다는 것이 칸트의 생각입니다. 칸트의 생각을 따르면 하나님은 알 수 없고, 볼 수 없고, 진정으로 이해할 수 없고 말도 걸 수 없는 존재입니다. 따라서 우리가 머릿속에 하나님을 그려 보기 위해서는 표상을 위한 도구, 도움거리, 보기가 필요합니다. 이 보기와의 유비(analogy)를 통해, 예컨대 아버지와의 유비를 통해 하나님이 어떤 분이신지 알 수 있다는 것이지요. 하나님을 '아버지'라 부른다든지, '토기장이'라 부른다든지 하는 것은 유비에 기초한 상징적 어법이라고 칸트는 생각합니다. 좀더 정확하게 말하면 칸트는 이와 관련해 '상징적 의인론'(symbolical anthropomorphism)을 얘기하고 있습니다. 우리가 하나님에 대해서 이야기하는 것은 우리의 경험을 기초로, 우리의 경험에서 발견할 수 있는 여러 관계들과의 유비를 통해서 우리의 방식대로 이야기할 수밖에 없다고 보는 것입니다.[20]

신앙의 유비에서 본 아버지와 자녀

이와는 달리 신학자 칼 바르트는, 우리가 아버지를 경험하는 것은 하나님 아버지를 통해서이지 그 반대는 아니라고 생각합니다. 「교회교의학」 3권 4부에서 부모와 자녀의 관계를 논의하는 자리에서 바르트는 이렇게 쓰고 있습니다.

"땅의 아버지가 아니라 오직 하나님만이 참되고 진실된 으뜸된 아버지이다. 땅의 아버지는 누구도 자녀의 창조주가 아니다. 누구도 자녀의 현존재의 주가 아니며 누구도 죄와 죄책과 죽음의 해방자가 아니며 누구도 그의 말을 통해 현세의 삶과 영원한 삶의 원천이 아니다. 이렇게 참되고 진실되고 으뜸된 의미에서 하나님은 아버지이시며, 오직 하나님만이 아버지이시다."[21]

하나님이 아버지라고 하는 것이 아버지의 원뜻이고, 우리가 지상에서 아버지라 부르고 어머니라 부르는 것은 거기서 파생된 의미라는 것이 바르트의 생각입니다. 왜냐하면 우리가 결코 아이의 생명의 원천이 아니고 생명의 보존자가 아니고 생명의 구원자가 될 수 없기 때문입니다. 진정한 아버지는 창조주이고 주인이고 죄와 죽음으로부터 해방할 수 있는 능력이 있어야 하는데 지상의 아버지는 이런 자격, 이런 능력이 없습니다. 지상의 아버지는 하늘의 아버지의 모습을 조금 배워 실행하는 것일 뿐이지, 온전한 의미에서의, 하나님을 아버지라 부를 때의 그 온전함이 없다는 것입니다. 이와 관련한 성경 구절을 몇 군데 찾아보도록 하겠습니다.

"주는 우리 아버지시라. 아브라함은 우리를 모르고 이스라엘은 우리를 인정하지 아니할지라도 여호와여, 주는 우리의 아버지시라. 옛날부터 주의 이름을 우리의 구속자라 하셨거늘"(사 63:16).

"여인이 어찌 그 젖먹는 자식을 잊겠으며 자기 태에서 난 아들을 긍휼히 여기지 않겠느냐 그들은 혹시 잊을지라도 나는 너를 잊지 아니할 것이라"(사 49:15).

"내 부모는 나를 버렸으나 여호와는 나를 영접하시리이다"(시 27:10).

이처럼 설사 이 땅에서 우리 아버지에 대한 경험이 부족하고 모자람이 있고 결핍이 있더라도 하나님이 참된 아버지가 되어 주신다는 것, 아버지가 연약하고 부족하더라도 아버지의 모습과는 비교도 할 수 없는 완전한 아버지를 수용할 수 있다는 것이 우리에게는 복이라고 할 수 있습니다. 이 복을 누리면서 우리 자신이 아버지 되신 하나님을 닮아가는 것이 성화의 과정일 것입니다. 하나님을 우리가 진정으로 아버지로 부를 때 교회 내에서 여성들의 위치가 남성들과 동등하게 될 것이고 양성 평등의 소망이 이루어질 것입니다. 중요한 것은 하나님을 아버지/어머니로 부르는 것이 아니라 지상의 불완전한 아버지와 어머니의 모습을 뛰어 넘어 예수 그리스도 안에서 보이신 하나님 아버지의 지극한 사랑과 의로움을 성령 안에서 부족함 없이 누리는 것이 아닐까 생각합니다.

너무나 어머니 같은 하나님 아버지

이제 마무리지어 보겠습니다. 페미니스트들은 과연 틀렸을까요? 하나님 아버지를 어머니라고 부르자는 그들의 제안은 틀렸다고 저는 생각합니다. 하나님을 어떻게 부를 것인가 하는 것은 우리에게 달려 있는 것이 아니라 하나님이 자신을 계시해 준 호칭에 달려 있는 것이지 우리가 임의로 할 수 있는 것이 아니라는 이유와, 아들이신 예수 그리스도가 하나님을 아버지로 불렀기 때문에 우리도 그를 따라 '아버지'라 부르는 것이 정당하다고 생각합니다. 그럼에도 저는 하나님이 단순히 가부장적이고 전제 군주적인 분이 아니라 몹시 어머니 같은 분이심을 볼 수 있게 한 것은 페미니스트들의 도전이 있었기 때문이 아닌가 생각합니다. 칼빈도 일찍이 수레에 실려 다니는 바벨론의 우상들과는 달리 이스라엘의 하나님은 자기 백성을 낳고 기르시고 먹이시고 보호하시는 하나님의 모습이 매우 어머니와 같음을 본 것이지요.

이런 배경을 가지고 누가복음 15장의 탕자 비유를 그린 렘브란트 말년의 그림을 한번 보십시오. 이 그림은 렘브란트 말년(1662년)에 그린 그림으로 현재 러시아의 페테스부르그의 에르미타주 박물관에 소장되어 있습니다. 영성신학자로 유명한 헨리 나우웬(Henri Nouwen)이 이 그림에 대해 「탕자의 귀향」(*The Return of the Prodigal Son*, 글로리아 역간)이라는 매우 아름다운 책을 썼습니다. 그림을 보면, 눈에 곧장 들어오는 장면은 남루한 모습으로 돌아온 아들을 안고 있는 아버지의 모습입니다. 그 곁에 아버지와 같은 자색빛 옷을 입은 형과 다른 남자가 무표정하게 있습니다. 그 뒤로 부드러운 눈길로 쳐다보는 한 여인과 저 뒤편으로 모습을 선명하게 그려 보기 힘든 여인의 모습이 보입니다. 우리의 관심을 끄는 것은 아버지의 모습입니다. 렘브란트는 1636년, 그러니까 그가 30살이었을 때, 돌아온 탕자를 소재로 한 에칭을 한 편 남겼습니다. 말년의 작품과 달리 이 그림의 중심에는 탕자가 있습니다.

마치 노인처럼 주름으로 가득 찬 얼굴에, 겨우 허리 부분만 천으로 가린 불쌍한 탕자가 아버지에게 안기는 모습입니다. 아버지의 얼굴은 측면으로만 드러나 있습니다. 아마 젊을 때 렘브란트는 자신을 이 탕자에 투영했을 수 있습니다. 말년의 그림에서 돌아온 탕자는 등을 보이고 있는 반면, 아버지의 모습이 전면으로 나타납니다. 아버지에게 초점이 맞추어져 있습니다. 아버지는 당시 사회의 풍습으로는 대단한 가부장적 권위를 가진 분입니다. 그럼에도 그의 모습을 보십시오. 당당하기는커녕 돌아온 아들을 껴안은 아버지는 어깨가 앞으로 휘어져 있습니다. 꾸부정한 모습입니다. 그 눈을 보십시오. 거의 앞을 못 보는 사람 같습니다. 얼굴 표정을 보십시오. 아들이 돌아오길 너무나 기다려 이제는 시각조차 잃어버린 너무나 여인 같은 모습입니다. 결정적인 것은 아들을 안고 있는 손의 모습입니다. 왼쪽 손은 강하고 튼튼한 아버지의 손입니다. 이 손은 아들의 오른쪽 어깨를 붙들고 있습니다. 다시는 놓치지 않을 듯한 강함이 손의 모습에서 묻어납니다. 그러나 오른쪽 손을 보십시오. 왼쪽 손보다 작고 가늘고 연약해 보입니다. 아버지의 손이라기보다 어머니의 손입니다. 이 손은 아들의 왼쪽 등을 넓게 감싸고 있습니다. 돌아온 탕자가 용서를 구하기 전, 먼저 달려가 안아 주고 용서해 주신 아버지를 렘브란트는 아버지와 어머니의 모습을 한 아버지로 그리고 있습니다. 하늘 아버지는 의롭고 거룩한 아버지이시지만 무엇보다 사랑과 용서와 포용과 배려의 아버지이심을 렘브란트는 보이고자 했겠지요. 탕자를 받아 준 분은 아버지입니다. 그러나 어머니 같은 아버지이십니다.

더 읽고 생각해 볼 문제

1. 하나님이 우리의 아버지 되심을 마태복음 6:25-34, 누가복음 15:11-27 돌아온 탕자를 받아들인 아버지 비유를 통하여 깊이 묵상해 보십시오.

마태복음 본문과 관련해서는 로이드 존스, 「산상설교연구」(*Studies in the Sermon on the Mount*, Grand Rapids: Michigan, 1971)를, 누가복음과 관련해서는 헨리 나우웬의 「탕자의 귀환」을 읽으십시오. 이승구 교수의 「사도신경」, pp. 29-33도 참고가 될 것입니다.

2. 하나님을 아버지라 부르는 것에 관해 어려움을 갖는 여성 신학자들의 글을 읽고 현재 교회의 관행과 문화에 어떤 문제가 있는지, 어떤 방식으로 변화가 가능한지 생각해 보십시오.

메리 데일리의 「하나님 아버지를 넘어서: 여성들의 해방 철학을 향하여」(황혜숙 옮김, 이화여자대학교출판부, 1996년), 엘리자베스 A. 존슨의 「하나님의 백한 번째 이름」(함세웅 옮김, 바오로딸, 2000, 이 책은 앞에서 언급한 *She Who Is* 번역본입니다), 최만자 교수의 「여성의 삶 그리고 신학」(대한기독교서회, 2005), 장상 교수의 「말씀과 함께하는 여성」(이화여자대학교출판부, 2005) 등을 참고하십시오. 하나님에 대한 포괄적인 이름 사용에 대한 신학적, 철학적 논의로는, 현존하는 연구 가운데 존 쿠퍼의 「하늘에 계신 우리 아버지: 기독교 신앙과 하나님에 대한 포괄적 언어」(*Our Father in Heaven: Christian Faith and Inclusive Language for God*, Grand Rapids, Michigan: Baker Books, 1998)를 능가할 책은 아직 보이지 않습니다. 하나님에 대한 '포괄적인 언어' 사용 문제와 관련된 신학적, 철학적 문제를 진지

하게 공부하고 싶은 분은 이 책을 반드시 읽으시기를 바랍니다.

3. 요한복음 안에서 예수 그리스도와 하나님 아버지의 관계를 첫 장부터 마지막 장까지 찾아보고 아들과 아버지의 관계가 우리에게 어떤 은혜와 복이 되는지 생각해 보십시오.

우리가 하나님을 아버지라고 부를 수 있게 된 것은 예수 그리스도를 통해서 가능합니다. 만일 예수 그리스도가 하나님을 '아버지'라 부를 수 있도록 우리를 초청하지 않았다면 우리는 하나님을 아버지라 부를 수 없을 것입니다. 그러므로 하나님의 아들이신 예수 그리스도와 아버지 하나님의 관계가 어떠한지 아는 것은 중요합니다. 복음서 모두 이 관계가 분명히 드러납니다. 요한복음은 이 가운데서도 독특합니다. '아버지'란 단어가 100회 이상 출현합니다. 요한복음을 공부할 때 레슬리 뉴비긴의 「요한복음 강해」(홍병룡 옮김, IVP, 2001)를 참고하십시오. '아버지와 아들'에 관해서 요한복음 5:1-47을 읽고 뉴비긴의 논의를 살펴보십시오.

제4강

하나님의 전능과
고통의 문제

1. 왜 전능자인가?
2. '돌의 역설'
3. 고통의 경험과 악의 문제
4. C. S. 루이스의 경험을 통해 본 고통의 문제
5. 이스라엘 전통 속에 나타난 전능하신 하나님

사도신경을 통해 우리가 고백하는 하나님은 성부와 성자, 성령 삼위 한 분이신 하나님입니다. 지난 시간에는 하나님이 우리의 아버지이심을 살펴보았습니다. 하나님이 우리의 아버지라는 고백은 아버지의 아들이신 예수 그리스도가 그의 제자들을 통해 우리에게 가르쳐 주었기 때문입니다. 하나님의 영이 우리와 함께하지 않으시면 우리가 하나님을 아버지라고 부를 수 없음을 우리는 압니다. 바울은 로마서에서 이렇게 말합니다. "무릇 하나님의 영으로 인도함을 받는 사람은 곧 하나님의 아들이라. 너희는 다시 무서워하는 종의 영을 받지 아니하고 양자의 영을 받았으므로 우리가 아빠 아버지라고 부르짖느니라. 성령이 친히 우리의 영과 더불어 우리가 하나님의 자녀인 것을 증언하시나니"(롬 8:14-16). 길선주 목사가 회심하면서 하나님을 아버지라 부른 것은 성령을 통해 가능한 일이었습니다. 우리가 하나님을 아버지라 부를 때, 노예나 종으로서가 아니라 하나님의 자녀로 삼위 한 분이신 하나님과 관계하게 됩니다.

    사도신경은 하나님을 '아버지'에 이어서 '전능자'라고 서술합니다.

'전능자'는 구약 성경에는 수없이 많이 나오지만 신약 성경에는 그렇게 자주 등장하지 않습니다. 요한계시록에 아홉 번(1:8; 4:8; 11:17; 15:3; 16:7; 16:14; 19:6; 19:15; 21:22) 나오고, 고린도후서에 1번(6:18) 나오는데, 고린도후서는 구약을 인용한 것이기 때문에 사실상 신약 성경에는 요한계시록 한 곳에만 '전능자'란 표현이 나온다고 할 수 있습니다. 그렇다고 해서 다른 부분에 하나님의 전능하심에 대한 증거가 없는 것이 아닙니다. 하나님의 능력을 보여 주는 곳이 신약 성경에 많이 있습니다. 예컨대 바울은 로마서 4:24에서 하나님 아버지를 "예수 우리 주를 죽은 자 가운데서 살리신 이"로 표현합니다. 창조주와 구속주의 능력이 없이는 죽은 자를 다시 살릴 수 없습니다. 예수님은 이적과 기적을 행하고 나사로를 살리고 죄를 사하는 능력을 보여 주셨습니다. 성령 하나님은 우리로 진리를 깨닫게 하시고 교회를 세우셨습니다. 비록 신약 성경에 '전능자'라는 표현이 많이 나오지 않지만 성부, 성자, 성령 하나님은 능력이 크심을 성경 전체는 고백하고 있습니다.

1. 왜 전능자인가?

앞에서 얘기한 것처럼 신약 성경에 '전능자'란 표현이 열 번 정도 나옵니다. 그러므로 단어만으로 보아 그 중요성이 떨어진다고 할 수 있습니다. '아버지'에 비해 사용 횟수가 턱없이 적습니다. 따라서 하나님에 대해 서술하면서 '아버지'에 이어 특별히 '전능자'란 표현을 하나님이 누구신지를 고백하는 내용으로 사도신경이 선택한 이유를 물어 보지 않을 수 없습니다. 몇 가지 방식으로 그 가능성을 추정해 볼 수 있다고 저는 생각합니다.

첫째, 하나님은 모든 것을 하실 수 있는 분이라는 것이 하나님에 대한 지식 가운데 중요하다고 인식했을 가능성이 있습니다. 하나님이 전능하시다면, 곧 모든 것을 할 수 있을 뿐 아니라 모든 것을 알 수 있고 어디에나 현존할 수 있습니다. 하나님이 만일 전능하지 않고 능력에 한계가 있다면, 모든 것을 알거나 어디나 계시거나 할 수 없을 것이라 추정해 볼 수 있습니다. 그런 만큼 전능하다는 것이 하나님에 대해 가장 중요한 서술로 보였을 가능성이 있습니다.

둘째, 전능하다는 말을 썼지만 이 표현은 전능하다는 것뿐 아니라 전지(全知)하다든지, 무소부재(無所不在) 또는 편재(遍在)하다든지 하는 것에 대한 일종의 '속기'(速記) 형식으로 생각할 수 있습니다. 말하자면 하나님이 전능하시다는 것은 다른 여러 표현들에 대한 일종의 요약처럼 사용될 수 있습니다. 그렇지 않다면 하나님에 대해 붙일 수 있는 여러 단어들을 나열해야 하겠지요. 그러므로 '전능자'는 그 외, 하나님이 지닌, 전통 신학에서 말하는 이른바 '속성'(attributes)을 모두 담아 표현한 것으로 볼 수 있습니다.

셋째, 앞에서 얘기한 두 가지 가능성 외에도 고대 교회가 하나님을 고백할 때 특별히 '전능자'라 고백할 때 염두에 두었던 것은 그들이 고백하는 하나님은 이미 이스라엘이 믿던 하나님이란 사실입니다. 우리가 예수 그리스도를 통해 아는 하나님은 예컨대 마르시온 같은 사람이 주장한 것처럼 전혀 새로운 하나님이 아닙니다. 이미 옛 언약을 통해, 이스라엘 공동체가 고백해 온 하나님을 신약 교회와 고대 교회가 받아들였습니다. 예수의 아버지 되신 그 하나님은 이스라엘 백성이 고백해 온 아브라함과 이삭과 야곱의 하나님, 만군의 여호와 하나님입니다. 예레미야 32:17-18을 보십시오.

"슬프도소이다. 주 여호와여. 주께서 큰 능력과 펴신 팔로 천지를 지으셨사오니 주에게는 할 수 없는 일이 없으시니이다. 주는 은혜를 천만인에게 베푸시며 아버지의 죄악을 그 후손의 품에 갚으시오니 크고 능력 있으신 하나님이시요 이름은 만군의 여호와시니이다."

이 대목은 바벨론이 예루살렘을 침공하여 에워싸고 있는 상황에서 시드기야 왕이 예레미야를 잡아 궁중에 있는 시위대 뜰 감옥에 가두어 놓았을 때 예레미야가 하나님께 드린 기도의 한 부분입니다. 여기 보면 예레미야는 하나님을 '크고 능하신 하나님', '만군의 여호와'라고 부르고 있습니다. 구약 성경이 사용하고 있는 '전능하신 하나님'(엘 샤다이) '만군의 여호와'(야웨 츠바오트)라는 표현을 70인역에서는 '전능하신 하나님'(theos pantokrator), '전능하신 주'(kyrios pantokrator)로 번역했습니다.

그리스도인들이 하나님을 고백하면서 '아버지'라 부르고 '전능자'라고 부르는 것은 그리스도를 통해서 성령 안에 새롭게 언약을 맺은 이 공동체(신약, 곧 새 언약의 공동체)가 오래 전 아브라함과 이삭과 야곱과 언약을 맺으시고, 시내산에서 모세와 이스라엘 백성과 다시 언약을 맺으시고 세겜에서 여호수아와 이스라엘 백성들이 다시 언약을 확인하고, 포로 기간 후 에스라와 느헤미야 등을 통해 이스라엘 백성과 언약을 다시 새롭게 맺으시는 그 하나님을 새로운 언약의 백성들인 신약 교회

성도들인 우리의 하나님으로 믿고 따른다는 고백을 하는 셈이라고 저는 생각합니다. 하나님은 이스라엘 백성뿐 아니라 온 만방 백성에게 자기를 보여 주셨지만 그러나 그 가운데서도 특별히 이스라엘을 자기 백성으로 선택하셔서 하나님이 누구이신지를 추상적 개념이나 이론으로서가 아니라 구체적인 삶의 진행 과정을 통해 보여 주셨습니다. 하나님은 이스라엘의 구속자이시고, 구속자이신 하나님은 또한 만물의 창조주 되시며, 그분 자신이 공평과 정의, 진실과 사랑의 존재임을 보여 주심으로 이스라엘 백성들에게도 동일한 성품을 지니고 삶 속에서 실천할 것을 요구한 분입니다. 하나님을 신약 성경에서는 그렇게 많이 사용되지 않은 단어인 '전능자'라고 부르는 것은 옛 언약과 새 언약의 연속성을 우리에게 기억하게 해줍니다.

2. '돌의 역설'

하나님의 전능은 지난 2000년 간 신학의 역사나 철학의 역사를 돌아보면 적어도 두 가지 문제를 안겨 주었습니다. 그 하나가 예컨대 "하나님은 처녀성을 잃은 처녀에게 처녀성을 회복시켜 줄 수 있는가?" "하나님은 일어난 일을 일어나지 않았던 것으로 만들 수 있는가?" "하나님은 자신이 들 수 없는 돌을 만들 수 있는가?" 이런 물음들입니다. 전능의 의미를 에워싼 물음입니다. 전능은 문자 그대로 "모든 것을 할 수 있다"는 말이므로 하나님은 말도 되지 않는, 우리의 직관으로 도무지 이해할 수 없는 행동조차 할 수 있는가 하는 물음이 당연히 생기게 된 것이지요. 히브리서 6:18을 보면 "이는 하나님이 거짓말을 하실 수 없는 이 두 가지 변하지 못할 사실로 말미암아…"라고 되어 있습니다. 그렇다면 하나님도 하실 수 없는 게 있다는 말입니다. 두 번째 물음은 좀더 실존적인 물음입니다. 만일 하나님이 전능하시다면, 그리고 그분이 선하신 분이라면 어떻게 우리가 세상에서 경험하는 악을 허용할 수 있는가 하는 문제입니다. 이를 일컬어 '악의 문제'(the problem of evil)라고 부릅니다. 이와 관련해서 최근에는 이른바 '악으로부터의 논증'(argument from evil)이란 이름으로 무신론을 주장하는 사람들 사이에 가장 사랑받는 논증이 되었습니다.[1] 하나님이 전능자라는 우리의 고백을 자세히 생각해 보기 전에 이론적으로 또 실천적으로 사람들을 괴롭힌 문제를 먼저 생각해 보겠습니다.

하나님은 전능하신가? 전능하다면 무엇이나 할 수 있는가? 이 문제와 관련해 가장 유명한 것이 이른바 '돌의 역설'(The Stone Paradox)입니다.[2] '돌의 역설'은 딜레마 형식으로 이렇게 만들어 볼 수 있습니다.

1. 하나님은 자신이 들 수 없는 돌을 만들 수 있거나 자신이 들 수 없는 돌을 만들 수 없다.
2. 하나님은 자신이 들 수 없는 돌을 만들 수 있다면 전능하지 않다(문제의 돌을 들 수 없기 때문에)
3. 하나님은 자신이 들 수 없는 돌을 만들 수 없다면 전능하지 않다(문제의 돌을 만들 수 없기 때문에).
4. 하나님은 어떤 경우에도 전능하지 않다(1, 2, 3으로부터 결론).

만일 하나님이 들 수 없는 돌을 만들 수 있다면 돌은 만들었지만 들 수 없으므로 전능함에 손상이 가고 아예 만들 수 없다면 만들 수 없기 때문에 전능함에 손상이 가기 때문에 어느 것을 긍정하거나 부정하더라도 결과는 부정적으로 나오도록 '돌의 역설'은 되어 있습니다. 이 역설은 어떤 방식으로도 하나님은 전능하지 않다고 말하도록 만듭니다. 이로부터 그와 같은 전능한 자는 존재하지 않는다는 결론을 이끌어내기까지 합니다.

토마스 아퀴나스의 해결책

신학의 역사를 보면 이 문제를 그래도 비교적 합리적으로 해결한 사람이 토마스 아퀴나스(1225-1275)입니다. 토마스는 이 문제를 「신학대전」(*Summa Theologica*) 1부 25문 4항과 「반이교도대전」(*Summa contra Gentiles*) 2권 25문 11항에서 다루고 있습니다.[3] 토마스는 하나님의 전능과 관련해서 하나님이 할 수 없는 일이 있다고 우리가 말할 때 그 의미가 무엇이냐고 묻습니다. 토마스가 드는 예는 두 가지 그룹으로 나뉩니다. 하나는 논리적으로 불가능한 일을 하는 것이고 다른 하나는 하나님의 '본성'(*natura*)에 위배되는 일입니다. 하나님은 논리적으로 불가능한 일과 자신의 본성에 어긋나는 일은 할 수 없다는 것이지요. 그러므로 토마스는 하나님이 전능하시다는 말은 (1) 자신의 본성에 어긋나지 않는 일과 (2) 논리적으로 가능한 일은 어떤 일이나 실행할 수 있다는 의미로 해석합니다.[4]

하나님의 본성에 어긋난 일이란 예컨대 하나님은 걸을 수도 없고 수영할 수도 없고 피곤해서 지칠 수도 없다는 것들입니다. 왜냐하면 하나님은 영이신 분이고 신체를 가지지 않았기 때문입니다. 하나님은 또한 거짓말을 하거나 죄를 지을 수 없습니다. 왜냐하면 하나님은 죄가 없으신 분이기 때문입니다. 아우구스티누스가 예를 든 "하나님은 오류를 범할 수 없다" 또는 "하나님은 죽을 수 없다"든지 하는 것도 토마스가 말하는 하나님의 본성 때문에 오는 제약입니다. 우리의 논의와 관련해 더 중요한 것은 하나님은 가능하지 않은 일, 이 가운데서도 논리적으로 가능하지 않은 일을 할 수 없다는 토마스의 주장입니다.

논리적으로 가능하지 않은 일 가운데 토마스는 이런 예를 듭니다. 하나님은 어떤 것이 a이면서 동시에 a가 아닌 것이 되게 할 수 없습니다. 논리적으로 모순된 것을 할 수 없다는 말이지요. 이것은 과거에 있게 한 일을 마치 없었던 것처럼 할 수 없다는 것을 함축합니다. 하나님은 상반된 성격이 동시에 한 사물 안에 존재하도록 할 수 없습니다. 예컨대 희면서 희지 않게, 사물을 볼 수 있는 시각이 있으면서도 동시에 시각이 없게, 사람이면서 사람이 아니게, 세모난 도형이면서 세모나지 않게 만들 수 없습니다. 논리적으로 불가능한 일을 하나님은 할 수 없다는 말은 하나님의 전능에는 스스로 부과한 한계가 있다는 뜻입니다. 하나님은 어떤 것을 a가 되게 했다면, 예컨대 희게 했다면, 동시에 a가 아니게, 다시 말해 희지 않게 할 수 없도록 스스로 자신에게 한계를 설정하신다는 것입니다. 어떤 것의 선택은 다른 선택을 배제하는 것처럼 하나님의 전능도 이와 같은 방식으로 하나를 선택할 때 그와 반대되는 것은 배제될 수밖에 없습니다. 전능에는 그러므로 '자기 제한'이란 조건이 붙습니다. 이런 조건 아래서 보면 하나님은 자신이 들 수 없는 돌을 만들 수 있는가 하는 질문에 대해서 토마스의 답은 "만들 수 없다"는 것입니다. 왜냐하면 '자신이 들 수 없는 돌을 만드는 일'은 전능한 하나님에게 그 자체가 가능한 일이 아니므로, 가능하지 않은 일을 하나님은 하지 않는다고 보면 하나님은 그런 돌을 만들 수 없다고 해야 하기 때문입니다. 그렇지만 하나님은 자신의 전능에 어떠한 손상을 입지 않습니다. 이와 관련해서 아우구스티누스의 말을 한번 들어 볼 가치가 있습니다.

> 비록 죽을 수 없고 그르칠 수도 없지만 그분을 두고 전능하다고 하는 말이 옳다. 원하는 것을 행함으로써 전능하다고 하는 것이지, 원치 않는 것을 당함으로써 전능하다고 하지 않는다. 원치 않는 것을 당하는 일이 만일 하나님에게 일어난다면 그런 하나님은 결코 전능한 분이 아닐 것이다. 그리하여 하나님은 바로 전능하기 때문에 어떤 일을 행하지 못한다는 말이 된다(「신국론」 5권 10장 1절).[5]

아우구스티누스와 토마스가 본 하나님의 전능은 자기 스스로 선택한 제한이 포함될 수 있습니다. 그런 의미에서 하나님의 전능은 합리성의 잣대에 들어맞는 힘입니다. 이를 일컬어 중세인들은 '포텐치아 오르디나타'(*potentia ordinata*), '질서 잡힌 능력'이라고 불렀습니다. 하나님은 비록 스스로 제한을 가한다는 점에서 여전히 능력이 있지만 그럼에도 논리의 기본 규칙인 동일율(A는 A이다)과 모순율(A는 non-A가 아닐 수 없다)을 어길 수가 없습니다. 따라서 하나님도 스스로 자신의 선택에 따라 논리에 종속된 존재가 된 것이지요. 여기에 대항해서 둔스 스코투스(1266-1308)는 하나님은 어떤 무엇에도 제한되지 않는 '포텐치아 압솔루타'(*potentia absoluta*), '절대적 능력'을 가졌다고 주장합니다.

스코투스와 오캄의 반론

스코투스는 하나님이 왜 이 세상을 만들었는가 하는 물음에 대해 아우구스티누스와 마찬가지로 "하나님의 의지가 이 세상을 원했기"(*Voluntas Dei vult hoc*) 때문이라고 답합니다. 따라서 이 세상은 하나님의 의지에 따라 만들어진 것이므로 우연한 것에 지나지 않고 오직 하나님의 의지만이 필연적이며 절대적이라는 것이지요. 하나님의 절대적인 의지는 그러므로 어떤 무엇에도 제한받지 않고 행할 수 있습니다. 만일 하나님이 다르게 원하셨다면 그리스도의 성육신을 통하지 않고서도 인간을 구원할 수 있었을 터이고 성육신도 반드시 사람이 아니라 심지어 돌의 형태로도 가능했다고 스코투스는 말합니다. 그리스도가 이룬 공적도 그 자체로 충분한 것은 아니었으나 하나님이 마치 충분한 것처럼 수용했기 때문에 효용을 발휘할 수 있다고 스코투스는 주장합니다. 하나님은 예컨대 어떤 한 개인이나 사물을 그 존재의 정체성을 훼손함이 없이 '일시적으로'(*tempus intermedium*) 존재를 중단시킬 수 있습니다.

스코투스를 따라 오캄(1285-1349)도 하나님은 자신의 절대 능력으로 인해 성령으로 거듭남이 없이도 우리에게 복된 구원을 주실 수 있고 거듭난 자도 영원한 저주에 빠뜨릴 수 있으며, 죄인을 용서할 때도 죄에 대한 보상의 요구 없이도 용서할 수 있을 뿐 아니라 죄인들의 행위도 하나님의 요구를 충족시키는 것으로 수용할 수도 있다고 믿었습니다. 하나님은 무엇이나, 어떤 일이나, 우리가 이해하는 논리와 도덕을 초월해 할 수 있는 분이라고 본 것이지요.

하나님의 전능의 문제는 이렇게 실재론자요 지성주의자였던 토마스 아퀴나스의 진영과 유명론자요 의지주의자였던 스코투스와 오캄의 진영으로 갈라놓았습니다. 하나님은 과연 어떤 분이실까요? 자신의 권능을 무제한적으로, 임의로, 자신이 원하는 대로 휘둘러 사용하는 분일까요? 아니면 자신이 스스로 설정한 논리 법칙과 도덕 법칙에 제한받으시는 분일까요? 하나님은 무한한 지적 능력을 가지신 분이고 그분의 의지에 한계가 없으신 분이지만, 그분의 본질은 사랑임을 고려한다면 하나님의 전능을 달리 이해할 수 있는 가능성도 있지 않을까요? 일단 물음을 던져두고 하나님의 전능과 관련해서 제기된 두 번째 물음인 악의 문제를 다루어 보도록 하지요.

3. 고통의 경험과 악의 문제

악의 문제는 "하나님은 전능하다"는 명제로부터 곧장 나오는 것이 아닙니다. 여기에 "하나님은 모든 것을 아신다(전지하다)"는 명제와 "하나님은 완전한 사랑이다"라는 명제가 결합해서 "하나님은 전능하시고 전지하시며 완전한 사랑이다" 또는 "전능하시고 전지하시며 완전한 사랑이신 하나님이 존재한다"라는 전통적 유신론의 명제가 확립될 때, 문제로 제기될 수 있습니다. 만일 하나님이 존재한다면, 악은 어디서 오는 것인가?(*Si deus, unde malum*)라는 실존적인 질문입니다.

엘리 위젤의 「나이트」와 엔도 슈사꾸의 「침묵」

아우슈비츠에서 살아 남아 작가로 활동하던 중 1986년 노벨 평화상을 받은 엘리 위젤의 소설「나이트」(*Night*, 예담 역간)를 보면 이런 묘사가 나옵니다. 소설의 주인공은 15살 때 가족들과 같이 수용소로 이송되었습니다. 수용소에 들어가 남녀 두 그룹으로 나누어진 뒤로는 어머니와 여동생은 보지 못했습니다. 아버지와 함께 수용소 생활을 견뎌나갔습니다. 어느 날 주인공이 작업장에서 돌아왔을 때였습니다. 그 때 수용소에는 교수형이 준비되어 있었습니다. 독일군 장교들이 카포(capo: 나치 수용소 포로 감시원) 가운데 마음씨 좋던 네덜란드 사람의 탈출 음모에 동조한 두 사람과 그 사람의 시종이었던 아이를 교수대에 매달았습니다. 어른 두 사람은 곧장 죽었습니다. 그러나 아이는 죽지 않고 계속 매달려 있었습니다. 몸무게가 가벼웠기 때문이었죠. 30분이 넘게 아이는 삶과 죽음 사이를 헤매었습니다. 주인공은 등 뒤에서 이렇게 흐느끼는 소리를 듣습니다. "하나님은 어디 있느냐. 하나님은 지금 어디 있는 거냐?" 주인공은 자신 속에서 이렇게 답하는 목소리를 듣습니다. "하나님이 어디 있냐고? 저기. 저 교수대에 달려 있지…."[6]

일본 작가 엔도 슈샤꾸(遠藤周作, 1923-1996)의「침묵」을 아시지요? 17세기 초 도꾸가와 막부가 들어서면서 일본 당국은 기독교인들을 박해하기 시작했습니다. 수많은 사람들이 순교를 당했습니다. 배교를 하게 하는 방법 가운데 하나가 그리스도의 성상을 밟게 하는 일이이었습니다. 많은 신부들과 신도들이 성상을 밟지 않고 끝내 순교를 당했습니다. 소설의 주인공인 예수회 소속 로드리고 신부는 그러나 성상을 결국 밟습니다. 그러면서 이렇게 음성을 듣습니다. "밟아라, 성화를 밟아라. 나는 너희들에게 밟히기 위해 존재하느니라. 밟는 너의 발이 아플 것이니 그 아픔만으로 충분 하느니라!" 숙연한 장면이었습니다.[7] 그러나 이

보다 저의 마음을 더 아프게 한 것은 믿음을 위해 죽어간 모끼찌와 이치소우의 고통입니다. 이들을 심문한 사람들은 해안에 십자가 두 개를 세웁니다. 그리고 두 사람을 매달아 두었습니다. 며칠 동안 조수의 흐름에 따라 물에 잠겼다가 다시 나오는 고통을 받게 한 것이지요. 마을 사람들이 그것을 보고 신앙을 포기하도록 하기 위한 것이었습니다. 그들은 그렇게 매달려 며칠 동안이나 고생하다가 죽어갔습니다. 예수님이 십자가에 매달리신 것은 대속을 위한 고통이요 죽음이라 하지마는 하루도 아닌, 여러 날을 십자가에 매달린 모끼찌와 이치소우의 죽음은 무엇을 위한 것인가? 신부는 이렇게 묻습니다.

"참배하자. 참배하자.
파라이소의 궁전으로 가."

나는 도무기 마을의 사람들로부터 많은 신도들이 형장으로 끌려갈 때 이 노래를 불렀다는 것을 들었습니다. 어딘지 모르게 슬프고 어두운 선율이 넘쳐 흐르는 노래. 이 지상은 일본인인 그들에게 있어서는 너무나 고통스럽습니다. 고통스럽기 때문에 오로지 천국의 궁전을 의지하며 살아온 농민들. 그런 슬픔이 이 노래에 가득 담겨 있는 것 같습니다.

무엇을 말하고 싶은 건지 저 자신도 잘 모르겠습니다. 다만 나에게는 모끼찌와 이찌소우가 하나님의 영광 때문에 신음하고 괴로워하고 마침내 죽은 오늘도 바다는 여전히 어둡고 단조롭기만 한 소리를 내면서 해변에 철썩이고 있다는 변함없는 사실이 참 수 없는 것입니다. 이 바다의 무서운 적막함 뒤에 나는 하나님의 침묵을 느꼈습니다. 하나님이 인간들의 비애에 빠진 소리에 아무런 응답도 없이 다만 말없이 침묵하고 계시는 듯한 그런 느낌을…."[8]

같은 예를 우리는 수없이 열거할 수 있습니다. 하나님이 계신다면 왜 말씀하지 않으시는가? 하나님은 왜 숨어 계신가? '하나님의 숨어 계심', 조금 어렵게 말하자면 '신적 은닉'(divine hiddenness)의 문제입니다. 이 문제와 '악의 문제'는 밀접하게 연관되어 있습니다. 이 문제에 직면해서 신학자들과 철학자들은 이른바 '신정론'(神正論, Theodicy)을 고안했습니다. 악이 존재함에도 불구하고 "하나님은 정당하다", "하나님은 의롭다"는 뜻이지요. 하나님의 정당성, 하나님의 의로움을 변호한다는 의미에서 '변신론'이라고 옮겨 쓰기도 하는 말입니다. 이 말 자체는 철학자 라이프니츠가 처음 만들어 썼지만 그 해결 방식이나 제안은 이미 오래 전부터 있었습니다(라이프니츠의 변신론에 관해서는 「강교수의 철학 이야기」 가운데 라이프니츠 부분을 보십시오).[9]

'악의 문제'?

'악의 문제'가 어떤 것인지 메를린 아담스(Merlyn McCord Adams)가 제안한 형태를 따라 보도록 하지요.[10]

(1) 하나님이 존재한다. 하나님은 전능하고 전지하며 완벽한 사랑이시다.
(2) 악이 존재한다.

(1)과 (2) 사이에는 논리적으로 모순이 존재하지 않습니다.[11] 이 사이에 흔히 말하듯 논리적으로 모순이 존재한다고 생각하는 이유는 '전능한', '완전하게 선하신'이란 하나님에 대한 서술어를 최대한으로 적용할 때 다음과 같은 명제를 얻을 수 있습니다.

(P1) 완전하게 선하신 존재는 할 수 있는 한 언제나 악을 제거할 것이다.
(P2) 전능한 존재에게는 능력의 한계가 없다.

만일 이것이 가능하다면 (1), (2), (P1), (P2)를 결합해 보면 이 가운데 문제가 있는 것처럼 보입니다. 가장 극단적인 경우는 매키(J. L. Mackie)처럼 이로부터 신의 부재, 곧 무신론을 이끌어낸 것입니다. 만일 (2)와 (P1), (P2)가 참이라면 (1)은 거짓이라는 것이지요.[12]

이것에 대한 철학자들의 반론은 모두 열거할 수 없을 정도로 많습니다. 앞에서 본 것처럼 하나님의 전능에 자신이 스스로 설정한 한계가 있다면(예컨대 하나님은 이 땅에 물이 있도록 하면서 물을 심하게 들어 마시면 질식해서 죽을 수 있는 가능성을 배제할 수 없고 새나 사람이 마찰이 있어야 움직일 수 있도록 하면서 심한 마찰로 인한 사망을 배제할 수 없습니다.) P2가 성립할 수 없고 하나님이 선하다 할지라도 악을 제거하지 않는 어떤 이유가 있다면 P1도 성립할 수 없습니다. 비록 우리가 그 이유를 모두 모른다고 해도 하나님이 우리에게 고통을 주실 때 그분 나름의 이유가 있을 수 있습니다. 그러므로 매키처럼 논리적인 이유로 악의 문제를 가지고 무신론을 주장하거나 윌리암 로위처럼 실제로 사람들이 당하는 끔찍한 악을 통해 하나님이 만일 존재한다면 그런 끔찍한 악을 당하도록 하지 않을 것이라는 이유로 하나님의 부재를 주장하는 것은 성립하기가 힘듭니다.

4. C. S. 루이스의 경험을 통해 본 고통의 문제

아우구스티누스, C. S. 루이스, 앨빈 플란팅가, 리처드 스윈번 등 많은 사람들은 하나님이 우리에게 고통을 주시는 이유가 있다고 생각합니다. 여러분의 이해를 위해 전문적인 철학자들의 논변보다는 루이스의 논변을 간단하게 소개하겠습니다. 루이스는 한때 대학에서 철학을 가르친 적이 있으므로 전혀 철학 문외한이라 할 수 없을 뿐더러 루이스를 예로 들어 이 문제를 다루는 것은 (루이스 자신을 포함해서) 이론적인 논의가 고통받는 사람에게 실로 그렇게 깊은 위로를 주지 못한다는 사실을 동시에 보이기 위한 것입니다.

루이스는 고통에 관해 두 권의 책을 썼습니다. 한 권은 고통을 객관적인 어조로, 매우 이론적으로 다룬 「고통의 문제」이고, 다른 한 권은 자신이 겪은 슬픔을 관찰한 「헤아려 본 슬픔」입니다. 「고통의 문제」는 루이스가 마흔두 살이던 해인 1940년에 출판되었고, 「헤아려 본 슬픔」은 그가 죽던 해인 1963년 가명으로 출판되었습니다.

루이스는 서른한 살의 나이(1929년)에, 무신론자에서 유신론자가 되었다가, 다시 유신론자에서 그리스도인으로 전향하는 경험을 하였습니다. 「고통의 문제」는 그가 그리스도인이 된 지 10년 만에 쓴 책입니다. 이 책에서 그는 마치 고통이 저만치 떨어져 있는 것처럼 거리를 두고 고통에 관해서 말하였습니다. 영화 "섀도우 랜드"를 보면 루이스가 교회에서 이렇게 강의하는 장면이 나옵니다.

"하나님은 우리가 꼭 행복하기를 원하시지는 않는 것 같습니다. 사랑할 줄 알고 사랑받을 줄 아는 사람이 되길, 우리가 철들기를 바라시죠. 우리를 사랑하시기에 고통을 선물로 주시는 겁니다. 귀기울이지 않는 세상을 깨우치려고 고통이라는 메가폰을 드신 겁니다."

「고통의 문제」에는 이렇게 쓰여 있습니다.

"우리는 우리의 죄와 어리석음에 만족하며 지낼 수 있습니다. 최고로 맛있는 음식을 아무 생각 없이 퍼먹고 있는 대식가를 본 적이 있는 사람이라면, 우리가 쾌락조차 무시할 수 있는 존재임을 인정할 것입니다. 그러나 고통은 고집스럽게 우리의 주목을 요구합니다. 하나님은 쾌락 속에서 우리에게 속삭이시고, 양심 속에서 말씀하시며, 고통 속에서 소리치십니다. 고통은 귀먹은 세상을 불러 깨우는 하나님의 메가폰입니다."[13]

루이스의 갈등

그러나 「헤아려 본 슬픔」은 「고통의 문제」와는 사뭇 다른 태도를 보입니다. 루이스가 이 책을 쓴 것은 그가 평생 독신으로 형과 함께 살다가 말년에 뒤늦게 만나 결혼하게 된 아내 조이 그레셤이 죽은 직후입니다. 이 책에서 루이스는 말할 수 없는 슬픔을 토로합니다. 고통의 문제에서 루이스는 슬픔을 표현하는 일에 대해서 매우 제한적인 생각을 가졌더랬습니다. 구체적인 죄를 회개하는 데서 나오는 슬픔, 그리하여 구체적으로 자기 잘못을 바로잡거나 남에게 끼친 해를 보상하게 만드는 슬픔, 또는 남을 향한 연민에서 솟아나 적극적으로 그를 돕게 만드는 슬픔 외에는 우리가 슬픔을 가져서는 안 된다는 것이었죠.[14] 그러나 조이가 죽었을 때는 루이스는 「고통의 문제」에서 했던 자신의 말을 잊은 것처럼 이렇게 말합니다.

"그런데 하나님은 어디 계시는가? (…) 다른 모든 도움이 헛되고 절박하여 하나님께 다가가면 무엇을 얻는가? 면전에서 쾅 하고 닫히는 문, 안에서 빗장을 지르고 또 지르는 소리. 그리고 나서는, 침묵. 돌아서는 게 더 낫다. 오래 기다릴수록 침묵만 뼈저리게 느낄 뿐. 창문에는 불빛 한 점 없다. 빈 집인지도 모른다. 누가 살고 있기나 했던가? 한때는 그렇게 보였다. 그 때는 꼭 누가 있는 것처럼 보였으나 지금은 정말 빈 집 같다. 지금 그분의 부재는 무엇을 의미하는가? 왜 그분은 우리가 번성할 때는 사령관처럼 군림하시다가 환난의 때에는 이토록 도움 주시는 데 인색한 것인가?"[15]

조금 더 인용해 보도록 하지요.

"대답은 없다. 그저 잠긴 문, 철의 장막, 텅빈 허공, 절대적인 무의 세계만 있을 뿐, '구하여도 얻지 못하리라.' 구하다니 내가 바보였다. 지금으로서는 그러한 확신이 온다고 해도 믿을 수 없을 것이다. 그건 나 자신의 기도에 의해 야기된 자기 최면일 테니까."[16]

"하나님이 광대마냥 한순간 우리 밥그릇을 채어 갔다가 다음 순간 똑같이 생긴 다른 밥그릇으로 바꿔치기라도 하신다는 말인가? 자연조차도 그런 광대짓은 하지 않는다. 자연은 똑같은 음률을 결코 두 번 연주하지 않는다."[17]

"오랫동안 채워지지 못했던 고귀한 허기가 마침내 맘에 맞는 음식을 만났으나 즉시 그 음식을 빼앗기고 말았다. 운명(아니면 다른 무엇이든)이란 대단한 능력을 만들어 내고서는 곧 그 능력을 꺾는 데 재미를 느끼는 모양이다. 베토벤은 귀머거리가 되지 않았는가. 우리 기준으로 보자면 심술궂은 장난이다. 비열한 얼뜨기가 저지르는 짓궂은 바보짓이다."[18]

"나는 우리가 사실은 덫에 갇힌 쥐가 아닐까 싶어 더 두렵다. 아니, 더 나쁘게는 실험실의 쥐들인지도 모른다. 누군가 '하나님은 언제나 기하학적으로 행하신다'라고 했다. 사실은 '하나님은 언제나 생체 실험을 행하신다' 그렇게 말한다면 어쩔 텐가?"[19]

「고통의 문제」에서 매우 객관적이고 논리적이고, 합리적으로 고통에 관해 설명하던 루이스가 20년 후 자신의 아내를 잃고 나서는 신앙의 회의랄까요, 하나님에 대해 자기가 믿고 있던 것이 참으로 옳은 것인가 의문을 가지고 계속 질문을 던지고 있습니다. 이런 이유 때문에 사람들은 루이스가 말년에 신앙을 버리고 하나님을 떠났다고 이야기하기도 합니다. 영화 "섀도우 랜드"도 그런 뉘앙스를 풍기고 있습니다. 그러나 정말 그럴까요? 하나님에 대한 생각과 고통에 관한 생각이 근본적으로 달라졌을까요? 저는 그렇게 생각하지 않습니다. 구제할 가능성이 없는 자처럼, 친구로부터 마치 소망이 없는 자들이 하는 것처럼 그렇게 슬퍼하지 말라는 말을 들을 정도로 슬픔에 빠진 루이스에게는 하나님이 마치 부재한 것처럼, 아니면 문을 꽁꽁 걸어 잠그고는 외면하는 것처럼 보였을 것입니다. 그러나 슬픔에서 조금씩 회복되면서 그의 생각은 다시 예전의 생각으로 이어집니다. 이 점을 보기 전에 「고통의 문제」에서 루이스가 고통을 다룬 방식을 잠깐 살펴보도록 하겠습니다.

고통받는 이유에 대한 3인칭적 관점

루이스는 전통적인 변신론의 문제 제기를 '고통의 문제'로 확인합니다.

"하나님이 선하다면 자신이 만든 피조물들에게 완벽한 행복을 주고 싶어할 것이며, 하나님이 전능하다면 그 소원대로 할 수 있을 것이다. 그런데 지금 피조물들은 행복하지 않다. 그러므로 하나님은 선하지 않은 존재이거나 능력이 없는 존재이거나 그렇지 않으면 선하지도 않고 능력도 없는 존재일 것이다."[20]

이것은 고통의 문제를 "가장 단순하게 표현한 말"입니다. 여기서 문제는 하나님의 전능함과 선함이 피조물의 불행과 어떻게 양립 가능한가 하는 것입니다. 그래서 루이스는 하나님의 전능함과 선함에 대해서 두 장을 할애하여 자세하게 논의한 다음 인간의 악함과 타락을 다시 두 장으로 나누어 자세하게 서술합니다. 그 다음 비로소 인간이 경험하는 고통에 관해서 다시 두 장으로 나누어 서술하고 끝 부분에 가서 동물의 고통과 지옥과 천국에 관해서 다룹니다. 논의 순서만 보더라도 고통에 대한 루이스의 논의 방식과 태도가 드러납니다. 몇 가지 핵심만 이야기해 보도록 하지요.

첫째, 루이스는 하나님의 전능함은 하나님이 어떤 일이나 할 수 있다는 뜻이 아니라고 먼저 밝힙니다. 하나님조차도 할 수 없는 일, 불가능한 일, 말이 되지 않는 그런 일은 하나님이 하실 수 없습니다. 예컨대 하나님은 한 피조물에게 자유 의지를 주는 동시에 주지 않을 수는 없습니다. 하나님은 자신이 들 수 없는 돌을 만들 수 있는가, 그건 하실 수 없다는 것이 정확한 답입니다. 왜냐하면 하나님은 자기 자신에 대해 모순되는 일은 하실 수가 없기 때문입니다. 상호 모순되는 일은 우리뿐 아니라 하나님도 하실 수 없습니다. 하나님의 능력에 제한이 있기 때문이 아니라 우리가 보기에 말이 안 되는 일은 하나님께도 똑같이 말도 안 되는 일이기 때문입니다.[21]

마찬가지 논리로, 하나님이 우리에게 삶의 환경으로 자연과 생존 조건을 주시고 우리에게 자유 의지를 주셨다면, 이것들을 하나님은 바꾸실 수가 없습니다. 루이스는 이렇게 말합니다.

"하나님이 아무리 전능하시다고 해도 상대적으로 독립적이며 '가차없는' 자연을 창조하지 않고서는 자유 의지를 가진 영혼들의 사회를 창조하실 수 없다는 점입니다."[22]

이렇게 보는 이유는 불변하는 법칙과 인과적 필연성에 따른 결과 및 전체 자연 질서는 일상의 삶을 제한하는 한계인 동시에 그러한 삶을 가능케 해주는 유일한 조건이기 때문입니다. 예를 들어 보겠습니다. 자동차 사고가 생기지 않도록 하려면 어떻게 하면 되겠습니까? 마찰을 없애면 됩니다. 만약 하나님이 이 세상을 만들 때 마찰이 없도록 하셨다면 자동차 사고도 없었을 것이고, 그랬다면 자동차 사고로 목숨을 잃는 사람도 생기지 않았을 것입니다. 당연히 자동차 사고로 가족을 잃고 슬픔을 당하는 사람들도 없겠죠. 그러나 마찰이 없으면 걸어 다닐 수가 없습니다. 우리가 걸어 다닐 수 있기 위해서는 반드시 마찰이 있어야 합니다. 물에 빠져 목숨을 잃는 일을 흔히 볼 수 있습니다. 물은 참 위험합니다. 만약 하나님이 물을 만드시지 않았다면 물에 빠져 죽는 일이 없었을 것입니다. 그렇지만 여러분도 다 알다시피 물이 없으면 우리가 살아갈 수가 없습니다. 물이 있기에 우리가 살아갈 수 있는 것이고, 어떤 사람들은 물에 빠져 목숨을 잃기도 하는 것입니다. 하나님은 우리에게 자유 의지를 주셨습니다. 그런 하나님이 우리를 기계처럼 다룰 수는 없습니다. 하나님이 만드신 자연 질서가 있기에 하나님이 이를 마음대로 바꾸실 수는 없습니다.

이런 이유로 루이스는 "자연 질서 및 자유 의지와 맞물려 있는 고통을 배제한다는 것은 삶 그 자체를 배제하는 것과 같을 것"이라고 말합니다.[23] 이 점에서 루이스는 자유 의지 옹호론(Free Will Defence)을 전개한 앨빈 플란팅가, 그리고 이와 유사한 생각을 자연에 적용한 자연과정 옹호론(Free Process Defence)를 전개한 존 폴킹혼(John Polkinghorne)과 같은 생각을 하고 있습니다.[24]

「기억 전달자」(The Giver, 비룡소 역간)라는 소설책이 있습니다. 이

소설의 주인공은 요나스라는 아이입니다. 요나스가 살아가는 세상은 완벽하며, 모든 것이 통제 아래 있습니다. 거기에는 전쟁도 없고 고통도 없고 두려움도 없습니다. 그리고 선택도 없습니다. 모든 사람들은 공동체에서 부여해 준 각각의 역할에 따라 살아야 합니다. 열두 살이 되었을 때 요나스는 과거의 기억을 전수해 주는 사람(giver)에게 훈련을 받게 되는데, 오직 이 전수자만이 공동체의 기억을 가지고 있고 실제 고통을 느끼고 실제 기쁨을 느낄 수 있습니다. 요나스는 전수자로부터 과거의 기억을 전수받으면서 다양한 색깔도 보게 되고 실제 아픔도 겪게 되고 실제 기쁨도 느끼게 됩니다. 마지막에 그는 그 공동체에서 탈출합니다. 우리 생각에 고통이 없고 아픔이 없는 세상이 좋을 것 같지만 그렇지가 않습니다. 오히려 조그만 고통이 있는 것이 삶을 더 찰지도록 만들어 주는 경우가 흔합니다.

필립 얀시(Philip Yancey)와 폴 브랜드(Paul Brand)라는 의사가 쓴 「고통이라는 선물」(*The Gift of Pain*, 두란노 역간)이라는 책이 있습니다. 거기 보면 고통이 얼마나 큰 선물인가 하는 것이 잘 그려져 있습니다. 폴 브랜드는 나병 환자를 전문적으로 치료하는 의사입니다. 나병이 위험한 것은 그것이 고통을 느끼지 못하게 만들기 때문입니다. 나병은 일차적으로 신경이 손상되는 질병입니다. 부딪쳐도 아프지 않으니까 몸을 함부로 막 대하다가 쉽게 상처가 생기고 감염이 되어 눈이 멀기도 하고 얼굴이 일그러지기도 하고 손가락과 발가락이 뭉툭해지기도 하는 것이지요. 암도 비슷합니다. 암이 무서운 것은 초반에 고통이 없기 때문입니다. 초기에 고통이 있다면 치유도 쉬울 것입니다. 그러나 말기에 이르도록 암은 고통을 주지 않습니다. 그런 방식으로 우리가 고통을 이해할 수 있는 가능성이 있습니다.

둘째, 루이스는 하나님의 선하심을 하나님의 사랑으로 이해하되, 하나님의 사랑은 그저 모든 것을 허용하고 봐주는 그런 말랑말랑한 사랑이 아니라는 것을 강조합니다. 하나님이 우리를 사랑하신다는 것은 우리가 모든 것을 다 할 수 있도록 허용한다는 뜻이 아닙니다.

"꾸벅꾸벅 졸면서 여러분이 그 나름대로 행복해지기를 바라는 연로한 할아버지의 인자함이나 양심적인 치안 판사의 냉담한 박애주의, 손님 대접에 책임감을 느끼는 집 주인의 배려로서가 아니라 소멸하는 불로서, 세상을 창조해 낸 사랑으로서, 작품을 향한 화가의 사랑처럼 집요하고 개를 향한 인간의 사랑처럼 전제적(專制的)이며 자식을 향한 아버지의 사랑처럼 신중하고 숭고하며 남녀의 사랑처럼 질투할 뿐 아니라 꺾일 줄 모르는 철두철미한 사랑."[25]

이런 관점에서 루이스는 "하나님이 우리를 만드신 주된 목적은 우리로 하여금 하나님을 사랑하게 하려는 데 있는 것이 아니라(물론 이 목적도 있지만), 하나님이 우리를 사랑하심으로써 우리를 그의 사랑이 '아주 기쁘게' 머물 수 있는 대상으로 만드시려는 데" 있다고 말합니다.[26]

루이스는 이런 비유를 듭니다. 거지 소녀가 더러운 누더기를 걸치고 있으면서도 왕이 만족하기를 바라거나, 사람을 사랑하기를 배운 개가 야생 동물처럼 벌레투성이의 더러운 몸으로 집안의 물건을 물어뜯으면서도 주인의 너그러움을 기대할 수 있겠습니까? 그럴 수는 없습니다. 인간에게 주어진 고통은 인간이 하나님의 사랑을 받을 수 있는 존재로 빚어져 가는 데 기여합니다. 이것이 루이스가 "인간의 고통과 인간을 사랑하시는 하나님의 존재를 조화시키는 문제는, 우리가 '사랑'이라는 말에 하찮은 의미를 부여하며 인간이 만물의 중심인 양 만물을 바라보는 한 결코 해결될 수 없습니다"라고 한 까닭입니다.[27] 그에 따르면 인간의 역할은 "피조물에 불과한 존재들로서, 우리의 역할은 언제나 주체에 반응하는 객체, 남성에 반응하는 여성, 빛에 반응하는 거울, 소리에 반응하는 메아리"가 되는 것이며 인간이 할 수 있는 가장 고귀한 활동은 "주도하는 것이 아니라 반응하는 것"(response, not initiative)입니다.[28]

셋째, 루이스는 하나님의 사랑은 우리 자신을 변화시키고자 하는데, 그 까닭은 우리가 자유 의지를 잘못 사용함으로 아주 악해졌기 때문이라고 서술합니다. 그래서 루이스는 죄의 문제를 아주 심각하게 다룹니다. 왜냐하면 고통은 곧 죄의 결과라고 보기 때문입니다. 루이스는 이렇게 볼 수 있는 근거를 "인간은 처음 지음받았을 때에는 완전히 선하고 완전히 행복한 존재였지만 하나님께 불순종함으로써 오늘날 보는 바와 같은 존재가 되고 말았다"는 데서 찾습니다.[29]

단지 저 먼 과거뿐만 아니라 지금도 우리는 하나님을 인식하고 우리 자아를 인식하는 순간, 하나님을 자기의 중심으로 택할 것이냐, 자아를 중심으로 택할 것이냐 하는 '무서운 양자택일'의 길에 서 있고, 자기를 선택함으로써 배운 사람이나 배우지 못한 사람이나 누구나 매일같이 죄를 짓고 있는 셈입니다.[30] 루이스는 모든 죄의 배후에 있는 근본적인 죄는 하나님보다 나 자신을 택하고 중심에 세우는 것이라고 봅니다.[31] 여기서 고통에 대한 루이스의 핵심적인 사상이 나옵니다. 인간은 하나의 종(種)으로서 스스로 부패했기 때문에 이런 상태에서 우리에게 선이 되는 것은 우리를 치료하며 바로잡는 것이며 고통이 실제로 그와 같은 치료책이라는 것입니다.[32] 그래서 루이스는 이렇게 말합니다.

"하나님의 메가폰으로써 고통이 혹독한 도구라는 데에는 의심의 여지가 없습니다. 또 고통은 끝까지 회개하지 않은 반항으로 연결될 수도 있습니다. 그러나 고통은 개심(改心)할 수 있는 유일한 기회를 악인에게 제공해 줍니다. 고통은 베일을 벗깁니다. 고통은 반항하는 영혼의 요새 안에 진실의 깃발을 꽂습니다. 만사가 잘 돌아가고 있다는 환상을 깨뜨리는 것이 고통의 효력 중 가장 낮은 단계에 해당하는 첫 번째 효력이라면 두 번째 효력은 '지금 우리가 가진 것은 본질적으로 좋은 것이든 나쁜 것이든 간에 전부 우리 것이며 그 이상은 필요치 않다'는 환상을 깨뜨리는 것입니다."[33]

이어서 세 번째 효력으로 루이스는 고통을 통해서 비로소 우리가 우리 자신이 아니라 하나님을 선택했다는 것을 의식적으로 알 수 있다는 것을 들고 있습니다. 하나님께 자아를 완전히 양도하는 행위에는 고통이 따르게 마련이라는 것입니다.[34] 이처럼 루이스에게 고통은 분명히 목적이 있고 의미가 있습니다.

고통을 통해 루이스가 배운 것

그렇다면 이제 젊은 시절의 생각을 루이스가 말년에도 그대로 일관되게 유지했는가 하는 것이 물음으로 제기됩니다. 「헤아려 본 슬픔」 1장과 2장에서 인용한 앞의 구절들을 보면 루이스는 생각을 완전히 바꾼 것처럼 보입니다. 루이스는 하나님을 더 이상 선한 분으로, 전능한 분으로 여기지 않으며, 심지어는 가학적인 신이요, 음식을 주고는 다시 빼앗아 가는 광대, 멍청한 바보로까지 부릅니다. 루이스는 심지어 '나쁜 신'을 언급하기까지 합니다.

"나쁜 신을 믿는 것이 합리적인가? 어쨌든 그처럼 나쁜 점을 가지고 있는 신을 믿는 것이? 우주를 다스리는 가학적인 신, 악의에 찬 얼뜨기(The Cosmic Sadist, the spiteful imbecile)를?"[35]

이어서 루이스는 자신에 대해서 이렇게 묻기도 합니다.

"왜 나는 마음속에다 이처럼 쓰레기 같고 말도 안 되는 생각을 남겨 놓는 것인가? 이렇게 하면 마치 내가 덜 느낄 수 있기라도 하는 양, 손바닥으로 느낌을 가리려 하고 있는 것인가? 이 모든 기록이, 고통이란 겪는 수밖에 없다는 사실을 받아들이지 않으려는 자의 의미 없는 글쓰기에 불과한 것이 아닐까?"라고 자문한다.[36]

그러나 「헤아려 본 슬픔」 3장과 4장에 가서 루이스는 1장과 2장의 기록에서 보인 태도를 수정합니다. 관심을 끄는 대목은 루이스의 두 가지 질문입니다. 루이스는 자신의 삶이 혹시 종이 카드로 쌓아 올린 성채에 불과한 것이 아닌지, 그리고 하나님이 생체 실험을 하고 있는 자인지 아니면 질병을 고쳐 주고자 하는 수의사인지 묻습니다. 이 두 가지 질문을 던지면서 루이스는 자신의 태도를 다시 반성합니다. 여기서 저는 「고통의 문제」를 쓴 40대 초반의 루이스와 「헤아려 본 슬픔」을 쓴 60대의 루이스 사이에 존재하는 연속성을 발견합니다. 좀더 자세히 살펴보지요.

첫째, 루이스는 조이의 죽음에 대한 자신의 슬픔이 사실은 조이를 위한 것이 아니라 자신을 위한 슬픔임을 자각합니다. 암으로 고통을 받던 조이의 고통에 비하면 자신의 고통은 별 것이 아닌데도 자신은 자신의 고통만을 생각하고 그녀의 고통에 대해서는 생각하지 못했음을 인식합니다. 조이를 위해 고통당한다고 생각했지만 사실상 그것이 자기를 위한 고통이었으며, 그녀의 죽음보다 자신의 고통이 더 큰 것처럼 생각했다는 것을 인식하게 된 것이지요. 동시에 루이스는 조이에 대한 사랑이 하나님에 대한 믿음과 거의 같은 종류의 것이었음을 인식하게 됩니다. 루이스는, 하나님에 대한 믿음 안에 상상 외의 다른 요소가 없었는지, 조이에 대한 사랑 안에도 이기주의 말고 다른 것은 없었는지 자문해 보지만 오직 하나님만 아실 것이라고 토로합니다. 그리고 마침내 하나님에 대한 믿음이나 조이에 대한 사랑도 종이 카드로 만든 성채였음을 발견하고 자기 삶을 되돌아보며 아무것도 모르는 쪽은 결국 자신이었음을 고백합니다.

"하나님은 우리 믿음이나 사랑의 자질을 알아보시려고 시험을 하시는 게 아니다. 그분은 이미 알고 계시니까. 모르는 쪽은 오히려 나였다. 이 시험에서 하나님은 우리가 피고석과 증인석, 그리고 재판석에 모두 한꺼번에 앉아볼 수 있도록 만드신다. 그분은 언제나 내 성채가 카드로 만든 집이라는 사실을 알고 계셨다. 내가 그 사실을 깨닫도록 하는 유일한 방법은, 그것을 쳐서 무너뜨리는 것 뿐이었다."[37]

바로 여기서 젊은 시절 루이스의 목소리가 다시 울리고 있습니다. 삶의 중심을 자기 자신에서 하나님에게로 옮기는 방법은 고통으로 삶을 뒤흔드는 수밖에 없다는 생각이지요.

둘째, 하나님은 수의사인가 생체 실험가인가 하는 질문은 앞에서 잠깐 언급한 하나님은 혹시 '나쁜 신'이 아닌가 하는 생각과 관련이 있습니다. 이 질문은 결국 하나님은 생체 실험가가 아니라 병을 치료하기 위해 고통을 주는 수의사나 외과 의사 또는 치과 의사란 생각으로 답을 얻게 됩니다.

하나님이 우리를 치료하고자 고통을 주신다는 사실을 믿는다면, 그리고 이렇게 믿으면 믿을수록, 자비를 구하는 일은 아무 소용이 없음을 믿지 않을 수 없게 됩니다. 다정하고 양심적인 외과 의사일수록 더욱 무자비하게 썩은 살을 도려낼 것이고, 만일 그가 자비를 베풀어 애걸복걸하는 일에 꺾이고 만다면 그 때까지 겪은 고통은 아무 소용이 없게 되지 않겠느냐는 것입니다. 만일 이 고통이 필요 없다면 신은 존재하지 않거나 악한 존재일 것이라고 루이스는 단언합니다. 만약 선한 신이 계신다면 이러한 고통은 필요할 수밖에 없다는 것입니다. 그래서 루이스는 "하나님은 선하신 분이니 나는 그분이 두렵지 않아"라고 말하는 자는 생전 치과에도 가 보지 않은 사람이라고 힐난합니다. 하나님이 선하시기 때문에 고통을 주시고 고통을 통해 치료를 해주신다는 것입니다. 조이는 올바른 영혼을 지녔으며 영민하고 칼과 같이 지성이 잘 벼려진 사람이었지만, 조이나 루이스 자신은 죄 많은 여자요 죄 많은 남자이므로 아직까지 치유가 필요하고 박박 닦아 내야 할 얼룩이 있는 존재임을 루이스는 고백합니다.

자신의 고통을 통해서 루이스는 두 가지 소득을 얻었다고 말합니다. 이제 하나님은 자신에게 닫힌 문이 아님을 안 것입니다. 이것이 첫 번째 소득입니다. 조이를 바라볼 때 이제 더 이상 공허한 진공을 만나지 않게 됩니다. 이것이 두 번째 소득입니다. 루이스는 여기서 한 걸음 더 나아가 하나님과 조이를 찬양하게 됩니다. 찬양이란 "그 안에 기쁨을 담고 있는 사랑의 양식"입니다. 우리가 찬양할 때는 올바른 순서로 찬양해야 합니다. 루이스는 주신 분으로서의 하나님을, 그리고 자신에게 주어진 선물로서 조이를 찬양합니다.[38] 조이는 그에게 마치 칼과 같이 뛰어난 지성을 소유한 존재였고, 들어가 보면 볼수록 깃들일 수 있는 정원과 같다고 토로합니다. 찬양을 통하여 루이스는 정원에서 정원을 가꾸시는 분으로, 칼에서 칼을 만드시는 대장장이로, 생명에서 생명의 근원으로, 아름다움에서 아름다움의 근원으로 올라가는 경험을 하게 됩니다.[39]

그러나 루이스는 예전처럼 그렇게 논리적으로, 합리적으로 고통에 대해 모두 설명할 수 없음을 인정합니다. 자신이 하나님께 이런저런 질문을 던질 때 하나님은 역시 '묵묵무답'임을 경험하기 때문입니다. 그러나 루이스는 이렇게 쓰고 있습니다.

"잠긴 문이 아니다. 외려 조용하고 분명 동정적인 시선 같은 것, 마치 그분이 거절의 뜻으로 머리를 가로저으시는 게 아니라, 질문을 유예하시는 것 같은. '아들아, 잠잠하거라. 너는 이해하지 못한다' 하시는 것 같은."[40]

그러면서 「고통의 문제」 마지막 장에서 천국을 다루었듯이 「헤아려 본 슬픔」이 거의 끝나는 부분에서 루이스는 천국을 말합니다.

"천국이 우리의 문제를 풀어 줄 것이나, 명백히 모순되는 생각들을 은근히 화해시키는 방식으로 해결하지는 않으리라고 생각한다. 우리의 생각들은 모두 발 아래 무너져 버릴 것이다. 문제라고는 애초부터 전혀 없었음을 보게 될 것이다."[41]

결국 젊을 때의 루이스와 노년의 루이스는 동일합니다. 다만 세상의 다양한 색깔을 조금은 회색빛 톤이 강하게 감도는 모습으로 볼 수 있게 된 것이 다를 뿐입니다.

5. 이스라엘 전통 속에 나타난 전능하신 하나님

그러면 이스라엘의 역사를 통해 하나님의 전능하심은 어떻게 드러났을까요? 그리스 전통이나 인도 전통, 또는 서양 중세 전통과는 달리 사건과 이야기를 통해 하나님의 모습을 보여 주는 것이 이스라엘 전통의 특징입니다. 그러므로 하나님의 전능하심에 대해서도 개념적 정의를 찾기보다는 하나님이 하신 일을 통해서 알게 됩니다. 개념을 통해 정의를 하는 것은 유대 전통 그리고 성경 전체 전통에서는 낯선 방식입니다. 유대 전통에서는 하나님이 어떤 분이신가에 대해, 하나님의 전능하심에 대해 명제 형식이 아니라 사건을 통해, 그림을 통해, 이야기를 통해 보여 줍니다. 이때 가장 두드러진 것이 천지창조와 출애굽 사건, 그리고 이스라엘 백성과 언약을 맺고 이를 갱신하는 사건들입니다.

하나님의 전능은 구원 사건과 관련 있다

무엇보다 중요한 점은 하나님의 전능이 구원의 사건과 연관되어 있다는 사실입니다. 우리는 하나님이 전능하시다는 것을 천지창조를 포함하여 하나님이 참여한 여러 사건들을 통해 알 수 있습니다. 하나님은 특별히 사람이 알 수 있도록 한 백성을 택하셔서 온갖 사건과 여정을 통해, 역사를 통해, 삶의 역사를 통해 성공과 실패의 역사를 통해 자신이 어떤 분이신지 계시하셨습니다. 이 점에서 이스라엘 민족은 매우 독특한 민족입니다. 우리가 예수 그리스도를 통해 고백하는 하나님은 이스라엘 백성을 통해 자신을 보여 주고 계시하신 그 하나님입니다. 자신을 보여 주시되 하나님은 이를 몇 가지 개념을 통해서가 아니라 실제 삶을 통해, 과정을 통해, 성공과 실패를 통해 보여 주십니다. 그 가운데 출애굽 사건이 아주 중요합니다.

출애굽기 3장에 보면 모세가 여호와 하나님을 만나는 장면이 나옵니다. 모세가 호렙산 가까이 이르렀을 때 여호와의 사자가 떨기나무 불꽃 가운데 나타나 모세를 부릅니다. 이에 모세는 "내가 여기 있나이다" 하고 대답하지요. 이것은 아브라함과 이삭과 야곱, 사무엘과 이사야가 하나님의 부르심 앞에서 했던 공통된 대답이기도 합니다. 이렇게 하나님은 우리에게 말을 걸어오시고 찾아오시는 분입니다. 모세를 찾아오신 하나님은 "조상의 하나님이니 아브라함의 하나님, 이삭의 하나님, 야곱의 하나님"이라고 자신을 알려 주신 후 이스라엘 백성이 당하는 고통을 알고 내려와서 이들을 인도하여 가나안 땅으로 데려가시겠다고 말씀하십니다. 하나님의 이름에 관해 묻는 모세에게 하나님은 (앞에서 여러 차례 본대로) "에흐예 아세르 에흐예"(나는 있을 자이다. 나는 함께 있을 자이다. 나는 고난받는 내 백성들과 함께 그들이 어디 있든지 구원의 능력으로 현존할 것이다)라고 답하십니다.

이 때의 하나님은 '엘 샤다이', 곧 '전능자 하나님'일 뿐 아니라 동시에 '야웨 츠바오트 엘로헤이', '야웨 만군의 하나님'입니다. 하나님이 전능하시다 고백할 때 우리는 만군의 야웨 하나님을 우리의 하나님으로 고백하는 것입니다. 야웨 하나님은 이스라엘 백성을 건져내시고 구원하시는 하나님입니다. 이스라엘은 출애굽을 통해 하나의 새로운 공동체로 형성됩니다. 전능하신 하나님은 야웨 하나님이고, 야웨 하나님은 이스라엘 백성을 건져 주시는 구원의 하나님입니다. 이렇게 하나님이 이스라엘 백성들을 건져 주시면서 이들과 맺는 관계가 바로 '언약'입니다. "나는 너의 하나님이 되고 너는 나의 백성이 되리라"는 것이지요.

예레미야 32:38에서 하나님은 이렇게 말씀하십니다. 바벨론의 포로가 되어 붙잡혀 갈 때, 다시 돌아오리라는 것을 약속하십니다. "그들은 내 백성이 되겠고, 나는 그들의 하나님이 될 것이며." 이처럼 하나님과 하나님 백성 사이의 인격적 관계가 형성되는 것이 언약의 핵심입니다. 이 관계 맺음에는 하나님의 사랑이 들어 있습니다. 우리를 백성 삼으시고 먹이시고 돌보시고 우리의 생명이 번성하도록 해주신다는 약속이 있습니다. 여기서 중요한 것은 하나님이 먼저 주도권(initiative)을 쥐고 계시다는 것입니다. 하나님이 먼저 시작하시고 이루시고 끝까지 돌보신다는 점입니다. 또 이 언약에는 하나님의 사랑뿐 아니라 하나님의 신실성이 들어 있습니다. 이스라엘 백성들은 실패하고 순종하지 않고 끊임없이 언약을 배신했지만, 하나님은 이들을 버리지 않고 언제까지나 신실하게 약속을 지키셨습니다. 끝까지 언약을 저버리지 않겠다는 것이 하나님의 언약의 내용입니다.

전능자, 언약을 맺고 복 주시는 하나님

이 배경에서 우리가 하나님을 전능자라고 고백하는 것의 의미를 찾아보자면 이렇습니다. 첫째, 하나님은 우리에게 먼저 찾아오시는 분이십니다. 하나님은 우리에게 오시는 분이십니다. 신약 성경에서는 이를 하나님 나라의 오심으로 표현합니다. "나라가 임하옵시며"라는 주기도문 구절에 하나님이 우리에게 임재해 주시고 우리를 찾아오시기를 소망하는 내용이 담겨 있습니다. 하나님은 아브라함에게 오셨고 모세에게 오셨고 이스라엘 백성에게, 그리고 우리에게도 찾아오셨습니다. 전능하신 하나님, 야웨 하나님은 이렇게 찾아오시는 하나님입니다. 둘째, 하나님은 자기 자신을 내어 주시는 분입니다. 이론적으로 말하자면 우리는 하나님을 그 자체로, 그분 홀로 있는 모습으로는 알 수 없습니다. 그러나 그분을 우리가 부르고 듣고 따르는 것은 그분이 스스로 자신을 우리에게 주셨기 때문입니다. 무엇보다 그분이 구원주가 되심으로 자신을 내어 주시고, 창조주 되심으로 그분은 자신을 내어 놓으셨을 뿐 아니라 자신이 만드신 것들을 우리에게 주셨습니다. 셋째, 전능하신 하나님은 우리에게 오시고, 자신을 내어 주심으로 우리와 인격적 관계를 맺으시는 분입니다. 하나님의 전능은 먼저 그분께서 주도권을 쥐고 우리를 찾아오시고 자기를 내어 주시고 이를 통해 그분과 인격적으로 관계할 때 드러납니다.

이것의 원형이 창세기에 잘 보존되어 있습니다. 창세기 17장에 보면 99세 된 아브라함에게 하나님이 나타나 "나는 전능한 하나님"(엘 샤다이)이라고 하시는 장면이 나옵니다. '엘 샤다이'라는 말의 원뜻은 정확하게 모르지만 학자들은 대체로 '충족하신 분', '부족함이 없으신 분', '꽉 차신 분'(one who is sufficient) 정도로 이해합니다. (여성주의 신학자들이 엘 샤다이를 '젖가슴을 가지신 분' 곧 여성적 하나님으로 읽고자 하지만 크게 지지받지 못하는 독법입니다.) 전능한 하나님으로 자신을 알리신 하나님은 아브라함과 언약을 맺으면서 두 가지를 요구하십니다. 우선 하나님은 아브라함에게 "내 앞에서 행하라"라고 요구하십니다. 신앙은 입으로나 말로 하는 것이 아니라 듣고, 들은 대로 발이 움직이는 것입니다. 가라 하면 가고, 오라 하면 오는 것이 신앙입니다. 그러므로 "내 앞에서 행하라", 곧 "내 앞에서 걸어라"고 말씀하십니다. 그 다음에는 "완전하라"라고 요구하십니다. 완전히 하나님을 의지하라는 것입니다. 이렇게 요구한 다음 하나님은 "내가 내 언약을 나와 너 사이에 세워 너로 심히 번성케 하리니"라고 약속하십니다. 하나님과 아브라함, 그리고 아브라함에서 이스라엘 백성이 언약을 맺은 증표가 할례입니다.

그런데 창세기만 놓고 보자면, 하나님이 전능하신 하나님이라는 이름으로 자신을 보여 주실 때 공통되는 어떤 특징을 발견하게 됩니다. 몇 구절만 살펴보도록 하겠습니다.

"전능하신 하나님이 네게 복을 주시어 네가 생육하고 번성하게 하여 네가 여러 족속을 이루게 하시고 아브라함에게 허락하신 복을 네게 주시되 너와 너와 함께 네 자손에게도 주사 하나님이 아브라함에게 주신 땅 곧 네가 거류

하는 땅을 네가 차지하게 하시기를 원하노라"(창 28:3-4).

"야곱이 밧단아람에서 돌아오매 하나님이 다시 야곱에게 나타나사 그에게 복을 주시고 하나님이 그에게 이르시되 네 이름이 야곱이지마는 네 이름을 다시는 야곱이라 부르지 않겠고 이스라엘이 네 이름이 되리라 하시고 그가 그의 이름을 이스라엘이라 부르시고 하나님이 그에게 이르시되 나는 전능한 하나님이라. 생육하며 번성하라. 한 백성과 백성들의 총회가 네게서 나오고 왕들이 네 허리에서 나오리라. 내가 아브라함과 이삭에게 준 땅을 네게 주고 내가 네 후손에게도 그 땅을 주리라 하시고"(창 35:9-12).

"전능하신 하나님이 그 사람 앞에서 너희에게 은혜를 베푸사 그 사람으로 너희 다른 형제와 베냐민을 돌려보내게 하시기를 원하노라. 내가 자식을 잃게 되면 잃으리로다"(창 43:14).

"요셉에게 이르되 이전에 가나안 땅 루스에서 전능하신 하나님이 내게 나타나사 복을 주시며 내게 이르시되 내가 너로 생육하고 번성하게 하여 네게서 많은 백성이 나게 하고 내가 이 땅을 네 후손에게 주어 영원한 소유가 되게 하리라 하셨느니라"(창 48:3-4).

"요셉의 활은 도리어 굳세며 그의 팔은 힘이 있으니 이는 야곱의 전능자 이스라엘의 반석인 목자의 손을 힘입음이라. 네 아버지의 하나님께로 말미암나니 그가 너를 도우실 것이요 전능자로 말미암나니 그가 네게 복을 주실 것이라. 위로 하늘의 복과 아래로 깊은 샘의 복과 젖먹이는 복과 태의 복이리로다"(창 49:24-25).

하나님이 자신을 전능하신 하나님으로 소개할 때, 또는 하나님의 전능하심과 관련한 표현이 나올 때 여기에는 항상 생육하고 번성하고, 커다란 민족을 이루는 것 같은 복과 관련된 서술이 뒤따릅니다. 전능하신 하나님은 이스라엘 백성들과 언약을 맺으시는 하나님이시며, 그 언약의 내용은 하나님이 우리의 하나님이 되시고 우리는 그의 백성이 되리라는 것입니다. 이 언약과 더불어 하나님은 우리가 지켜야 할 계명을 주십니다. 하나님이 언약을 베푸시고 교회를 세우신 것은 당신의 계명을 따라 사는 공동체를 세우기 위함입니다. 창세기 17장에서 (방금 우리가 본 것처럼) 하나님은 아브라함에게 하나님 앞에서 행하고 완전하라고 요구하십니다. 하나님 앞에서 살아가고 하나님만 의지하라는 것이지요. 창세기 18장에서는 "내가 그로 그 자식과 권속에게 명하여 여호와의 도를 지켜 의와 공도를 행하게 하려고 그를 택하였나니 이는 나 여호와가 아브라함에게 대하여 말한 일을 이루려 함이니라"(창 18:19)라고 말씀하십니다. 하나님이 아브라함을 택하시고 이스라엘 민족을 택하시고 다시 신약 교회 가운데서 우리를 당신의 백성으로 택하신 이유는 우리로 하여금 '의와 공도'(츠다카 워 미쉬파트), 곧 정의와 공평(righteousness and justice)을 행하게 하기 위함입니다. '정의'는 고아와 과부, 가난한 자와 이방인을 사랑하는 것이며 공평은 가난한 자나 과부, 부자와 권력자의 외모를 보지 않고 공정하게 일을 처리하는 것을 두고 일컫는 말입니다. 하나님 자신이 바로 이 두 성품을 지닌 분이십니다. 우리가 하나님의 어떤 성품을 이야기할 때는 우리 역시 하나님의 그런 성품을 따라 살아가야 한다는 요구가 담겨 있다는 점이 언약의 중요한 내용입니다. 언약 백성에게 주시는 것은 생육하고 번성하는 복입니다. 하나님의 전능하심은 하나님의 백성과 맺는 언약을 떠나 생각할 수 없습니다. 그리고 이 언약의 외적 결과로 나타나는 것은 하나님의 복입니다. 하나님이 주시는 복은 언약의 결과라 하겠습니다.

전능과 십자가에 달린 하나님

신약에서 하나님의 전능은 무엇보다도 예수 그리스도의 고난과 죽음을 통해 나타납니다. 십자가 위에서 예수 그리스도께서는 지극히 무력하게 되셨습니다. 다른 사람은 구원했지만 자신은 구원하지 않고 고난을 당하셨습니다. 무력해진 하나님, 고난받는 하나님이 신약에서 볼 수 있는 하나님의 전능의 표현입니다. 모든 것을 할 수 있는 능력이 많고 강하신 분이 자발적으로 무력하고 힘없이 됨으로써 우리를 향한 당신의 사랑을 나타내셨습니다. 이에 대해 바울은 "십자가의 도가 멸망하는 자들에게는 미련한 것이요 구원을 받는 우리에게는 하나님의 능력이라"(고전 1:18)고 이야기했습니다. 사람이 보기에는 실패하고 무력하고 모든 것을 잃은 자같이 되었지만, 이를 통해 구원의 능력을 보여주었다는 사실은 우리의 일반적인 상식으로는 이해하기 어렵습니다. 그래서 바울은 십자가가 헬라 사람들에게는 어리석은 것이고 유대인들에게는 거치는 것이 된다고 이야기하였습니다. 하나님의 무력하심에서 하나님의 전능하심을 보는 것이 복음이 지니고 있는 비밀입니다.

하나님의 전능은 또한 그리스도의 부활을 통해 나타납니다. 로마서

1:4에서 바울은 "성결의 영으로는 죽은 자들 가운데서 부활하사 능력으로 하나님의 아들로 선포되셨으니 곧 우리 주 예수 그리스도시니라"라고 말합니다. 예수 그리스도께서 무력하게 된 것은 실제 힘이 없어서가 아닙니다. 전능하신 그분이 무력하게 된 것은 사랑 때문입니다. 무력을 통해 전능함을 보여 주신 그분께서 부활을 통해 전능을 다시 확증하는 모습을 볼 수가 있습니다.

성경을 통해 확인하는 하나님의 전능은 사랑에서 나오는 전능입니다. 그러므로 이 전능을 폭군의 힘에 비교할 수 없습니다. 심지어 입헌 군주의 모습과도 비교할 수 없습니다. 사랑 때문에 사람이 되고, 사랑 때문에 무력하게 되어 십자가에 달리시고 죽으시고, 죽음을 이기시고 사람을 건지신 이야기가 하나님의 전능에 관한 이야기입니다. 이것이 세상의 지혜와 다른 점이며 세상이 이해하는 하나님과 다른 점입니다. 하나님이 무력해질 수 있다는 것, 절대적인 수동 상태에 들어갈 수 있다는 것이야말로 세상 사람들은 이해할 수 없습니다. 특히 그리스 사람들이 이해하기 어려웠던 부분입니다. 그리스 사람들은 신이 아닌 존재와 신의 차이를 고통받느냐 받지 않느냐, 그래서 결국 죽느냐 죽지 않느냐로 구별하였습니다. 그래서 하나님이 무력해지고 우리를 위해 고난받는다는 것은 그리스 전통으로는 도저히 이해할 수 없는 것이었습니다. 신약에서는 바로 그런 분이 하나님이심을 이야기하고 있습니다. 예수 그리스도께서는 우리를 향한 사랑 때문에 고통을 받으셨습니다.[42] 우리는 하나님의 전능하심을 개념적이고 논리적인 방식으로 이해할 것이 아니라 우리를 구원하기 위해 우리에게 찾아오신 사랑의 이야기라는 맥락에서 이해하게 됩니다.

욥의 고난에 나타난 전능자 하나님

이제 이 강의를 마무리지어 보도록 하지요. 전능하신 하나님은 아브라함과 이삭과 야곱에게는 생육하고 번성하는 복을 주신 것입니다. 전능하신 하나님은 복 주시는 하나님입니다. 만일 하나님의 복 주심이 없다면 이 땅에 있는 것들이 어떻게 생명을 유지할 수 있겠습니까? 천지를 지으시고 섭리하시고 만물을 생육하고 번성하게 하시는 것은 모두 전능하신 하나님의 성품에서 우러나온 것입니다. 그 가운데서도 특별히 하나님은 자기 백성을 택하시고 그들을 통해서 하나님과 사람 사이, 하나님과 만물 사이에 있어야 할 참된 관계의 모범을 보이십니다. 이것을 성경은 '언약'이란 말로 표현합니다. 언약은 맺는 당사자 간의 완전한 자유를 전제합니다. 따라서 언약은 지켜지기도 하고 파기되기도 합니다. 아브라함에게 요구한 '의와 공도' 곧 '정의와 공평', 모세를 통해 주신 십계명, 신약 교회에 주신 사랑의 계명 등이 언약 당사자인 하나님의 백성이 지켜야 할 내용입니다.

그런데 문제는 언약 당사자인 하나님의 백성에게, 그리고 넓게는 이 땅에 존재하는 피조물들에게 고난과 고통이 때로는 있을 수 있다는 사실입니다. 전능하신 하나님, 곧 무엇이나 할 수 있고 만물에게 복 주시는 하나님이 당사자에게는 견딜 수 없는 '악'(나쁜 것)으로 경험되는 고난과 아픔을 가만 보고 있을 수 있는가 하는 것이지요. 이에 대해 두 가지 입장이 가능합니다. 하나님이 고통을 주시는 이유가 분명히 있다고 보거나, 만일 이유가 있더라도 우리로서는 그 이유를 완전히 알 수가 없다는 입장을 취할 수 있습니다. 후자의 입장을 취하는 이들로는 예컨대 윌리엄 올스톤(William Alston)이나 스티븐 와익스트라(Stephen Wykstra)가 있습니다. 플란팅가와 루이스, 존 힉은 전자에 속합니다. 하나님이 우리에게 고통을 주시는 이유를 플란팅가는 어거스틴 전통에 서서 우리에게 자유 의지가 있기 때문이라 보고, (우리가 길게 살펴본 것처럼) 루이스는 치유의 과정이라 보는 반면, 힉은 영혼의 정화 과정이라 보고 있습니다. 그러나 이러한 해결책은 부분적인 설명만을 제공할 뿐 정말 우리가 절실하게 묻는 물음에 대해 완벽하게 답을 해주지 못합니다. 예컨대 쓰나미로 수만 명이 죽는다든지, 600만의 유대인이 죽임을 당한다든지, 예수 그리스도의 탄생으로 인해 두 살 아래의 베들레헴 남자 아이들이 죽는다든지 하는, 말로 이루다 표현할 수 없는 (아담스 표현을 따르자면) '끔직한 악'(horrendous evil)을 어떻게 설명해야 하는지 그 어려움은 여전히 남습니다.

이와 관련해 우리는 욥의 고난을 다시 살펴보게 됩니다. 욥기 42편은 욥의 친구들의 변신론이 잘못되었음을 보여 줍니다. 하나님은 오히려 욥이 옳았다고 판정합니다. 전체 스토리를 아는 우리에게는 당연한 결과입니다. 어떤 죄 때문이 아니라 욥이 순전하고 의로운 사람이라는 하나님의 판단 때문에, 다시 말해 오직 하나님만을 신뢰한다는 이유 때문에 욥은 고난을 받습니다. 그러나 자신의 정당성을 주장하는 욥에게 '전능자' 하나님이 나타나(38장 이하, 욥기는 유독 하나님에 대해서 '전능자'란 표현을 많이 쓰고 있는 성경입니다) 하나님이 어떤 분이신지를 욥에게 보여 줍니다. 욥이 보인 반응은 이렇습니다. "주께서는 못 하실 일이 없사오며(고난당한 욥이 하나님이 전능한 분임을 인정합니다) 무슨 계획이든지 못 이루실 것이 없는 줄 아오니 무지한 말로 이치를 가리는 자가 누구니이까? 나는 깨닫지도 못한 일을 말하였고 스스로 알 수도 없고 헤아리기도 어려운 일을 말하였나이다. 내가 말하겠사오니 주는 들으시고 내가 주께 묻겠사오니 주여 내게 알게 하옵소서. 내가 주께 대하여 귀로 듣기만 하였사오나 이제는 눈으로 주를 뵈옵나이다. 그러므로 내가 스스로 거두어들이고 티끌과 재 가운데에서 회개하나이다 (욥 42:2-6).

폭풍우 가운데 나타나신 전능자 하나님으로부터 욥이 본 것이 무엇입니까? 하나님이 자신의 권력을 자신이 하고 싶은 대로 아무렇게나 행사하신다는 것인가요? 욥기 38-40장까지 내용은 무엇을 얘기하고 있을까요? 욥이 듣기만 하다가 이제는 '보았다'고 말한 하나님의 모습은 어떤 것일까요? 욥이 하나님을 대해서 고발하고자 하는 것은 두 가지입니다. 첫째, 어떻게 악인들이 망하지 않고 오히려 번창하고 의롭게 살려고 하는 사람들은 고난을 당하고 죽음을 당하되, 하나님은 아무 일도 하지 않는가 하는 물음입니다(욥 21:1-34). 두 번째, 앞의 물음보다 더 심각한 것은 욥 자신에게 일어난 끔찍한 일들이 우연히 일어난 일들이 아니라 하나님이 의도적으로 자신을 과녁으로 삼아 저지른 일이라는 고발입니다(욥 16:1-13). 욥이 하나님의 '원수'가 되었다는 것이지요[13:24 참조, 여기에는 일종의 말놀이가 있습니다. 히브리어로 욥이란 이름과 '원수', '적', '대적'을 뜻하는 오엡이 비슷하게 들리기 때문이지요]. 하나님이 이 모든 재난과 고통을 주신 장본인이 아니냐 하는 것이 욥이 하나님을 문제삼는 내용입니다. 그런데 욥기 42장에서 보듯이 하나님과의 대면을 통해서 욥이 자신의 고발을 철회하고 하나님의 정당성을 인정하게 된 까닭이 무엇일까요? 욥이 본 전능자 하나님의 모습은 어떤 모습이었습니까? 욥기 38-41장을 그냥 피상적으로 읽으면 얻을 수 있는 답은 하나입니다. 하나님은 욥으로서는 상상할 수 없는 능력을 가진 분이시라는 것이지요. 그 앞에서 욥은 도무지 입을 열 수 없었다고 보는 것이지요(엘리 위젤은 욥이 이런 하나님에 대해서 좀더 버티지 못하고 너무 쉽게 굴복했다고 불만을 털어놓은 것을 읽은 적이 있습니다.) 이것이 전통적인 해석입니다.

38-41장까지 욥이 듣고 본 것이 무엇입니까? 무엇보다 하나님이 직접 나타나 그에게 말을 거신 것이지요. 영원히 숨어 침묵하지 않고 직접 말을 걸어오시는 것만큼 큰 위로와 응답이 어디 있겠습니까? 여기서 자신을 드러내 보이시는 하나님은 땅의 기초를 놓으시고 흑암과 혼돈의 상징인 바다의 경계를 정하시고 때를 따라 비와 우박을 주시는 분입니다. 이뿐 아니라 사자와 들나귀와 타조와 말과 매와 독수리 같은 살아 있는 들짐승들을 먹이시고 돌보시는 분입니다. 그런데 보십시오. 사자에게 먹이를 주시는 하나님? 텔레비전 프로그램 "동물의 세계"에서 보듯이 어린 사슴들을 사자가 날쌔게 달려가 잡아먹습니다. 하늘을 빙빙 돌며 먹을거리를 찾는 독수리에게 먹이를 주시는 분도 하나님임을 하나님은 보여 줍니다. "그 새끼들도 피를 빠나니 시체가 있는 곳에는 독수리가 있느니라"(욥 39:30). 하나님이 돌보시는 세계 안에 '끔찍한 일'들이 일어나고 이것조차도 하나님이 베푸시고 허락하신다는 것입니다.

이것으로 욥의 고발이 해소된 것일까요? 하나님이 만일 역사를 관장하신다면 어떻게 악인이 번창하며 의인이 고난을 당하며 하나님을 경외하는 욥과 같은 인물이 이유 없는 고난을 당할 수 있는가? 38장과 39

장은 거친 자연과 들짐승을 제어하고 보호하시는 하나님의 모습을 보인 반면 40장과 41장에는 하나님이 통치하시는 두 영역이 나옵니다. 교만한 자를 낮추시고 악인을 짓밟을 것이라는 것이 하나님이 하실 일이 하나이고, 다른 하나는 끔찍한 힘을 가진 것으로 두려움의 대상이 되는 베헤못과 리워야단을 마치 낚시줄에 매달린 고기처럼 하나님이 다스린다는 것입니다. 역사와 자연 속에 우리 머리로 이해할 수 없는 일들이 존재하지만 전능자 하나님이 결국 이것들을 다스리고 제어하신다는 것입니다. "천하에 있는 것이 다 내 것이니라"(욥 41:11)는 말은 우리가 이해할 수 없는 혼돈과 어두움의 세력이 하나님의 창조 세계 안에 내재하지만 그럼에도 하나님이 그 가운데 계시면서 관심을 가지시고 통치하시고 계심을 말해 줍니다. "내가 바다니이까 바다 괴물이니이까 주께서 어찌하여 나를 지키시나이까"(7:12)라고 소리질렀던 욥은 바다와 바다 괴물 리워야단조차 비록 악한 세력을 상징하지만 하나님이 손쉽게 다스리고 통치하신다는 것을 알게 된 것이지요. 이렇게 악의 세력이 있음에도 궁극적으로 그것을 제압하시고 이기시는 하나님이 예수 그리스도를 보내어 연약한 육신을 입게 하시고 지극히 낮은 자가 되도록 하셔서, 십자가 고통을 받도록 하시고 부활하심으로 악의 세력을 이기게 하셨다는 것이 그리스도의 복음입니다. 전능하신 하나님이 사랑 때문에 아들을 보내셔서 끔찍한 악을 당하게 하시고는 그 악을 이겨 승리하셨다는 이야기입니다. 그리스도인들은 이 사랑의 이야기로 초청받은 사람들이므로 고난을 당할 때도 하나님의 지극한 사랑 속에 담긴 미래에 희망을 걸고 믿음으로 동참할 수 있는 사람일 수 있습니다.

더 읽고 생각해 볼 문제

1. 전통적인 변신론으로 고통받는 사람을 위로할 수 있는지, 고통받는 사람들은 무엇으로 위로받을 수 있는지 생각해 보고 토론해 보십시오.

루이스의 「고통의 문제」는 전통적인 변신론의 테두리 안에 있습니다. 이것이 고통받는 사람에게 직접 위로가 되지 않는다는 것을 루이스는 「헤아려 본 슬픔」에서 잘 보여 줍니다. 삼인칭적 경험과 일인칭적 경험의 차이지요. 그렇다면 고통받는 사람에게 무엇이 위로가 될까요? 등산 사고로 아들을 잃은 월터스토프는 하나님도 자신의 고통 가운데 함께 고통받으신다는 사실이 위로가 되었습니다. 아들을 교통 사고로 잃었던 소설가 박완서의 경우는 자신도 그와 같은 일을 당해서는 안 된다는 이유가 없다는 데서, 자신의 고통을 대하는 자세에 변화가 생겼음을 토로합니다. 월터스토프의 「나는 사랑하는 사람을 잃었습니다」(박혜경 옮김, 좋은씨앗, 2003, 이 책의 원래 제목은 *Lament for a Son*입니다), 박완서의 「한 말씀만 하소서」(세계사, 2004, 이 책은 1994년 솔 출판사를 통해 나왔으나 현재는 절판 상태입니다)를 읽어 보십시오. 박완서 선생의 글에 대해서는 제가 쓴 「고통의 현상학: 박완서의 한 말씀만 하소서」, 「삶과 기호」(문학과지성사, 1997), pp. 76-97를 참조하십시오.

2. 욥기를 자세히 읽고 전능자 하나님과 인간이 당하는 고통의 문제를 생각해 보십시오.

먼저 욥기 전체의 줄거리를 드러내고 구조를 분명히 드러내 보십시오. 이야기의 시작과 결말이 있고 그 사이에 욥과 욥의 친구들의 토론, 젊은 청년 엘리후의 개입, 하나님의 나타남이 배치되어 있습니다. 두 번째로, 욥의 주장이 무엇인지, 욥의 친구 엘리바스, 빌닷, 소발의 주장이 무엇인지 문장으로 만들어 보십시오. 욥의 친구들은 하나님은 이 세계를 의롭게 다스리시고 인간이 당하는 고통과 그로 인해 경험하는 악은 죄의 결과, 곧 벌이라고 보는 통상적인 지혜에 바탕을 두고 있습니다. 엘리후의 경우도 이 점에서 별로 차이가 없습니다. 욥은 이스라엘 사회에 통용되는 일상적인 종교적 지혜를 철저히 문제 삼습니다. 그 내용이 무엇인지, 예컨대 9:12 이하, 10:1 이하, 16:6 이하, 24:1 이하, 31:5 이하를 통하여 찾아보십시오. 42장에서 보듯이 하나님은 자신을 변론해 준 욥의 친구들이 잘못되고 오히려 욥이 옳다고, 욥의 편을 들어 주고 '해피 엔딩'으로 끝이 납니다. 욥기에 관해서는 여러 주석들을 참고하십시오. 연구서들 가운데는 레비나스의 제자 필립 네모(Philip Nemo)가 쓴 「욥과 악의 과잉」(*Job et l'exces du mal*, Paris: Bernard Grasset, 1978)과 클라우스 베스터만(Claus Westermann)의 「욥기의 구조」(*Der Aufbau des Buches Hiob*, Tübingen, 1956)를 추천합니다. 네모의 책은 두케인대학 출판부를 통해 *Job and the Excess of Evil*로 번역되어 나왔습니다. 베스터만의 책은 1981년 Fortress 출판사를 통해 *The Structure of the Book of Job: A Form-Critical Analysis*로 번역되어 나왔습니다. 욥기의 신학적 구조에 관해서는 월터 브루그만(Walter Brueggemann)의 「구약입문: 정경과 기독교적 상상력」(*Introduction to Old Testament: The Canon and the Christian Imagination*, Louisville/London: WJK, 2003), pp. 293-303를 보십시오. 미국 칼빈 대학 종교학과 이원우 교수의 「성서: 거룩한 글들의 도서관」(살림, 2005), pp. 214-223를 보면 욥의 고난에 대해서 매우 간략하면서도 핵심을 찌르는 논의가 있습니다. 양명수 교수의 「욥이 말하다」(분도출판사, 2003)는 욥기에 대한 흥미로운 묵상을 담고 있습니다.

3. 기독교 전통 가운데서 성도들이 겪는 고통이, 고통받는 이의 죄에 대한 징벌, 또는 영혼의 정화나 치유와는 다른 차원에서의 의미를 가질 수 있는 가능성에 대한 논의를 찾아보십시오.

이 가운데서 대표적인 문헌이 아마도 1984년 교황 요한 바오로 2세의 서한 「구원에 이르는 고통」(*Salvifici doloris*)이 아닐까 생각합니다. 교황은 모든 고통이 죄책의 결과라는 주장은 참이 아니라고 말합니다(11절). 죄 없는 고통도 있을 수 있다는 말이지요. 그의 서한의 핵심은 이것입니다. "각자는 그의 고통 가운데서 그리스도의 구속적 고통에 함께 참여하는 자가 된다"(19절). 십자가를 통해서 고통이 전혀 다른 의미를 얻게 되었다는 것입니다. 고통을 통해서 고통받는 사람은 구원을 이루시는 예수 그리스도의 구원 사역에 동참하게 된다는 생각입니다. 골로새서 1:24 "나는 이제 너희를 위하여 받는 괴로움을 기뻐하고 그리스도의 남은 고난을 그의 몸된 교회를 위하여 내 육체에 채우노라"라는 바울의 말을 이와 관련해 적용합니다. 그렇다고 해서 고통을 통해서 구원받는다는 말이 아닙니다. 예수 그리스도와 연합한 가운데 받는 고통은, 나와 타인을 위해 예수 그리스도가 이미 완성한 구원을 이루어 가는 과정이라고 보는 것입니다. 교황의 서한은 우리말로 「구원에 이르는 고통」(정한교 옮김, 한국천주교중앙협의회, 1984)으로 나와 있습니다. 교황의 이 서한을 플란팅가는 "고통을 주제로 쓴 글 가운데 (성경을 제외하고는) 가장 좋은 문헌 중 하나"라고 극찬하였습니다. 플란팅가, "신앙과 이성"(Faith and Reason), 「책과 문화」(*Books and Culture*, 1999년 7/8월호), p. 32 참조. 이 글은 요한 바오로 2세가 1999년 발표한 서한 "신앙과 이성"(*Fides et Ratio*)에 관한 플란팅가의 논평입니다. http://www.ctlibrary.com/bc/1999/julaug/9b4032.html에서 읽을 수 있습니다.

제5강

창조주 하나님

1. 하나님을 창조주로 쉽게 받아들이지 못한 사람들
2. 기독교 안에서 창조와 진화를 이해하는 방식들
3. 성경이 말하는 창조를 이해하는 데 필요한 몇 가지
4. 창세기 1-3장
5. 하나님의 창조주 되심의 뜻

이제 사도신경의 첫 고백, 성부 하나님에 대한 고백 가운데 세 번째 부분 '하늘과 땅의 창조주', '천지를 만드신 분'에 관해서 생각해 보겠습니다. 앞에서도 여러 번 말씀드렸듯이 라틴어 원문을 보면 사도신경 첫 줄은 하나님을 아버지, 전능자, 천지를 지으신 분의 순서로 서술하고 있습니다. 이러한 순서에는 의미가 있습니다. 아버지는 가장 가깝고 친근한 분입니다. 여기서 시작하여 전능자, 그럼에도 자신을 무한히 비우시고 낮아질 수 있는 하나님으로 나아갑니다. 그러고는 온 천지를 지으신 하나님에 대한 고백으로 나아갑니다. 하나님에 대한 고백은 이렇게 동심원적(同心圓的)으로, 조그만 원에서 큰 원으로, 개인적이고 친밀한 관계에서 좀더 객관적이고 포괄적이며 보편적인 관계로 확대해 가는 모습을 사도신경의 첫 번째 고백에서 볼 수 있습니다. 이제 하나님이 '천지의 창조주'라는 고백이 우리에게 주는 자유와 소망이 무엇인지 생각해 보겠습니다.

1. 하나님을 창조주로 쉽게 받아들이지 못한 사람들

하나님이 '천지를 지은 창조주'라는 고백은 지난 2,000년 동안 교회가 변함없이 해 온 고백입니다. 이 때문에 우리가 그 뜻을 분명하게 알고 있다고 생각하기 쉽습니다. 그러나 사실은 그렇지가 않습니다. 교회 역사를 보면 초대교회부터 중세에 이르기까지 하나님이 이 세상의 창조주라는 사실에 대한 반론이 줄곧 있어 왔음을 알 수 있습니다. 하나님의 창조주 되심에 대한 고백이 그렇게 자명한 것이 아니었다는 것이지요.

보고밀파, 카타르파, 마르시온

하나님의 창조주 되심을 부정한 부류는 크게 둘로 나눌 수 있습니다. 서양 중세사를 보면 보고밀파와 카타르파라는 종파가 있습니다. 이들은 소아시아에서 출발하여 이탈리아, 남프랑스, 흑해 지방 등으로 퍼져 갔던 이단 종파로, 이원론적인 생각을 가지고 있었습니다. 이들은 정신과 신체, 영과 육, 하나님과 세상은 전혀 무관하다고 보았습니다. 이런 생각은 2세기 중엽 활동했던 마르시온(Marcion)으로 거슬러 올라갑니다. 마르시온은 기독교 집안에서 태어나 사업으로 크게 성공한 후 주후 139년 무렵 로마 교회에 가서 자신의 재산을 헌납하고 큰 영향력을 행사하였습니다. 마르시온은 하나님이 직접 물질 세계를 창조했다는 것을 부인합니다. 그는 그리스도를 통해 아는 하나님, 곧 신약의 하나님은 물질 세계를 창조한 하나님이 아니라고 보았습니다. 그의 설명을 따르면 물질 세계를 창조한 것은 하나님이 아니라 하나님보다 낮

은 위치에 있는 '데미우르고스', 곧 '조물주'입니다. 그의 추론 방식은 이렇습니다.[1]

- 구약은 철저히 율법주의적이며 엄격한 정의 개념을 가지고 있다.
- 그러나 신약에 나타난 하나님은 은혜의 하나님이고 구속의 사랑을 보이는 하나님이다.
- 그렇다면 구약의 하나님과 신약의 하나님은 같은 분일 수 없다.
- 구약의 하나님(유대교의 하나님)은 천지를 지은 조물주(데미우르고스)이지만 신약의 하나님은 그리스도를 통해 비로소 알게 된, 조물주보다 뛰어난 하나님이다.
- 따라서 신약의 하나님을 믿는 사람은 천지의 창조주라는 구약의 하나님을 믿을 수 없다.

마르시온은 하나님이 창조주임을 부인할 뿐 아니라 구약 성경도 배격합니다. 신약 성경 가운데도 바울서신 10편과 누가복음만을 정경으로 채택합니다. 그는 물질과 영, 하나님과 세상을 절대적으로 화합할 수 없는 적대적 관계로 봅니다. 선한 것만 창조하는 하나님이 악한 물질을 창조할 수는 없으며, 물질은 그보다 저급한 신이 주관한다는 것이지요.

마르시온의 생각에는 좀더 거슬러 올라가면 플라톤 사상이 깔려 있습니다. 「티마이오스」라는 책을 보면 플라톤이 가지고 있던 우주의 본성과 창조에 관한 생각을 알 수 있습니다. 플라톤을 따르면 우주가 시작되기 전 세 가지가 영원 전부터 함께 있었습니다. 영원한 존재(*to on aei*, 형상 또는 형식)와 생성하는 존재(질료 또는 물질), 그리고 조물주

(*demiourgos*)가 바로 그 세 가지입니다.[2] 조물주가 물질을 영원히 존재하는 형식에 따라 이 세상을 만들었다는 것입니다. 플라톤은 인간의 본성과 영혼의 존재에 이르기까지 논의를 계속 해 나가는데, 그의 생각은 기독교의 창조 신학을 구성하는 데 엄청난 영향을 미치게 됩니다. 그 과정에서 생성하는 존재 곧 물질은 악한 것으로 이해됩니다. 그러므로 선하신 하나님이 직접 악한 물질을 만진다는 것을 이해하기가 힘들게 되지요. 그래서 도중에 일을 할 중간자가 필요합니다. 이것이 영지주의 전통과 만나면서 기독교에 큰 도전이 되었습니다.

위(僞)디오니시우스의 범재신론

이와는 전혀 다른 사조가 교회와 신학의 역사에 나타납니다. 이런 사조를 흔히 '범신론'이라 부르는데, 대표적인 사람이 5-6세기에 걸쳐 활동했던 것으로 추정하는 위(僞)-디오니시우스(Pseudo-Dionysius)라는 신학자입니다. 위-디오니시우스는 소위 '부정(否定)신학'의 대가입니다. 부정신학이란 예를 들어 하나님은 '불변하시는 분', '비시간적인 분', '불멸하시는 분', '비육체적인 분' 등으로, 부정 접두사를 붙이는 방식으로 하나님에 관해서 말하는 신학입니다. 마르시온이 플라톤적 영향과 영지주의적 영향을 받았다면, 위-디오니시우스는 신플라톤주의의 영향을 많이 받았습니다. 위-디오니시우스의 생각을 이렇게 정리해 볼 수 있습니다.[3]

• 모든 사물의 이데아와 표본은 영원 전부터 하나님 안에 존재했다.

- 하나님은 지극히 선하신 분이기 때문에 이 이데아들을 그대로 두지 않고 피조물을 만드시고 그 피조물들에게 나누어 주셨다.
- 하나님은 원래 홀로 계신 분이나 피조물을 만드심으로 그 안에 자신을 쏟아 부으시고 그 안에 계신다.
- 이로써 하나님은 피조물들의 보편적 존재가 되시며 모든 사물 자체의 존재가 되신다.
- 그럼에도 하나님은 자신을 유지하시며 만유 속의 만유, 만유의 원인이 되신다.

말이 어렵기 때문에 좀 쉽게 풀어서 설명해 보겠습니다. 우선 "모든 사물의 이데아와 표본은 영원 전부터 하나님 안에 존재했다"는 문장부터 설명해 보지요. 정삼각형, 직각삼각형 같은 삼각형을 한번 그려 보십시오. 우리가 종이나 칠판에 그리는 삼각형은 정확한 삼각형이 아닙니다. 그렇지만 삼각형이 가지고 있는 특성은 모두 가지고 있습니다. 세모났고 세 각이 있다는 것이지요. 이런 공통된 특성을 가리켜 헬라어로 '이데아'라고 하지요. 말하자면 일종의 정신의 눈에 '보이는 것'이란 뜻이지요. 위-디오니시우스의 생각을 따르면 삼각형뿐 아니라 사람, 식물, 동물은 물론 모든 사물들의 근본적인 것이 어떤 모습인가 하는 것이 영원 전부터 하나님의 지성, 하나님의 마음 가운데 존재했습니다. 이것이 첫 번째 문장이 담고 있는 내용입니다.

그런데 위-디오니시우스를 따르면, 하나님은 선하신 분입니다. 선한 것의 특징은 나누고 싶어한다는 데 있습니다. 주고 싶어하고 나누어 주고 싶어하는 것을 본성으로 갖는 하나님은 바로 그 이유 때문에 이데아를 그대로 두지 않고 피조물을 만들고 그들에게 그분의 존재를 나누어 주셨습니다. 하나님은 피조물을 만드시되, 단순히 만드실 뿐 아니라 만드신 피조물 안에 자신의 존재를 나누어 주는 방식으로 피조물 안에 계신다는 것이지요. 이런 식으로 말하면 하나님은 삼각형 안에도 계시고 강아지 안에도 계시고 식물 안에도 계시고 모든 만물 안에 내재해 계신다고 이야기할 수 있습니다. 삼각형이 삼각형 된 것, 강아지가 강아지 된 것, 풀이 풀 된 것은 거기에 하나님 자신의 본성이 스며들어서 그것을 그것 되게 만드셨기 때문이라는 것이지요. 그러므로 하나님은 모든 사물들의 존재와 본질, 만유의 원인이라는 주장을 하게 됩니다.

위-디오니시우스의 생각은 엄격히 말해서 '범신론'(Pantheism)이 아닙니다. 역사를 보면 사실 범신론을 주장한 경우가 그렇게 많지 않습니다. 범신론을 문자 그대로 따르자면 분필도 신이고, 강아지도 신이고, 풀도 신입니다. 위-디오니시우스는 이렇게 이야기하지는 않았습니다. 이 모든 것들 안에 하나님이 내재해 있다고 이야기합니다. "모든 것이 하나님이다"라고 주장하기보다 "하나님은 모든 것 안에 계신다"라고 보는 것이지요. 이 때문에 범신론보다는 앞에서 한번 설명한 적이 있었던 범재신론(Panentheism)이라고 부르는 것이 더 타당해 보입니다.

이런 신학 전통을 이어받은 철학자가 바로 스피노자입니다. 스피노자는 「에티카」 1권 정리 15에서 이렇게 말합니다. "하나님은 모든 것 안에 계시고 모든 것은 하나님 안에 있다." 하나님과 하나님 외 다른 존재자 사이에 존재론적 연속성이 있다는 점이 중요합니다. 이 둘이 구별되지만 같은 존재를 공유하고 있다고 보는 것이지요. 창조는 이렇게 보면 말이 안 됩니다. 이 세상은 창조에 의해 만들어진 것이 아니라 자연 자체인 신이 자기 자신을 유출시켜 생겼다는 것이지요. 하나님은 자기 자신의 존재를 피조물에게 나누어 주셨기 때문에 피조물도 하나님과 마찬가지로 일종의 신적인 존재가 됩니다. 존재하는 모든 것은 신이 구체적으로 '자기 모습을 개체로 드러낸 한에서 신'입니다(라틴어로 *deus quatenus modificatus*라고 합니다).[4] 스피노자의 이런 주장을 따르면 창조주와 피조물 사이의 거리가 거의 없어집니다. 아르네 나이스(Arne Naes) 등이 대변하는 심층 생태학(deep ecology)과 화이트헤드 철학을 신학에 응용한 과정신학(process theology)이 이와 비슷한 생각을 전개합니다. 창조주와 피조물 사이에 존재론적 연속성이 있을 뿐 아니라 상호 작용이 강조됩니다. 마르시온의 영지주의적 이원론이 하나님과 창조 세계를 무관하게 만든다면 위-디오니시우스와 그 이후 범재신론은 하나님과 창조 세계 사이를 너무 가깝게 만듭니다.

신의 존재를 부인하는 호킹

제3의 부류에 드는 사람들이 있습니다. 근대 이후 출현한 자연주의자들, 곧 '존재하는 것은 오직 자연뿐'이라고 보는 사람들을 들 수 있습니다. 광물, 식물, 인간은 자연의 일부이고, 자연은 시작도 끝도 없이, 그저 그렇게 스스로 존재해 온 것이라는 생각입니다. 예컨대 현대 우주론 과학자 가운데 대중적 영향력이 가장 큰 스티븐 호킹은, 대부분의 현대 우주론 과학자들과 마찬가지로 우주는 현재 우리가 알고 있는 대폭발의 결과라는 이론을 수용합니다. 대폭발 이론에는 우주에 최초의 시작이 있음이 함축되어 있습니다. 그러나 호킹은 모든 복잡한 구조는 무

경계의 조건과 양자역학의 불확정성 원리로부터 설명된다는 전제 아래 다음과 같이 말합니다.

"중력의 양자론은 시공간에 경계가 없고 따라서 경계에서의 조건을 지정할 필요가 없는 새로운 가능성을 허락하게 되었다. 과학의 법칙이 깨어지는 특이성은 없어지고 시공간의 끝에서 시공간의 경계 조건을 지정하기 위해서 신이나 새로운 법칙에 호소할 필요가 없어진 것이다. 이를테면 '우주의 경계 조건은 우주에 경계가 없다'는 것이다. 우주는 완전히 자급 자족할 수 있고 그 밖의 아무것에게도 영향을 받지 않을 것이다. 우주는 창조도 파괴도 안 된다. 우주는 그저 '존재'(Be)할 따름이다."[5]

"우주에 시작이 있는 한, 우리는 우주의 창조주가 있었다 상상할 수 있다. 그러나 만약에 우주가 실제로 완전히 자급자족하고 경계나 끝이 없는 것이라면 우주에는 시초도 끝도 없을 것이다. 그렇다면 창조자가 존재할 자리는 어디일까?"[6]

창조주의 자리가 있을 수 없다는 것이 호킹의 답입니다. 복잡한 우주론을 통해서 호킹을 논박하는 것은 제 능력을 벗어나 있습니다. 이 우주가 유한하면서도 동시에 시작과 끝이 없다는 것을 어떻게 이해할 수 있을지, 양자역학의 원리도 중력의 법칙과 마찬가지로 일단 존재하기 시작한 세계로 인해 가능한 법칙(우주 내재적 법칙)일 텐데 이 법칙을 우주의 최초 시작에 적용할 수 있는지, 이런 물음들이 생깁니다.

2. 기독교 안에서 창조와 진화를 이해하는 방식들

기독교 안에서는 창조와 진화를 각각 다른 방식으로 이해하는 세 그룹이 있습니다. '젊은 지구론', '오랜 지구론', '능력으로 충만한 창조론' 이 세 그룹입니다. 이들의 주장에 대해 간단하게 살펴보겠습니다.[7]

젊은 지구론

우선 젊은 지구론은 '젊은 지구 창조론', '과학적 창조론' 등으로 부르기도 하는데, 이들은 가장 전통적인 이해 방식을 갖고 있습니다. 세 가지 기본 주장이 있습니다. 첫째, 지구를 포함한 우주는 창세기 1장에 기록된 그대로, 문자 그대로 창조되었다는 것입니다. 이 주장에 따르면 지구의 역사는 아주 짧을 수밖에 없습니다. 지구는 6,000년에서 10,000년 전에 만들어졌습니다. 바로 이 때문에 이들의 지구론을 젊은 지구론이라고 부릅니다. 둘째, 아담과 하와의 범죄로 인해 인간을 포함한 동물의 죽음, 곧 사망이 들어왔다는 것입니다. 아담과 하와가 범죄하기 전에는 이 땅에 죽음이 없었다는 것이지요. 셋째, 전 지구적 홍수(노아의 홍수)가 있었고, 이로 인해 큰 지각 변동이 있었다는 것입니다. 우리나라의 창조과학회도 이 세 가지 견해를 공유하고 있습니다.

오랜 지구론

오랜 지구론의 주장은 이렇습니다. 첫째, 창세기 1장의 기록에서 '한

날'은 문학적 방식으로 기록된 것이지 역사적인 연대기를 보여 주는 것은 아니라는 것입니다. 오랜 지구론을 주장하는 사람들은 현대 과학이 알려 주는 사실을 상당 부분 받아들입니다. 현대 과학에서는 우주의 역사를 150억 년, 지구의 역사를 40억 년, 생명의 역사는 10억 년 정도로 봅니다. 젊은 지구론을 주장하는 사람들의 주장과는 매우 큰 차이가 나지요. 둘째, 동물의 죽음은 인간의 출현 이전에 있었고, 인간의 범죄와도 무관하다는 것입니다. 예컨대 큰 동물이 작은 동물을 잡아먹는 화석이라든지 뱃속에 있는 화석 자료를 볼 때 죽음은 인간의 범죄 이전에 이미 있었다고 보아야 한다는 것입니다. 셋째, 홍수는 국지적으로 있었던 현상이라는 것입니다. 노아의 홍수는 이라크나 터키를 덮은 정도의 홍수였을 뿐 전 지구적 홍수로 볼 수 없다는 것이 이들의 주장입니다.

오랜 지구론자와 젊은 지구론자들 사이에는 공통점도 있습니다. 이들은 비록 창세기 1장의 '날'을 어떻게 볼 것인가 하는 점에 차이는 있지만, 하나님이 빛을 창조하시고 궁창 위에 있는 물과 궁창 아래 있는 물로 나뉘게 하시고 땅과 바다를 나누게 하신 것과 같은 창조 방식에 대해서는 신빙성을 부여합니다. 또한 지구를 포함한 우주의 생성과 생명체의 출현이 우연하게 된 것이 아니라 하나님의 직접적인 개입에 의해 이루어진 것이라고 이해합니다. 아담과 하와의 창조는 물론이고 종의 창조가 하나님의 직접적 개입에 의해 이루졌다는 것이지요. 젊은 지구론이나 오랜 지구론은 하나님이 직접 개입하여 동식물을 만들고 인간을 만드신 것으로 이해한다는 점에서 '개입 창조론'(theory of episodic creation)이라 부를 수 있습니다. 여기서 'Episodic'을 제가 '개입'이라 번역한 까닭은 이 말이 헬라어 에페이소디온(*epeisodion*) 곧 '위에서 내려와 길에 들어섬'이란 말에서 나왔기 때문입니다. 하나님이 우주를 창조해 두고 때때로 개입해서 새로운 창조를 한다는 뜻이 담겨 있습니다. 이것을 다르게는 '특별 창조'(special creation)라 부르기도 합니다. 젊은 지구론과 오랜 지구론은 '진화'란 개념을 적극적으로 쓰는 것에 대해서 다 같이 거부합니다.

능력으로 충만한 창조론

이들과는 달리 '능력으로 충만한 창조론'은 하워드 밴틸(Howard Van Till)이 여러 저서와 논문을 통해 주장한 것으로, 하나님이 때때로 우주에 개입해서 새로운 무엇을 만들거나 집어넣었다는 주장을 부정합니다.[8] 하나님이 그렇게 개입할 필요가 없도록 이 세계를 창조하셨기 때문이라는 것이 설명입니다. 앞의 두 견해가 '개입 창조'를 주장한다면 이 경우는 '비개입 창조'(non-episodic creation)를 말하고 있습니다. 비판자들은 이 입장을 '진화론적 유신론'이라 부르지만 이 이론을 지지하는 사람들은 이 명칭을 받아들이지 않습니다. 밴틸은 하나님이 150억 년 전 빅뱅을 통해 이 우주를 만드신 후 오늘까지 한순간도 놓지 않고 붙들고 계시면서 이 우주에 오늘과 같은 발전이 있도록 능력을 부여하시고 계속 진화, 발전해 가도록 붙들고 계신다고 봅니다. 하나님이 '창조의 형성 체계'에 준 능력에 대해 밴틸은 다음과 같이 이야기합니다.[9]

- '쿼크'(quark)라고 불리는 소립자는 특수한 상호 작용을 통해 양자와 중

성자 등을 형성할 수 있는 능력을 가지고 있다.
- 양성자와 중성자는 상호 작용을 통해 '원자핵'을 형성하는 능력을 가지고 있다.
- 원자핵은 다양한 개별 작용을 통해 다른 원자를 형성하는 능력을 가지고 있다.
- 원자는 다른 원자들과 화학적으로 작용해서 다양한 분자를 형성하는 능력을 가지고 있다.
- 우주 공간에서는 거대한 원자와 분자 구름이 개별 작용, 상호 작용을 통해 은하계, 별, 행성 등을 형성하는 능력이 있다.
- 미세 차원으로 다시 내려가서 보면 생물학적으로 중요한 분자들은 자기 조직화 과정을 통해 복잡한 분자를 형성할 수 있는 능력이 있다.
- 생체 세포는 복잡한 다세포 유기체의 한 부분으로서 분화, 발달, 기능하는 다양한 능력을 가지고 있다.
- 생물체는 발달, 적응, 다른 생명 형태로의 변환 같은 다양한 능력을 가지고 있다.
- 다양한 생명체는 어느 시점에서든 특정한 물리적 환경 내에서 복잡한 생태 시스템의 구성 요소로 기능하는 능력을 가지고 있다.

밴틸은 이런 방식으로 하나님이 능력을 주셔서 지금의 상태까지 발전하고 진화할 수 있는 세계를 창조하셨다고 주장합니다. 진화라는 것이 기독교인들이 배격해야 할 어떤 것이 아니라 하나님의 창조는 곧 진화를 통해 이행, 수행, 발전될 수 있음을 보여 준 것이지요.

우리는 진화와 진화론을 구분할 필요가 있습니다. 진화는 물질과 생명체가 발전되어 가는 과정을 서술하는 하나의 과학적 개념입니다. 반면 진화론은 이 개념을 과학이라는 분야를 벗어나서 모든 현상을 설명하는 일종의 세계관입니다. 이 세계관을 다른 말로 하면 '자연주의', 또는 '진화론적 자연주의'라고 할 수 있습니다. '자연주의'는 '유신론'과 대립되는 개념으로, 존재하는 것은 오직 자연밖에 없고, 모든 것을 스스로 그 자체로 존재하는 자연의 과정이라 보는 생각입니다. 우리의 신앙과 대립되는 것은 진화론적 자연주의 또는 줄여서 진화론일 뿐, 진화가 아님을 밴틸은 강조합니다. 폴킹혼도 이 점에서 밴틸과 같은 생각입니다.[10] 창조론 안에서도 하나님의 창조 세계의 발전 과정을 얼마든지 '진화'라는 개념으로 설명할 수 있다고 보는 것이지요. 진화론은 우주의 기원은 말할 것 없고 초기 물질에서 오늘날의 복잡한 생명체로까지 발전하는 과정에는 하나님이 들어설 자리가 전혀 없다고 보는 입장이라고 보는 것이지요.

한국 교회에서 자라온 우리에게 익숙한 것은 당연히 젊은 지구론입니다. 그러나 현대 과학의 논의를 어느 정도 수용하면서 '날'에 대한 조금 유연한 해석이 나오면서 '오랜 지구론'이 가능했습니다. 그러나 '진화론'을 배격하면서도 '진화'를 과학적 개념으로 수용하는 기독교인들의 논의도 귀기울여 경청할 가치가 있음을 인정해야 한다고 저는 생각합니다. 밴틸은 오랫동안 천문학과 물리학을 연구한 과학자요, 폴킹혼은 원래 이론 물리학자요 교수였으나 뒤에 신학을 공부하고 성공회 사제가 되어 신학자로 활동한 사람으로 예컨대 호킹과 해석상의 차이는 있지만 오히려 하나님에 대한 신앙은 현대 우주론과 과학을 훨씬 풍부하게 해줄 수 있음을 보여 주고 있습니다. 그러므로 이제까지 이야기한 세 가지 창조론 가운데 특별히 어느 한 가지 견해를 선택하여 다른 견해를 전혀 터무니없는 것으로 배격하기보다 좀더 열린 태도로 경청해야 한다고 생각합니다. 이 우주가 하나님이 창조하셨고 지금도 섭리하고 계신다는 고백, 곧 '창조 신앙'의 고백이 있다면 우리는 같은 그리스도인으로 수용할 수 있다고 생각합니다.

3. 성경이 말하는 창조를 이해하는 데 필요한 몇 가지

어느 이론이 옳은가 하는 것보다 사실 더 근본적인 것은 성경은 하나님의 창조에 대해서 어떻게 보고 있는지 알아보는 것입니다. 어디서 시작해야 할까요? 아마 여러분 가운데는 창세기 1장에서부터 시작해야 한다고 생각할 분들이 대부분이 아닐까 생각합니다. 왜냐하면 창세기 1:1 "태초에 하나님이 천지를 창조하셨느니라"는 구절만큼 강력하게 창조에 대해 얘기해 주는 구절이 또 어디 있겠습니까? 성경은 그러나 창세기뿐만 아니라 시편, 선지서, 지혜서 등에 하나님의 창조에 대한 내용이 풍부하게 담겨 있기 때문에 창세기 1장과 2장에만 의존하는 것은 창조의 여러 측면을 보는 데 불리합니다.

이스라엘의 구원 역사와 창조

하나님의 창조에 대한 기록은 무엇보다도 이스라엘의 역사와 관련해서 보아야 한다고 저는 생각합니다. 이스라엘의 역사는 하나님이 언약을 맺으시고, 백성들의 불순종으로 언약이 파기되었다가 다시 하나님이 언약을 맺으시고, 그러면서 하나님이 자신의 사랑을 끊임없이 보여 주시는 역사입니다. 하나님은 일방적으로 이스라엘을 선택하고 더불어 언약을 맺으시고 거기에 상응하는 복을 주기로 약속하셨지만 이스라엘은 하나님께 순종하기보다는 불순종하는 경우가 훨씬 많았습니다. 그럼에도 하나님은 언약을 갱신하시고 새롭게 언약을 맺어 주셨습니다. 성경을 주의 깊게 읽어 보면 이스라엘과의 언약을 새롭게 하시면서 하나님이 특별히 창조와 관련한 일들을 자주 언급하시는 것을 확인할 수 있습니다. 이사야 40-55장까지 읽어 보면 이것이 분명히 드러납니다. 그 전에 이스라엘 역사의 중요한 순간들을 몇 가지 언급하겠습니다.

이스라엘의 역사는 창세기 12장 아브라함과 함께 시작한다고 할 수 있습니다. 아브라함이 살았던 시기는 대략 주전 1900년 정도로 잡습니다. 그 후 이삭과 야곱, 야곱의 열두 아들에 관한 이야기가 나오고, 이어서 요셉의 때에 이스라엘 백성들이 애굽으로 간 이야기가 나옵니다. 출애굽 시기는 주전 1280년, 이스라엘 민족이 가나안 땅에 정착한 시기는 대략 주전 1200년 정도입니다. 그 뒤 사사들의 통치가 이어지고, 사울이 첫 왕으로 등극합니다. 사울이 이스라엘을 통치한 것은 주전 1020-1000년 무렵이고, 다윗이 통치한 것은 주전 1000-961년 무렵이며, 이어서 솔로몬이 주전 922년까지 통치를 하게 됩니다. 솔로몬 왕의 만년에 이르러 이스라엘에는 우상 숭배가 심각한 문제로 대두되고, 주전 922년에 이스라엘은 북이스라엘과 남유다로 분열됩니다. 우상 숭배는 특히 북이스라엘에서 심하여 바알 신과 아세라 목상은 물론 해와 달과 별을 섬기게 됩니다. 북이스라엘이 망하는 것은 주전 721년, 남유다가 망하여 바벨론으로 끌려가 포로가 되는 것은 주전 587년의 일입니다. 그 후 주전 538년 페르시아의 고레스 왕이 바벨론을 무너뜨리고, 주전 537년부터 이스라엘 백성을 복귀시킵니다. 이스라엘 백성들이 성전을 다시 짓기 시작한 것은 주전 515년 무렵입니다.

하나님이 천지를 창조하셨다는 이야기는 바로 이런 이스라엘의 역사, 특히 실패의 역사와 관련되어 등장합니다. 선지자들은 이스라엘이 지은 죄를 크게 둘로 지적하는데 (이 죄는 물론 서로 밀접하게 관련되어 있습니다) 하나는 우상 숭배이고, 다른 하나는 사회적 약자에 대한 압박, 곧 정의와 공의를 실천하지 않은 것입니다. 종교적으로는 하나님을 하나님으로 섬기지 않고 우상을 섬겼으며, 사회적, 정치적으로는 하나님이 이스라엘 백성들에게 원하신 정의와 공의, 가난하고 힘없는 사람, 고아와 과부를 보살피는 것을 소홀히 한 것이지요. 하나님이 이스라엘 백성들을 바벨론의 포로가 되게 한 것은 이들에 대한 심판이요, 연단이었습니다. 바벨론의 포로가 되었다가 주전 537년부터 돌아온 백성들은 깨닫기 시작합니다. 자신을 지으신 하나님이 어떤 하나님인지 다시 생각을 하게 되는 것이지요. 이사야 40장 이하는 바로 이러한 맥락에서 이해해야 합니다. 몇 군데만 보도록 하겠습니다. 우선 이사야 40:26 이하를 보십시오.

"너희는 눈을 높이 들어 누가 이 모든 것을 창조하였나 보라 주께서는 수효대로 만상을 이끌어내시고 그들의 모든 이름을 부르시나니 그의 권세가 크고 그의 능력이 강하므로 하나도 빠짐이 없느니라. 야곱아 어찌하여 네가 말하며 이스라엘아 네가 이르기를 내 길은 여호와께 숨겨졌으며 내 송사는 내 하나님에게서 벗어난다 하느냐 너는 알지 못하였느냐 듣지 못하였느냐 영원하신 하나님 여호와, 땅 끝까지 창조하신 이는 피곤하지 않으시며 곤비하지 않으시며 명철이 한이 없으시며 피곤한 자에게는 능력을 주시며 무능한 자에게는 힘을 더하시나니 소년이라도 피곤하며 곤비하며 장정이라도 넘어지며 쓰러지되 오직 여호와를 앙망하는 자는 새 힘을 얻으리니 독수리가 날개치며 올라감 같을 것이요. 달음박질하여도 곤비하지 아니하겠고 걸어가도 피곤하지 아니하리로다."

이스라엘의 구원을 이야기할 때 선지자들은 항상 하나님의 창조에 관해 이야기를 합니다. 이사야 40장 이하는 포로로 끌려가는 이스라엘 사람들에게 주는 위로의 말씀입니다. 하나님은 이스라엘 사람들을 위로하면서 자신을 이 세상의 창조주로 알리십니다. 땅 끝까지 지은 창조주가 너희에게 힘을 줄 것이고, 너희를 피곤치 않게 할 것이다. 이렇게 약속하십니다. 다음은 이사야 42:5-10입니다.

"하늘을 창조하여 펴시고 땅과 그 소산을 내시며 땅 위의 백성에게 호흡을 주시며 땅에 행하는 자에게 영을 주시는 하나님 여호와께서 이같이 말씀하시되 나 여호와가 의로 너를 불렀은즉 내가 네 손을 잡아 너를 보호하며 너를 세워 백성의 언약과 이방의 빛이 되게 하리니 네가 눈먼 자들의 눈을 밝히며 갇힌 자를 감옥에서 이끌어내며 흑암에 앉은 자를 감방에서 나오게 하리라. 나는 여호와이니 이는 내 이름이라. 나는 내 영광을 다른 자에게, 내 찬송을 우상에게 주지 아니하리라. 보라 전에 예언한 일이 이미 이루어졌느니라. 이제 내가 새 일을 알리노라. 그 일이 시작되기 전에라도 너희에게 이르노라. 새 노래로 찬송하라. 항해하는 자들과 바다 가운데의 만물과 섬들과 거기에 사는 사람들아 여호와께 새 노래로 노래하며 땅 끝에서부터 찬송하라."

하나님은 이스라엘 사람들이 범한 우상 숭배에 대해 지적하십니다. '나는 창조주인데 너희가 섬기는 우상은 신이 아니라 피조물이다. 너희들이 어떻게 피조물을 섬길 수 있겠느냐.' 이런 말씀인 것이지요. 이사야 43:11 이하입니다.

"나 곧 나는 여호와라. 나 외에 구원자가 없느니라. 내가 알려 주었으며 구원하였으며 보였고 너희 중에 다른 신이 없었나니 그러므로 너희는 나의 증인이요 나는 하나님이니라. 여호와의 말씀이니라. 과연 태초로부터 나는 그이니 내 손에서 건질 자가 없도다. 내가 행하리니 누가 막으리요.…나는 여호와 너희의 거룩한 이요 이스라엘의 창조자요 너희의 왕이니라."

여기서도 하나님밖에 다른 신이 없으며, 다른 것은 모두 우상이라고 말씀합니다. 이사야 44:6-11입니다.

"이스라엘의 왕인 여호와, 이스라엘의 구원자인 만군의 여호와가 이같이 말하노라 나는 처음이요 나는 마지막이라 나 외에 다른 신이 없느니라.…너희는 두려워하지 말며 겁내지 말라. 내가 예로부터 너희에게 듣게 하지 아니하였느냐 알리지 아니하였느냐. 너희는 나의 증인이라. 나 외에 신이 있겠느냐 과연 반석은 없나니 다른 신이 있음을 내가 알지 못하노라. 우상을 만드는 자는 다 허망하도다. 그들이 원하는 것들은 무익한 것이거늘 그것들의 증인들은 보지도 못하며 알지도 못하니 그러므로 수치를 당하리라."

이처럼 이스라엘을 위로하고 그들의 죄를 지적하면서 하나님은 자신이 창조주이며, 하나님 외에 이 세상에 있는 것은 사상이나 세계관, 철학, 신학, 그 무엇이라도 피조물이지 하나님이 아님을 반복해서 이야기합니다. 이와 같은 관점에서 우리는 창세기 첫 부분을 읽을 필요가 있습니다.

문자주의와 상징론을 넘어서: 해석학적 관점

그런데 창세기 1-3장을 바라보는 관점에는 두 가지 상반되는 입장이 있습니다. 하나는 성경을 '과학적 창조론'의 입장에서, 곧 문자적으로 보는 것이고, 다른 입장은 성경을 어떠한 과학적 사실이나 역사적 사실에 대해 어떤 정보를 제공하거나 알려 주는 책과 무관하게 단순히 신화적 표현이라 보는 것이지요. 이 둘은 모두 성경에 대해 오해하고 있다고 저는 생각합니다. 무엇보다도 이들은 언어의 성격 자체에 대해 오해하고 있습니다.

첫 번째 관점은 성경에 기록된 언어를 일종의 과학적 언어, 사실을 표현하는 언어로 이해합니다. 저는 성경 말씀이 진리라고 믿습니다. 이것을 믿고 열심히 알고자 노력하면서 하나님을 신뢰하면 구원에 이른다면 믿습니다. 그러나 그렇다고 성경 전체가 역사적 사실이나 과학적 사실을 기술할 목적으로 쓴 책이 아님을 우리는 알고 있습니다. 그러므로 성경 모든 부분을 문자적으로 읽어야 하는 것은 아닙니다. 그래서 교회의 교사들은 건전한 읽기 방식으로 문학적, 역사적, 신학적 읽기를 겸해야 한다고 늘 충고해 온 것이지요. 그런데 다른 또 하나의 극단처럼 성경의 모든 언어를 신화적으로 보는 관점도 잘못입니다. 성경을, 특히 그 가운데서도 창세기 1-3장까지를 신화로 보는 사람들은 성경에 단순한 상징성만 부여합니다. 그러나 재미있는 것은 지난 200년 동안 근동 아시아의 신화와 종교, 정치와 경제 형태를 열심히 연구한 결과 창세기 1-3장이 바벨론 신화나 이집트 신화 등 여러 신화와 비교해 볼 때 어휘 사용이나 세계관이 이들의 것과 유사한 면이 없지 않으나 그들과는 근본적으로 다른 하나님에 대한 이해, 우주에 대한 이해, 세계에 대한 이해, 인간에 대한 이해를 보여 주고 있다는 사실을 알게 되었습니다.

언어를 어떻게 이해할 것인가 하는 데서부터 이야기를 다시 시작해 봅시다. 우리가 사용하는 언어는 단순히 사실만을 서술하는 데 그치지 않습니다. 때로 언어는 시적이고 상징적인 의미를 내포하기도 합니다. 시적이고 상징적인 언어 가운데는 현실이 어떠하고 사실이 어떠한지 서술하는 기능을 내포하는 경우가 있습니다. 사실을 서술하는 언어가 단순히 사실을 서술하는 차원을 넘어서 우리의 상상력이라든가 소원, 욕망 같은 것을 표현하기도 합니다. 예를 들어 보지요. 삐걱거리는 계단을 오르고 있는 사람을 보고 "계단!"이라고 소리친다면 그것은 서술입니까, 경고입니까? 단순하게 이해하면 그것은 그 곳에 계단이 있음을 서술하는 표현일 수 있습니다. 그러나 기둥이 당장이라도 무너질 것 같은 상황에서 "계단!"이라고 소리쳤다면 아마 그것은 단순한 서술일 수 없겠지요. 위험하니까 빨리 내려오라든지 조심하라든지 하는 의미로 소리친 것입니다. 경고를 한 셈이지요. 다른 예를 또 하나 들어 보겠습니다. 제가 누군가에게 "내가 어제 너에게 커피를 사 주었지." 이렇게 말한다면 이것은 단순한 서술입니다. 그런데 "내가 내일 너에게 커피를 사 줄게." 이렇게 말한다면 이것은 서술이 아니라 약속하는 것이 됩니다. 첫 번째 경우는 실제 사실에 비추어 참과 거짓을 판단하는 것이 가능합니다. 그런데 두 번째 경우는 이런 방식으로는 참과 거짓을 판단할 수 없습니다. 그렇다면 이 경우는 참과 거짓을 판단할 수 있는 근거를 어디에 둘 수 있을까요? 아직 내일에 이르지 않았기 때문에 우리는 그 사람의 신실성에 판단의 근거를 둘 수밖에 없습니다. 지금까지 그 사람을 보아 온 결과 그가 신실했는지 그렇지 않았는지 판단함으로써 참과 거짓을 판단할 근거를 찾는 것이지요. 이렇게 언어란 단순히 사실을 서술하는 것만이 아니라 경고하기도 하고 약속하기도 하는 방식으로 사용될 수도 있습니다. 협박하거나 서약하는 방식으로 사용될 수도 있습니다. 언어에는 이처럼 서술적인 기능 외에도 여러 가지 기능이 있습니다.

창세기 1-3장을 읽을 때 우리가 고려해야 할 두 번째 조건이 있습니다. 해석학에서 흔히 '해석학적 순환'(hermeneutical circle)이라 부르는 현상과 관련됩니다. 해석학적 순환이란, 전체는 부분을 통해 이해되고 부분은 전체를 통해 이해된다는 것을 두고 붙인 말입니다. 이런 관점에 따라 성경을 이해해 봅시다. 비유컨대 성경은 일종의 도서관과 같습니다. 성경은 많은 책들을 모은 책입니다. 성경에는 여러 종류의 장르가 있습니다. 시가 있고, 역사가 있고, 편지가 있고 계시록 같은 묵시가 있습니다. 시대적으로도 성경은 수천 년에 걸쳐 쓰인 책이 묶여 있습니다. 따라서 성경이라는 전체를 알려면 그것을 형성하고 있는 각각의 부분을 알아야 합니다. 신약을 알려면 복음서와 서신서, 계시록 같은 각각의 부분을 알아야 하고, 구약 성경을 알려면 창세기부터 말라기까지를 알아야 하고, 성경 전체를 알려면 창세기부터 요한계시록까지 각각에 대해 이해할 필요가 있다는 것이지요. 그런데 각각의 성경을 이해하는 것만으로 성경 전체를 이해할 수 있는 것도 아닙니다. 왜냐하면 전체는 부분의 합보다 크기 때문입니다. 그래서 단순히 부분 부분을 아는 것이 아니라 전체적인 성경의 방향, 곧 하나님의 구원의 역사의 시작과 끝, 구원 역사의 동기 등을 이해하는 것이 중요합니다.

이스라엘의 신앙 고백과 창세기 1-3장

창세기 1-3장을 읽을 때도 이렇게 해석학적 순환 관계가 개입되어 있다는 것을 먼저 이해할 필요가 있습니다. 창세기 1-3장을 이해하기 위해서는 먼저 창세기 1-11장의 기능을 이해해야 합니다. 창세기 1-11장을 12-50장과 구별하는 것은 이스라엘의 조상이라 할 수 있는 아브라함의 이야기가 나오는 것이 창세기 12장부터이기 때문입니다. 1-11장은 원역사라고 하여 그 이후의 내용과 구별하여 이해하는 것이 대체적인 경향입니다. 12장 이후는 이스라엘의 족장 가운데 가장 뛰어난 족장이며, 아버지 가운데 가장 큰 아버지인 아브라함을 거쳐 그의 아들인 이삭과 이삭의 아들 야곱을 거쳐 이스라엘의 12지파가 형성되는 이야기가 기록되어 있습니다. 창세기 1-3장은 1-11장에 속해 있고, 1-11장은 전체 50장으로 된 창세기에 속해 있고, 창세기는 소위 말하는 모세오경 안에 속해 있습니다. 구약학자 가운데는 가나안 땅을 점령하고 정착하기까지의 과정을 담은 여호수아를 포함하여 육경이라고 부르는 경우도 있습니다. 창세기 1-3장은 이러한 맥락 가운데서 이해해야 합니다. 오경에서 이야기하는 가장 핵심적인 내용은 폰라드가 이스라엘의 '신앙고백'이라 부른 신명기 26:5-9에 잘 나타나 있습니다.[11]

"내 조상은 방랑하는 아람 사람으로서 애굽에 내려가 거기에서 소수로 거류하였더니 거기에서 크고 강하고 번성한 민족이 되었는데 애굽 사람이 우리를 학대하며 우리를 괴롭히며 우리에게 중노동을 시키므로 우리가 우리 조상의 하나님 여호와께 부르짖었더니 여호와께서 우리 음성을 들으시고 우리의 고통과 신고와 압제를 보시고 여호와께서 강한 손과 편 팔과 큰 위엄과 이적과 기사로 우리를 애굽에서 인도하여 내시고 이 곳으로 인도하사 이 땅 곧 젖과 꿀이 흐르는 땅을 주셨나이다."

위의 내용은 바로의 압제에서 건져 구원해 주시고, 민족을 이루시고 택하셔서 가나안 땅을 주신 하나님을 찬송하고 하나님께 그들의 신앙을 고백하고 있습니다. 신앙을 고백하되, 아브라함으로부터 시작하여 애굽 생활을 거쳐 그 곳에서 압제받던 이스라엘 백성들을 여호와 하나님이 건져 내시고 이 땅 가나안 땅에 정착하게 되었다는 사실을 고백하며 이 일을 행하신 하나님께 감사하고 있는 것이지요. 여호수아 24:2-13을 읽어 보십시오. 여호수아는 하나님이 어떻게 이스라엘 백성들을 애굽 땅에서 건져내어 가나안 땅에 이르게 하셨는지, 그리고 약속하신 땅을 주어 거주하게 하셨는지 길게 이야기합니다. 그런 후 이제 약속의 땅에 정착하여 하나님의 백성으로 살 준비를 하게 된 이스라엘 백성과 새로운 언약을 맺습니다(14절 이하). 이른바 '세겜 언약'이라는 것이지요. 20세기 구약학자 가운데 최고의 학자로 꼽는 폰 라드는 이를 '육경의 핵심'이라 말합니다.[12] 이스라엘의 역사, 나아가 우리가 몸담고 있는 교회의 역사는 하나님과의 언약이 갱신되고 하나님이 우리 하나님이며 우리가 그의 백성이라는 사실을 확인하는 과정의 연속입니다. 이것이 세례의 의미이고, 예배의 의미입니다. 창세기 1-3장을 읽을 때는 모세오경, 또는 육경의 틀에서, 오경과 육경이 이야기하고자 하는 핵심을 이해하면서 읽어야 합니다. 서두가 너무 길었습니다. 그러면 이제 창세기 1장에서 3장까지를 간략하게 읽어 가면서 무엇을 얘기하고자 한 것인지 알아보도록 하지요.

4. 창세기 1-3장

창세기 1:1은 하나님이 천지를 창조하셨다는 가장 기본적인 이야기를 하고 있습니다. 물론 창세기 1장은 우리가 가진 성경 맨 앞에 있지만 성경에서 가장 일찍 쓰인 부분은 아닙니다. 대부분의 학자들은 창세기 1:1-2:3의 내용이 이런 형태를 최종적으로 갖추게 된 것은 길게 보아야 주전 5세기 무렵이라고 봅니다. 이스라엘 백성이 바벨론에 포로로 잡혀갔다가 돌아오기 시작한 것이 주전 537년인데, 그 이후 비로소 이런 형태를 갖추게 되었으리라는 것이지요. 그 구조가 놀랍도록 치밀하고 사용된 언어도 매우 절제되어 있습니다. 이에 반해 창세기 2:4 이하는 9세기 이전에 쓰였을 것이라는 추정이 있습니다. 두 부분을 읽어보면 두드러진 차이가 있습니다.

과학적 진술이 아니라 신학적 문서

첫째, 창세기 1장은 하늘과 땅, 해와 달, 식물과 동물, 그리고 인간 창조에 대한 포괄적인 이야기를 하고 있습니다. 하늘과 땅, 우리 눈으로 보는 모든 것들, 식물, 동물, 인간에 대한 포괄적인 관심이 드러납니다. 인간의 창조에 관해서는 하나님의 형상으로 짓되, 여자와 남자로 지으시고, 복 주셨다는 사실이 언급됩니다. 그러나 2:4 이하는 하나님이 아담과 하와, 곧 인간을 지으시는 것에 관심이 집중되어 있습니다. 생명나무와 선악을 알게 하는 나무가 미리 서술되어 있는 것으로 보아 3장에 나오는 타락 사건의 전조를 엿보게 합니다.

둘째, 창세기 1장부터 2:3에는 하나님이 창조하신 이야기가 나올 때 첫째 날, 둘째 날, 이런 식으로 해서 모두 7일이 나옵니다. 하나님의 천지창조는 7일 안에 된 일이라는 것이지요. 이에 반해 창세기 2:4 하반절 이하에는 하나님이 며칠 동안 천지를 지으셨는지, 해와 달과, 별, 동물과 식물, 인간 등을 어떤 순서로 며칠째 되는 날에 지으셨는지 관심이 없습니다. 그저 하나님이 특별한 관심을 갖고 인간을 지으셨고, 자신의 호흡을 불어 넣어 인간을 '살아 있는 존재'로 만드셨다는 사실만을 언급하고 있을 뿐입니다.

셋째, 창세기 1장(2:3 포함)은 안식으로 끝이 납니다. 6일 동안 하나님이 천지를 창조하시는 이야기가 나오고 7일째 되는 날 안식하시는 것으로 이야기가 구성되어 있습니다. 우리는 이 사실에서 창세기 1장이 하나님이 7일째 되는 날을 안식일로 제정하고 이를 지키도록 한 규례와 무관하지 않다는 것을 역으로 읽어낼 수 있습니다. 안식으로 종결되는 창세기 1장과 달리 창세기 2:4-3장에는 안식은커녕 불안이 있고, 두려움이 있습니다. 죄에서 오는 불순종과 거기서 오는 두려움과 불안, 그리고 결국은 추방당하는 이야기가 있습니다.

넷째, 창세기 1장의 창조는 모두 "하나님이 보시기에 좋았더라"라는 구절로 끝이 납니다. 하나님이 만드신 이 세계가 미학적으로 아름답고 윤리적, 도덕적으로도 악한 것이 없음을 강조하고 있는 것입니다. 반면 창세기 2-3장은, 생명나무가 있고 선악을 알게 하는 나무가 이미 등장하고 있다는 데서 알 수 있듯이, 인간이 불순종할 것에 대한 어두움이 담겨 있습니다. 하나님이 이 세계를 선하게 창조하셨더라도 곧장 죄가 개입되어 있는 현실을 보여 주고 있는 것입니다. 그래서 창세기 1장과 2, 3장은 구별해서 읽어야 합니다.

창세기 1장에는 공통점이 있습니다. 첫째 날의 창조 과정을 보면 "하나님이 가라사대 빛이 있으라 하시매 빛이 있었고 그 빛이 하나님의 보시기에 좋았더라. 하나님이 빛과 어두움을 나누사 빛을 낮이라 칭하시고 어두움을 밤이라 칭하시니라. 저녁이 되며 아침이 되니 이는 첫째 날이니라" 이렇게 기록되어 있는데, 이러한 창조의 패턴이 둘째 날부터 여섯째 날까지 반복됩니다. 조금씩 첨가되기도 하고 어떤 부분은 생략되기도 하지만 기본적으로는 이 패턴을 유지합니다.[13] 반복의 형태는 이렇습니다. (1) 하나님이 말씀하십니다. (2) 그 말씀은 명령의 형태로 되어 있습니다. 빛이 있으라는 명령이 있고, 물 가운데 궁창이 있어 물과 물로 나누어지라는 명령이 있고, 그 외의 다른 명령들이 있습니다. (3) 하나님이 말씀하신 대로 됩니다. 하나님이 명령하니까 사물들이 생기게 되고 존재하게 되었으며, 그렇기 때문에 사물들의 존재는 하나님의 명령에 대한 일종의 응답(response)이자 명령하신 것에 대한 순종(obedience)으로서 있게 된 것이라 할 수 있습니다. 이 점에서 우리는 "사물의 존재는 응답과 순종에 있다"고 말할 수 있겠습니다. (4) 하나님이 평가를 하십니다. "보시기에 좋았더라" 하는 것은 만드신 것에 대한 하나님의 평가입니다. 둘째 날을 제외한 모든 날들은 이 구절로 끝이 납니다. 혹자는 둘째 날 사탄이 하나님께 반항했고 이 때문에 이 날만 이 표현이 빠졌다 합니다. (5) 그리고 첫째 날, 둘째 날 하는 식으로 시간을 진술합니다. "밤이 되고 아침이 된다"는 것이 그것입니다. 이는 히브리적 표현인데, 우리 식으로 하면 아침이 되고 밤이 된다고 할 수 있겠지요.

제7일 안식일의 중요성

첫째 날, 둘째 날 하는 것만 보아도 우리는 이것이 과학적 진술이 아님을 알 수 있습니다. 첫째 날, 둘째 날 하고 기술하는 것은 성경 기자가 각각의 날에 무엇을 지으셨는지 관심이 있기 때문이 아니라, 결국을 향해, 창조의 마지막을 향해 나아가는 과정을 보이기 위함입니다. 창조는 하나님의 안식으로 끝이 납니다. 이를 통해 성경은 우리에게 하나님에 대한 안식을 가르쳐 줍니다. 레위기 25장에 보면 땅의 안식, 곧 희년 제도를 도입하는 것을 이야기하면서 "여호와께 대한 안식"(4절)이라는 표현을 씁니다. 하나님에 대해 안식하는 것이 유대인들에게 주어진 의무였는데, 그 의무의 원천은 하나님이 7일에 안식하시고 7일을 거룩하게 하셨다는 데 있습니다. 이러한 사실로 보아 창세기 1장은 천지를 지으신 연대를 나타내는 것이 아니라 하나님 안에서의 안식을 겨냥하여 쓰였다고 할 수 있습니다. 하나님이 쉬셨으니 너희도 쉬라, 이런 것이지요.

십계명에서도 이러한 사실을 확인할 수 있습니다. 십계명은 출애굽기 20장과 신명기 5장에 두 번 나옵니다. 출애굽기 20장에는 제7일에 여호와께서 쉬셨으니까 너희도 쉬라, 이렇게 되어 있습니다. 저는 이를 '창조 모티프'라고 부르고 싶은데요. 하나님이 6일 동안 천지를 지으시고 7일째 쉬셨으니까 너희도 쉬라, 이렇게 되어 있죠. "하나님의 안식일이므로 너희로 안식하라." 이렇게 되어 있습니다. 신명기에는 다르게 되어 있습니다. 안식일을 지키라는 명령이나 안식일을 지키되 너희만이 아니라 남종과 여종, 소나 나귀 등 짐승들 모두 쉬라는 데서는 별 차이가 없습니다. 그러나 안식해야 하는 이유는 다릅니다. 출애굽기 20장은 하나님이 엿새 동안 일하시고 7일을 거룩하게 했다는 데서 그 이유를 찾지만 신명기는 이를 출애굽과 관련하여 설명합니다. 이를 창조 모티프와 구별하여 '출애굽 모티프'라고 부를 수 있을 텐데요, 너희도 고생했던 적이 있지 않으냐, 그러니까 너희 집에 있는 종이나 소나 나귀를 쉬게 하라, 이렇게 되어 있는 것이지요.

출애굽기는 하나님이 쉬셨으니 너희도 쉬라고 말하고 있습니다. 이를 통해 성경이 가르치고자 하는 바는 모든 만물의 주인은 하나님이라는 것입니다. 안식일에도 일한다는 것은, 다시 말해 하루도 쉬지 않고 일한다는 것은 물질에, 눈에 보이는 재물에, 눈에 보이는 성공에 자신의 생을 거는 셈입니다. 안식하라는 것은 우리 삶의 모든 원천, 힘과 능력의 원천이 우리 자신이나 이 세상에 있지 않고 오직 하나님께 있다는 것을 알게 합니다. 안식을 누린다는 것은 단순히 우리의 육신이 쉬는 것이 아니라 우리의 주인이 하나님이심을 누리는 것을 의미합니다. 일을 하느냐 하지 않느냐는 사소합니다. 이것을 잘못 이해했기 때문에 주일날 공부를 하거나 무얼 사먹거나 하면 안 된다는 이야기들을 해 온 것입니다. 우리 삶의 주인이 하나님이심을 알고 믿고 누리는 것, 무엇을 먹을까 무엇을 입을까 염려하지 않고 사는 것이 창조를 통해 보여 준 참다운 안식입니다.

반면 신명기에서는 안식일을 지켜야 하는 이유를 이스라엘 백성들이 종살이를 해 본 경험이 있다는 데서 찾습니다. 안식이 있는 이유는 이들이 아니라 고통받는 사회적 약자들이 쉴 수 있도록 하기 위함이라는 것입니다. 여기에는 사회적 약자뿐 아니라 동물도 포함됩니다. 이들이 쉴 수 있도록 하나님이 은혜를 베푸신 것, 그것이 곧 안식입니다. 그러니까 여기서 강조되는 것은 우리가 가진 것이 다 우리 것이 아니라 하나님의 것이고, 이웃에게 나누어 줄 것이고, 이웃과 함께 누릴 수 있는 것이라는 것입니다. 단순히 재산뿐 아니라 우리가 가진 힘이나 지식이나 기타 모든 것이 다 하나님의 것이라는 말이지요.

그러므로 안식을 누린다는 것은 단순히 우리 육신이 쉬는 것이 아니라 우리 주인이 하나님이시라는 복을 누리는 것입니다. 일을 하느냐 하지 않느냐는 사소합니다. 우리 삶의 주인이 하나님이심을 알고 믿고 누리는 것, 무엇을 먹을까 무엇을 입을까 염려하지 않고 사는 것이 창조를 통해 보여 준 참다운 안식입니다. 그런데 신명기에서는 안식일을 지켜야 하는 이유를 창조 동기에서 찾지 않고 출애굽 동기에서 찾습니다. 안식해야 될 이유는 우리 자신의 휴식보다는 우리와 함께 있는 종들과 이방인들과 짐승들이 쉬게 하기 위한 것입니다. 사회적 약자뿐 아니라 동물도 포함됩니다. 쉴 수 있도록 하나님이 은혜를 베푸신 것, 그것이 안식입니다. 그러니까 여기서 강조되는 것은 우리가 가진 것이 우리 것이 아니라 하나님의 것이며 우리는 오직 하나님의 은혜로 살아간다는 사실을 휴식을 통해 인정하는 일입니다.

하나님의 형상으로 지음받은 인간

창세기 1장 가운데 중요한 몫을 차지하는 부분은 인간의 창조입니다. 창세기 1장의 서술은 궁극적으로는 안식을 향해 나아가고 있지만, 안식으로 나아가는 전 단계에 사람을 지으시는 장면이 나오지요. 하나님이 사람을 짓되, 당신의 형상을 따라 남자와 여자로 지었다고 합니다. 하나님의 형상이란 무엇입니까? 하나님은 어떤 의미에서 우리를 당신과 닮은 존재로 지으셨다는 것일까요? 2,000년 신학 역사를 보면 이에 관한 무수한 해석을 접할 수 있는데, 대개는 그 당시 사람들이 '인간'이라고 할 때 가장 중요하게 보는 자질이나 내용이 반영되기가 쉬웠습니다. 예를 들어 그리스 전통에서는 이성적인 능력, 지성을 가지고 논리적으로 사유할 수 있는 능력이 무엇보다 중요하게 생각되었습니다. 그리스 철학의 영향을 받은 사람들은 그러므로 하나님의 형상대로 지음받았다는 것은 인간이 이성적인 능력을 소유하고 있다는 뜻으로 해석하였습니다.[14]

창세기 1장의 서술과 지난 200년 동안의 근동아시아에 대한 연구를 참고하면, 하나님의 형상이란 하나님의 대리자라는 뜻을 지니고 있음을 알 수 있습니다. 어느 나라에 황제의 형상을 세워 놓으면 그것은 곧 그 나라를 그 황제가 다스린다는 것을 뜻합니다. 황제의 형상은 곧 황제가 통치자라는 것을 알려 줍니다. 마찬가지로 하나님이 당신의 형상대로 인간을 지으셨다는 것은 하나님을 대신해서 이 땅을 다스리고 관리하는 자로 인간을 세웠다는 것을 뜻합니다. 26-27절("하나님이 자기 형상 곧 하나님의 형상대로 사람을 창조하시되 남자와 여자를 창조하시고 하나님이 그들에게 복을 주시며 그들에게 이르시되 생육하고 번성하여 땅에 충만하라, 땅을 정복하라, 바다의 고기와 공중의 새와 땅에 움직이는 모든 생물을 다스리라 하시니라")에도 하나님의 형상과 하나님을 대신해서 다스리게 하자는 것이 긴밀하게 연결되어 있습니다. 인간을 하나님의 형상으로 지었다는 것은, 일차적으로는 인간을 하나님의 대리자로 이 땅에서 이 땅을 다스리고 관리하는 일종의 관리인으로 세우셨다는 것을 뜻합니다.

여기에 어떻게 인간을 관리자로 세우셨는가 하는 물음을 추가할 수 있습니다. 인간이 어떤 존재이기에 하나님의 대리자로 설 수 있는가 물어 볼 수 있습니다. 칼 바르트는 「교회교의학」 3권 1부에서 하나님이 인간을 당신의 파트너로 지으셨다고 설명합니다.[15] 하나님은 인간을 하나님과 같이 동역할 수 있고 하나님과 같이 교제할 수 있는 존재로 지으셨다는 것이지요. 달리 말해 하나님은 인간을 인격적 나눔이 가능한 존재로 지으셨습니다. 인간을 제외한 어떠한 존재도 하나님과 인격적 나눔이 가능하지 않습니다. 오직 인간만이 하나님과 인격적으로 교제하는 것이 가능합니다. 인격적 교제가 가능하려면 지성, 감정, 의지 등이 있어야 합니다. 하나님이 당신의 형상으로 인간을 지으셨다고 할 때 중요한 것은 하나님이 인간과 더불어 관계를 맺으셨다는 것입니다. 하나님이 자신이 '나'가 되고 우리를 향해 '너'라고 부르시는, '나와 너'의 관계를 형성하신 것이 바로 하나님의 형상대로 창조하셨다는 뜻 가운데 하나입니다. 물론 여기에는 1923년에 나온 마르틴 부버의 '나와 너'의 사상이 배경으로 깔려 있습니다.[16]

바르트는 여기에 그치지 않고 한걸음 더 나아갑니다. 하나님과의 만남의 관계가 구체적으로 드러난 것이 남자와 여자의 관계입니다. 창세기 1:27은 "자기 형상 곧 하나님의 형상대로 창조하시되 남자와 여자로 창조하시고" 이렇게 말하고 있습니다. 전통적인 해석에서는 이 구절에 별로 주목하지 않았습니다. 바르트는 이 구절에 주목합니다. 하나님은 인간을 성적인 존재로 지으셨습니다. 다른 동물도 모두 생물학적으로는 성적인 존재지만, 그 진정한 의미는 '나와 너'의 관계의 존재에서 발견할 수 있습니다. '나와 너'의 관계에서 '나'는 '너'로, '너'는 '나'로 환원될 수 없습니다. 관계를 이야기하려면 '나'와 '너'의 독립성이 성립되어야 합니다. 그렇지 않고 '나'와 '너'가 융합되고 뒤섞여 버리면 이것은 관계가 아닙니다. 관계이려면 '나'는 '나'로, '너'는 '너'로 받아들여지고 인정되어야 합니다. 하나님은 이런 관계가 가능한 존재로 인간을 지으셨습니다. 그리고 그 관계는 남자와 여자, 남편과 아내라는 아주 밀접하고 긴밀한 관계에서 잘 드러납니다.

저는 여기서 한 걸음 더 나아가야 한다고 생각합니다. 창세기 1장을 보면 하나님의 여러 가지 모습이 있습니다. 말씀하시고 창조하시고 생각하시고 일하시고 복 주시는 하나님의 모습이 드러납니다. 이 점에서 인간이 하나님의 형상으로 지음받았다는 것은 말할 수 있고 일할 수 있고 새로운 것을 만들어 낼 수 있고 타인과 관계 맺을 수 있고 그들에게 복을 줄 수 있게 만들어졌다는 것을 뜻합니다. 모든 존재는 이 하나님의 명령, 하나님의 부르심에 대한 응답, 반응으로 존재하게 되었습니다. 인간은 하나님께 반응하고 책임지는 존재로 지음받았습니다. 이 책임은 무엇보다 하나님의 부르심에 대한 응답으로, 타인의 호소와 요청에 대한 응답과 배려로, 우리를 에워싼 환경 세계에 대한 배려와 보살핌으로 구체화될 수 있습니다. 이러한 행위는 하나님을 본받고 모방하는 일입니다. 우리는 이러한 행위의 궁극적 주인이 우리 자신이 아님을 기억할 필요가 있습니다. 우리가 가진 창조력, 책임, 말을 할 수 있는 능력 등에 대해 그것의 주인이 만일 우리라고 생각한다면, 이것들을 우리는 왜곡할 수밖에 없고 하나님 자리에 앉고자 하는 유혹에 빠질 수밖에 없습니다.

창세기 1:27-28을 보면 하나님이 복을 주시면서 생육하고 번성하여 땅에 충만하라는 축복(이차 명령)을 주시는 장면이 나옵니다. 대개는 이를 '문화 명령'이라고 부르는데, 아마 이 부분에 대해서는 여러분들도 많은 이야기를 들었을 것입니다. 그러나 저는 이것이 '문화명령'이라기보다는 오히려 하나님의 대리자로서의 삶을 충실하게 살라고 주신 하나님의 복주심이며, 그 복주심에 수반된 명령이라 보는 것이 옳다고 생각합니다. 열매를 많이 맺고 번성하고 수를 늘리라는 것이지요. 우리가 누리는 복 가운데 가장 큰 복이 아이를 출산하는 것입니다. 우리는 이삭을 낳기까지 아브라함이 겪어야 했던 고통을 잘 알고 있습니다. 이삭의 출산을 통해 아브라함은 하나님이 복 주시는 분임을 절감합니다. 우리가 이 땅에 살아가면서 하는 모든 일들은 생육하고 번성하라는 축복과 명령에 부차적으로 주어진 것입니다. 가정을 가꾸고 학교를 만들고 기업 활동, 예술 활동을 하는 것은 생육하고 번성하는 축복 아래 있습니다. 우리가 이런 활동을 할 수 있는 것은 우리에게 그런 힘과 능력이 있기 때문이 아니라 하나님이 주신 복의 결과입니다.

이보다 더 중요한 것이 있습니다. 하나님은 생육하고 번성하는 복을 주시되 그것을 단순히 인간에게만 주신 것이 아닙니다. 하나님은 동물에게도 이 복을 주셨습니다. 22절을 보십시오. "하나님이 그들에게 복을 주어 가라사대 생육하고 번성하여 여러 바다 물에 충만하라." 하나님은 사람뿐 아니라 동물에게도 생육하고 번성하는 복을 주셨고, 사람에게만이 아니라 땅의 모든 짐승과 땅에 기는 모든 것들, 하늘을 나는 새들에게도 식물을 주셨습니다. 30절에 보면 "또 땅의 모든 짐승과 공중의 모든 새와 생명이 있어 땅에 기는 모든 것에게는 내가 모든 푸른 풀을 식물로 주노라 하시니 그대로 되니라"라고 되어 있습니다. 하나님은 인간만이 아니라 동물에게도 복을 주셨습니다. 이들 역시 인간과 동등한 조건을 가진 거주민으로 있게 하셨습니다. 물론 순서는 있습니다. 광물보다는 식물이, 식물보다는 동물이, 동물 가운데서는 인간이 중요하다고 보는 관점이 창세기에 나와 있습니다. 시편 104:10 이하를 보면 하나님의 관심이 잘 드러나 있습니다.

"여호와께서 샘으로 골짜기에서 솟아나게 하시고 산 사이에 흐르게 하사 들의 각 짐승에게 마시우시니 들나귀들도 해갈하며 공중의 새들이 그 가에서 깃들이며 나뭇가지 사이에서 소리를 발하는도다. 저가 그 누각에서 산에 물을 주시니 주의 행사의 결과가 땅에 풍족하도다. 저가 가축을 위한 풀과 사람의 소용을 위한 채소를 자라게 하시며 땅에서 식물이 나게 하시고 사람의 마음을 기쁘게 하는 포도주와 사람의 얼굴을 윤택케 하는 기름과 사람의 마음을 힘있게 하는 양식을 주셨도다. 여호와의 나무가 우택에 흡족함이여 곧 그의 심으신 레바논 백향목이로다. 새들이 그 속에 깃을 들임이여 학은 잣나무로 집을 삼는도다. 높은 산들은 산양을 위함이여 바위는 너구리의 피난처로다."

하나님은 사람뿐만 아니라 가축을 포함하여 모든 동물들을 위해 채소를 자라게 하시고 식물이 자라게 하십니다. 양식은 사람뿐 아니라 가축들을 위해서도 주어진 것입니다. 하나님은 이 땅을 사람이 사는 곳으로만 지으시지 않았습니다. 16절 이하에서 보듯 하나님은 나무도 살게 하시고 그 속에 새들이 깃들이게도 하셨습니다. 하나님이 지은 이 세상에는 생태계적 연대 관계가 있고, 따라서 우리의 책무는 이를 보호하고 관리하고 개입할 책임을 지는 것입니다.

창세기 1장과 2장의 차이

창세기 2장을 보면 1장과는 관점이 다르게 설정되어 있음을 알 수 있습니다. 창세기 기자는 "여호와 하나님이 천지를 창조하신 때에 천지의 창조된 대략"(2:4)에 대해 이야기하겠다고 한 후, 하늘에 대해서는 물론이고 해 달 별 등에 대해서도 아무런 언급을 하지 않습니다. 다만 "여호와 하나님이 땅에 비를 내리지 아니하셨고 경작할 사람도 없었으므로 들에는 초목이 아직 없었고 밭에는 채소가 나지 아니하였으며 안개만 땅에서 올라와 온 지면을 적셨더라"(2:5)라고 하여 아직까지 땅을 경작할 사람이 없었다는 사실만을 이야기하고 있을 뿐입니다. 이런 가운데 하나님이 사람을 창조하십니다. 땅을 경작할 사람을 만드신 것이지요. 창세기 2장에서 관심의 대상이 되는 것은 땅을 경작할 사람, 곧 농사꾼입니다. 창세기 2장에서 중요한 것은 해와 달과 별, 초목 같은 것이 아니라 땅을 경작하고 관리할 수 있는 사람을 짓는 데 하나님의 관심이 있다는 점입니다.

창세기 1장과 비교해 보면, 창세기 1장에는 사람이 하나님의 형상으로, 남자와 여자로 지음받은 사실이 강조되어 있는 데 반해 창세기 2장에는 사람이 흙으로 지음을 받았고(욥 10:9; 사 29:16; 시 9:3 등 성경은 사람이 흙으로 지음받았다는 사실을 여러 차례 반복하여 이야기합니다) 하나님이 그 코에 생기를 불어넣으시니 '생령'이 되었다는 사실이 강조되어 있습니다. 이 본문이 우리에게 가르쳐 주는 것은 사람이 영과 육으로 구성된 이원론적 존재라는 사실이 아닙니다. 그런 것보다는 우선 사람이 흙에서 왔다는 사실이 중요합니다. '아담'은 히브리어로 '인간'을 가리키는데, 이는 '아다마', 곧 '흙'을 뜻하는 말과 어원이 같습니다. 이들은 모두 붉다는 뜻을 내포하고 있습니다. 사람의 벌거벗은 모습이 붉은 흙과 비슷해서 그리 된 것이 아닌가 합니다. 영어 단어 human도 흙을 뜻하는 라틴어 *humus*에서 나왔습니다. 인간이 흙에서 나와 흙으로 돌아간다는 사실이 아담을 흙으로 만들었다는 데서 이미 드러납니다. 이런 인간에게 하나님이 숨을 불어넣으시니, '네페쉬 하야', 생령, 곧 '살아 숨쉬는 존재'가 되었습니다. 인간이 생령이 되었다는 데 특별한 의미를 부여할 필요는 없습니다. NIV 성경은 이를 'living being', 곧 '살아 있는 존재'로 번역하고 있습니다. 인간이 생령이 되었다는 사실을 인간에게만 주어진 특권으로 보기는 어렵습니다. 창세기 1:21에서 "하나님이 큰 바다 짐승들과 물에서 번성하여 움직이는 모든 생물을 그 종류대로…창조하시니"라고 할 때 우리말로 '모든 생물'(콜 네페쉬 하하야)로 번역된 것도 똑같이 '네페쉬 하야', 생령, 곧 '살아 숨 쉬는 존재'입니다. 인간이 생령이 되었다는 것은 호흡이 그 코에 있는 살아 있는 존재가 되었다는 것이지요. 인간의 연약성을 함축하는 말이기도 합니다.

인간: 연약하고도 함께 살아야 할 존재

창세기 2장의 관심은 인간이 땅으로부터 왔다는 것, 다시 말해 하늘의 존재가 아니라 땅의 존재라는 것, 그리고 인간의 생명이 하나님께 달려 있다는 이 두 가지 사실입니다. 바로 이 점에서 인간은 다른 생물과 구별되는 특별한 존재라는 사실이 창세기 2장에서 강조하고 있는 바입니다. 창세기 1장과의 연속선상에서 보면 창세기 2장에서 인간의 특별함이나 독특성이 드러나지 않습니다. 반면 이 둘을 떼어놓고 보면 창세기 2장에서는 인간이 쉽게 부서질 수 있고 보잘것없는 흙에서 나왔지만 하나님이 호흡을 불어넣어 살아 있는 존재가 되었다는 점에서 독특한 존재라는 사실이 강조되고 있음을 확인할 수 있습니다. 창세기 2장은 또한 이런 존재인 인간이 바로 땅을 경작해야 할 존재라는 사실을 강조하고 있습니다.

에덴 동산을 지으시면서 거기에 생명나무와 선악을 알게 하는 나무를 두시고 하나님은 "동산 각종 나무의 실과는 네가 임의로 먹되 선악을 알게 하는 나무의 실과는 먹지 말라 네가 먹는 날에는 정녕 죽으리라 하시니라"(16-17절) 이렇게 말씀하십니다. 인간을 지으시고 인간에게 거주할 곳을 주신 후 하나님은 이렇게 무엇을 먹을 것이며 무엇을 먹어서는 안 되는가 하는 이야기를 하고 계신데, 그 이유는 3장에서 확인할 수 있습니다.

2장의 내용 가운데 중요한 또 하나는 하와를 지은 이야기입니다. 하나님은 아담의 갈비뼈에서 여자를 만드십니다. 사실 엄격하게 말하면 '아담'은 여기서 고유명사라기보다는 보통명사('하아담')이므로 그냥 '그 사람'이라 해야 할 것입니다. 히브리어 성경을 보면 3:12에 가서야 비로소 '아담'은 (관사가 없이) 한 사람의 고유한 이름으로 등장합니다. 그러므로 하나님은 그가 만든 사람을 깊이 잠들게 하신 후에 갈비뼈를 취해 한 사람과 똑같은 다른 존재를 만듭니다. 이 사람을 먼저 만든 사람에게 데려갔을 때, 먼저 있던 사람이 "이는 내 뼈 중의 뼈요 살 중의 살이라. 이것을 남자에게서 취하였은즉 여자라 칭하리라" 하고 말합니다. 여기서 중요한 메시지는 사람이 독처하는 것이 좋지 못하니까 그와 함께하는 사람을 지어 주셨다는 것입니다. 함께하는 사람은 '돕는 자' 입니다. 이를 히브리어로는 '에제르'라고 하는데, '하나님이 돕는 자시다'라고 할 때 사용된 말입니다. 그러니까 여자가 돕는 자라고 할 때 이것은 남자가 여자를 하인처럼 수하에 부릴 수 있다는 뜻이 아닙니다. 하나님이 돕는 것처럼 그렇게 남자를 도울 수 있는 자로 여자를 만들었다는 것입니다. 하나님처럼 돕든, 동료로 돕든 양쪽 다 가능합니다. 어떤 해석을 하든 잘 새겨서 이해하면 될 것입니다.

전통적으로는 여자를 남자의 갈비뼈로 지었다는 것 때문에 여자가 남자에게 종속되었다고 강조해 왔지만 매튜 헨리(Matthew Henry)의 주석을 보니 꼭 그렇지도 않은 것 같습니다. 매튜 헨리는 여자를 남자의 갈비뼈로 지었다는 사실로부터 세 가지 의미를 이끌어냅니다.¹⁷⁾ 첫째, 남자와 여자는 동등하다는 것입니다. 남자와 여자 사이에는 어떤 상하관계가 없다는 것이지요. 둘째, 갈비뼈는 팔에 가까이 있습니다. 그러므로 남자는 여자를 보호해야(protect) 할 의무가 있습니다. 셋째, 갈비뼈는 심장에 가까이 있습니다. 이것은 여자를 사랑받는(beloved) 존재로 만드셨음을 뜻합니다. 중요한 것은 하나님이 남자와 여자를 지으시고 결혼 제도의 신성함을 보이셨다는 점입니다.

하나님이 되고자 하는 욕망

이런 '낙원'에서의 아름다운 이야기는 3장에서 곧장 어두움과 슬픔으로 바뀌고 맙니다. 3장에는 뱀이 여자를 유혹하는 이야기가 나옵니다. 간단히 몇 가지만 언급하도록 하겠습니다. 뱀은 일종의 질문을 통해 여자에게 접근합니다. 사실 질문한다는 것은 굉장히 중요합니다. 성경의 첫 번째 책인 창세기에서 하나님이 아니라 뱀이 질문을 한다는 것이 철학자인 저에게는 그리 기분이 좋지가 않습니다. 철학하는 사람에게는 답보다 질문이 중요하거든요. 철학자는 어떻게 질문을 잘 구성할지 고심합니다. 그래서 하이데거는 "질문하는 것은 사유의 경건"이라고 말하기도 합니다.¹⁸⁾ 사유가 사유가 되고, 사유가 자신을 유지하는 것은 질문을 통해 가능하다는 것이지요. 뱀의 질문은 교묘합니다. 뱀은 이렇게 묻습니다. "하나님이 참으로 너희더러 동산 모든 나무의 실과를 먹지 말라 하시더냐." 이미 질문 자체가 왜곡되어 있습니다. 하나님은 이렇게 말씀하신 적이 없습니다. 하나님은 다만 선악을 알게 하는 나무의 실과만을 먹지 말라고 하셨을 뿐이지요. 또 하나가 있습니다. 창세기 2장과 3장에서는 하나님을 그냥 하나님이라고 부르지 않고 "여호와 하나님"이라고 부릅니다. 자기 백성과 언약을 맺으시고 자기 백성을 구원하는 능력으로 임재하시는 하나님, 이스라엘의 하나님, 인격적 관계를 맺으시는 하나님을 뜻하는 "여호와 하나님" 말이지요. 그런데 뱀은 하나님을 그저 '하나님'이라고만 부릅니다.

이제 여자가 답합니다. "동산 나무의 실과를 우리가 먹을 수 있으나 동산 중앙에 있는 나무의 실과는 하나님의 말씀에 너희는 먹지도 말고 만지지도 말라 너희가 죽을까 하노라 하셨느니라"(3:3). 다시 두 가지 왜곡이 이루어집니다. 하나님은 먹지 말라고만 하셨지 "만지지도 말라"고는 하지 않으셨습니다. 여자는 하나님을 좀 지나친 존재로 바꾸어 놓고 있습니다. 뿐만 아니라 하나님이 "정녕 죽으리라" 하고 말씀하신 것을 "죽을까 하노라"로 바꾸어 놓습니다. 여자의 대답을 들은 뱀은 "너희가 결코 죽지 아니하리라. 너희가 그것을 먹는 날에는 너희 눈이 밝아 하나님과 같이 되어 선악을 알 줄을 하나님이 아심이니라"(4-5절)라고 이야기합니다. 결과적으로 보면 뱀의 말은 실현이 됩니다. 아담과 하와는 눈이 밝아져 벌거벗었음을 알게 되고 선악을 알게 됩니다. 인간이 선악을 알게 되었다는 것은 하나님도 인정하는 바입니다. 3:22을 보면 "여호와 하나님이 가라사대 보라 이 사람이 선악을 아는 일에 우리 중 하나같이 되었으니"라고 되어 있습니다. 그러나 하나님과 같이 된 결과 인간은 하나님으로부터 이탈하고, 하나님과 관계없는 존재가 되고 맙니다.

창세기 3장의 기사를 통해 죄의 동기를 알 수 있습니다. 여자가 나무를 보니 "먹음직도 하고 보암직도 하고 지혜롭게 할 만큼 탐스럽기도 하여" 먼저 먹고 남편에게 줍니다. 가장 가깝게는 먹음직도 하고 보암직도 하고 지혜롭게 할 만큼 보이기도 하는 감각적 쾌락, 곧 욕망(*concupiscentia*)이 죄의 동기가 됩니다. 로마 가톨릭 교회 전통에서 이것을 특별히 강조하고 있습니다.[19] 그러나 이것보다 더 근본적인 동기는 "눈이 밝아 하나님과 같이 되고자 하는 것"입니다. 죄의 가장 가까운 동기는 감각적 쾌락이겠지만 더 깊은 동기는 '하나님처럼 되고자 하는' 욕망, 내가 삶의 주인이 되고자 하는 욕망입니다. 이것을 아우구스티느스는 교만(*superbia*)이라고 불렀지요. 그런데 그 밑에는 역시 하나님에 대한 불신이 깔려 있었습니다. 하나님께 삶을 완전히 맡기지 못하는 것이지요. 하나님에 대한 절대 신뢰가 깨어진 것, 그로 인해 관계가 훼손된 것, 이것이 죄의 본질입니다. 이렇게 보면 선악을 알게 하는 나무 실과의 의미가 해명될 수 있습니다. 선과 악에 대한 지식을 주는 것이 무엇이겠습니까. 인간이 타락하기 전에는 도덕적 의미에서 선악에 대한 의식이 없었을까요? 그렇지 않을 것입니다. 하나님이 아담에게 선과 악을 알게 하는 나무의 실과를 먹지 말라고 하신 것은 너에게 무엇이 유익하고(선) 나쁜지(악) 판단하지 말라는 의미입니다.[20] 네 삶에 유익한 것과 손해 가는 것에 대해서는 나의 판단에 맡기고 너는 내가 명령대로 하는 것이 선인 줄 알고 지키라는 것입니다. 선과 악에 대한 도덕적인 능력은 주었지만 너에게 유리하고 불리한 것을 판단하고 선택하는 주도권은 나에게 맡기고 이 말에 순종하며 살라는 것입니다.

그런데 아담과 하와는 그렇게 하지 않고 열매를 따먹습니다. 죄의 본질은 개별적인 죄를 짓느냐 짓지 않느냐 하는 것이 아니라 내가 내 삶의 주인이 되는 것, 그리하여 하나님으로 멀어지고 하나님 없이 살게 되는 것입니다. 개별적 잘못은 하나님으로부터 떨어지고 멀어진 결과로 저질러지는 것입니다. 그것이 죄에서 가장 중요한 것이라 할 수는 없습니다. 우리가 주인 되고 그 자리에 하나님이 있게 하지 않는 것이 죄입니다. 선악을 알게 하는 실과가 실제로 무슨 과일이었는지는 중요하지 않습니다. 오랫동안 사람들은 선악과를 사과라고 생각했습니다. '결후'(結喉)라고 성인 남자의 목에 튀어 나온 부분을 '아담의 사과'(Adam's apple)라고 부르는 것도 마찬가지 이유에서였습니다. 사실 사람들이 사과가 선악과였을 것이라고 생각한 이유는 별것이 아닙니다. 라틴어로 사과가 '말룸'(*malum*)인데, 이는 '악'을 뜻하는 말이기도 합니다. 선악과로 인해 죄를 짓게 된 것이니까 그 과일이 바로 사과였구나 하고 생각한 것이지요. 그렇지만 우리는 선악과가 실제로 어떤 열매였는지 알지 못합니다. 그것을 알 필요도 없습니다. 중요한 것은 선악과를 가지고 하나님과 사람 사이에 경계를 두시고 하나님께 삶을 맡기라는 명령을 주셨다는 사실입니다.

범죄에도 불구하고 계속 인간에게 관심을 가지시는 하나님

인간이 범죄한 후 하나님이 저주하시는 이야기가 나옵니다. 하나님은 먼저 뱀을 저주하시고, 다음으로 땅을 저주하십니다. 그러나 감사하게도, 하나님은 인간을 저주하지는 않으십니다. 인간에게 벌을 주기는 하셨습니다. 여자에게는 해산의 고통과 남자에 대한 (성적) 욕망을 벌로 주시고(남자가 여자에게 갖는 성적 욕망도 있겠지만, 남자에 대한 여자의 성적 욕망을 더 강하게 표현하고 있습니다), 남자에게는 땀을 흘려 노동하게 하는 벌을 주십니다. 노동은 원래부터 주어진 것이지만 (그렇지 않으면 땅을 경작하라는 명령을 주지 않으셨을 것입니다) 인간이 범죄한 이후 하나님은 노동을 고통스럽고 힘든 일로 만드셨습니다. 인간의 죄로 인해 땅은 엉겅퀴를 내고 생산하는 것이 어려워졌습니다. 그래서 로마서 8장에는 피조물들이 죄로 인한 창조계의 고통으로부터 해방되는 것을 고대한다고 이야기합니다. 예수 그리스도의 구속은 우리의 죄를 사해 주실 뿐 아니라 하나님과 창조계의 분리, 하나님과 인간, 인간과 인간 사이의 소외를 치유하시는 의미가 있습니다.

로마서 이야기를 조금 더 덧붙이자면, 바울은 5장에서 아담의 범죄를 그리스도와 연결시킵니다. 바울은 "이러므로 한 사람으로 말미암아 죄가 세상에 들어오고 죄로 말미암아 사망이 왔나니 이와 같이 모든 사람이 죄를 지었으므로 사망이 모든 사람에게 이르렀느니라"(5:12)라고 말합니다. 우리가 죄 아래 있게 된 것은 첫 인간인 아담의 범죄 때문이라는 것이지요. 이어서 바울은 "그러나 아담으로부터 모세까지 아담의 범죄와 같은 죄를 짓지 아니한 자들 위에도 사망이 왕 노릇 하였나니 아담은 오실 자의 표상이라. 그러나 이 은사는 그 범죄와 같지 아니하니 곧 한 사람의 범죄를 인하여 많은 사람이 죽었은즉 더욱 하나님의 은혜와 또는 한 사람 예수 그리스도의 은혜로 말미암은 선물이 많은 사람에게 넘쳤으리라"(14-15절)라고 말합니다. 바울은 이렇게 아담과 그리스도를 대비합니다. 인간의 대표자인 아담의 범죄로 인해 우리가 죄 아래 있게 되었고 새 인간의 대표자인 예수 그리스도를 통해 우리가 의롭게 되었다는 것이 20절까지의 말씀입니다. 21절에 가서 바울은 이렇게 말합니다. "이는 죄가 사망 안에서 왕 노릇 한 것같이 은혜도 또한 의로 말미암아 왕 노릇 하여 우리 주 예수 그리스도로 말미암아 영생에 이르게 하려 함이니라." 아담의 죄는 예수 그리스도를 통해 극복되고 하나님과 인간, 인간과 인간, 인간과 자연 사이에 화해가 가능할 것을 이야기하고 있는 것입니다.

혹시 아담을 어떻게 지으셨을까, 도대체 아담이 누구였을까 이런 생각을 해 본 적은 없습니까? 사실 이것은 매우 어려운 신학적 질문입니다. 고생물학적 지식으로 보면 호모 사피엔스가 출현하기 이전에 호모 에렉투스(직립 인간), 호모 하빌리스(한 곳에 거주하는 인간) 등이 있었다는 것은 부인할 수 없는 사실입니다. 그렇다면 언제부터 인간은 비로소 아담이었던 것일까요? 두 가지 가능한 답변이 있습니다. 유인원들로부터 시작하여 인간에게 가장 가까운 존재인 호모 사피엔스에 이어 하나님이 아담을 새로 흙으로 빚어 창조하셨다는 가능성을 배제할 수 없고, 호모 사피엔스 중에 특별히 아담을 선택하여 호모 디비누스(*homo divinus*, 신적인 인간, 하나님의 형상을 닮은 인간)로 만드셨을 가능성도 생각해 볼 수도 있습니다. 존 스토트(John Stott)의 로마서 주석을 보면 이 두 가지 가능성 모두를 열어 놓고 있습니다.[21] 아담이라는 존재는 호모 사피엔스 중 누구를 택해 아담으로 세우고 그와 약속을 맺었을 가능성과 정말 흙으로 새로 빚어 새로운 인류를 창조했을 가능성 모두 있습니다. 일단은 이 정도만 언급하기로 하겠습니다. 중요한 것은 인간을 창조하시고 첫 창조된 인간이 하나님께 불순종함으로써 죄가 들어왔고 우리가 죽음의 그늘 아래 놓이게 되었으며, 하나님은 이를 그대로 두지 않으시고 예수 그리스도를 통해 구원할 계획을 가지셨다는 것입니다. 이것이 성경의 교훈이요 진리입니다. 하나님은 아담이 범죄한 후 부끄러움을 당하지 않도록 가죽옷을 지어 입히시고, 다시 생육하고 번성하라는 축복을 주십니다. 여기서 이미 우리는 하나님이 끝까지 복 주시고, 이스라엘 백성을 택하시고, 예수 그리스도를 보내시고 교회를 세우시고 우리를 교회로 부르시는 분이심을 알게 됩니다.

5. 하나님의 창조주 되심의 뜻

하나님이 우리의 창조주 되심이 어떤 의미인지 끝으로 생각해 보도록 하지요. 사도신경은 하나님이 천지의 창조주라고 고백합니다. 그런데 왜 하나님이 천지를 지으셨을까요? 하나님은 천지를 만들지 않고서도 홀로 계실 수 있는 분입니다. 하나님은 누구에게 의존하거나 누구를 필요로 하거나 누구와 관계를 맺어야 계실 수 있는 그런 분이 아닙니다. 하늘과 땅, 하늘 안에 있는 모든 것들, 곧 인간은 물론이고 온갖 동물과 식물, 광물들은 하나님이 그것들을 필요로 하셨기 때문에, 또는 써 먹으려고 지으신 것이 아닙니다. 그렇다면 하나님은 왜 자신이 아닌 자신과 구별되는 존재를, 자신과 전적으로 다른 존재를 만드셨을까요? 바꾸어 말해, 홀로 계실 수 있는 분이, 홀로 계신다는 그 사실로 인해 하나님 됨에 전혀 손상됨이 없고 자신을 유지하는 데 전혀 문제 될 것이 없는데, 왜 하늘과 땅을 지으시고 그 가운데 있는 것들을 지으셨을까요? 아마 여기에 대한 답은 오직 하나밖에 없을 것입니다. 하나님의 거룩한 사랑 때문에 지으셨다는 것이 바로 그것입니다.

거룩한 사랑

하나님은 자신의 영광과 자신의 성품 때문에 홀로 지내시기보다는 이 세상을 창조하는 것을 택하셨습니다. 여기서 하나님의 성품이라고 하는 것은 하나님의 사랑을 말합니다. C. S. 루이스의 용어를 빌리면 '필요에 의한 사랑'(love of needs)이 아니라 '주는 사랑'(love of gift), 곧 자신을 내어 주고 나누어 주시고자 하는 사랑에서 하나님은 이 세상을 창조하셨다고 해야 되지 않을까 생각합니다. 네덜란드의 신학자 헨드릭 베르코프(Hendrik Berkhof)는 창조를 하나님이 "스스로 굽히시고, 스스로 제한하시고, 불완전한 존재일 뿐 아니라 반항적이 될 수 있는 타자(곧 인간을 뜻하는 말이지요)를 위해 삶과 활동 공간을 내어놓으신" 것으로 이해합니다.[22] 굽히신다는 것은 관심을 표하고 관여하고 그렇게 해서 조금 손해를 보고, 힘을 들인다는 뜻입니다. 스스로 제한을 해야 한다는 것은, 홀로 있으면 외적 제한이 없지만 일단 세상을 지은 후에는 세상 때문에, 자기가 지은 인간 때문에 제한을 받을 수밖에 없다는 뜻입니다. 창세기에 보면 하나님이 인간을 지으신 후에 후회하셨다는 이야기가 나옵니다. 피조물이 없다면 후회할 일도 없었을 것입니다. 그럼에도 불구하고 하나님은 이 세상을 지으셨습니다. 더욱이 하나님은 인간이 하나님께 반항할 것을 아시면서도 인간에게 자유 의지를 주셨습니다. 이것이 바로 하나님의 창조입니다.

주권적 의지와 스스로 비우심

하나님이 이 세상을 창조하신 것은 하나님이 스스로 원하셨기 때문에, 곧 자신의 의지로부터 하신 일이지 외적 강요에 의해 하신 일이 아닙니다. 요한계시록 4:11은 "주께서 만물을 지으신지라 만물이 주의 뜻대로 있었고 또 지으심을 받았나이다"라고 말합니다. 하나님의 창조는 하나님의 뜻에 의해서 이루어진 일이라는 것입니다. 하나님 아닌 다른 존재자들의 존재는 하나님의 뜻, 하나님의 의지, 하나님의 거룩하신 사랑에 달려 있습니다. 어떤 형식이나 어떤 모양, 어떤 물질에 의해서도 하나님은 제약되지 않는 분입니다. 창조주 하나님은 절대 주권자 하나님입니다. 하나님이 '말씀으로' 지으셨다거나 '무(無)로부터' 지으셨다는 것은, 모두 하나님이 자신의 절대적이고 주권적인 의지, 절대적인 거룩한 사랑으로부터 이 세상을 지으셨다는 뜻입니다. 그러므로 하나님이 천지의 창조주라고 고백하는 것은 하나님의 주권적인 사랑, 자기를 비우고 내어놓으시는 사랑을 찬양하고 감사하는 것이라고 할 수 있습니다. 하나님이 이 세상을 다스리고 돌보시는 하나님일 뿐 아니라 자기를 내어놓고 비우고 스스로 제한하고 심지어 피조물 때문에 손해 보는 것까지 생각하시는 하나님께 감사하는 것이라고 할 수 있습니다.

사실 이제까지 신학에서는 자기를 비우시는 것에 대해 예수님과만 관련해서 이야기해 왔습니다. 예수님의 비우심에 대해서는 빌립보서 2:5-11에 잘 나타나 있습니다.

"그러므로 그리스도 안에 무슨 권면이나 사랑의 무슨 위로나 성령의 무슨 교제나 궁휼이나 자비가 있거든 마음을 같이하여 같은 사랑을 가지고 뜻을 합하며 한마음을 품어 아무 일에든지 다툼이나 허영으로 하지 말고 오직 겸손한 마음으로 각각 자기보다 남을 낫게 여기고 각각 자기 일을 돌볼 뿐더러 또한 각각 다른 사람들의 일을 돌보아 나의 기쁨을 충만하게 하라. 너희 안에 이 마음을 품으라. 곧 그리스도 예수의 마음이니 그는 근본 하나님의 본체시나 하나님과 동등됨을 취할 것으로 여기지 아니하시고 오히려 자기를 비워 종의 형체를 가지사 사람들과 같이 되셨고 사람의 모양으로 나타나사 자기를 낮추시고 죽기까지 복종하셨으니 곧 십자가에 죽으심이라. 이러므로 하나님이 그를 지극히 높여 모든 이름 위에 뛰어난 이름을 주사 하늘에 있는 자들과 땅에 있는 자들과 땅 아래에 있는 자들로 모든 무릎을 예수의 이름에 꿇게 하시고 모든 입으로 예수 그리스도를 주라 시인하여 하나님 아버지께 영광을 돌리게 하셨느니라."

예수님의 마음의 특징을 이야기할 때 케노시스(*Kenosis*)라는 말을 사용합니다. 원래 하나님이셨지만 자기를 비워 낮아지사 종의 모습을 취하시고 육신이 되셨으며 고난을 받으셨다는 것을 표현하는 말이 이것입니다. 그런데 하나님이 천지를 창조하신 것 자체가 이미 자기를 비우신 행위입니다. 십자가에 못박힌 것만이 아니라 이 세상을 지으시고 돌보시는 것 자체가 이미 자기를 비우신 행위였던 것입니다.

우리가 창조주 하나님을 고백한다면 이 세상에 있는 모든 것들의 존재는 무엇에 의해 규정이 되겠습니까? 우리 자신의 존재의 특징은 무엇에 있다고 말할 수 있을까요? 조금 어렵게 말하면, 피조성에 있다고 할 수 있습니다. 인간을 포함하여 이 세상 모든 것들은 하나님에 의해 만들어졌다는 데 존재 의미가 있습니다. 하나님을 창조주라 고백하는 것은 하나님 외의 모든 사물, 모든 현실, 모든 존재가 만들어진 존재이며 하나님의 거룩한 사랑의 대상이라는 사실에서 존재 의미를 얻는다고 고백하는 것입니다. 온 우주와 그 안에 있는 모든 것들이 하나님을 통해서, 하나님과의 관계에서 비로소 존재 의미를 찾을 수 있음을 고백하는 것입니다. 하나님을 떠나서는, 그리고 하나님께 의존하지 않고서는, 어떠한 것도 존재하지도 않고 존재할 수도 없습니다. 이제 하나님이 이 세상을 지으셨다는 사실로부터 도출되는 몇 가지 사실을 이야기해 보겠습니다.

존재하는 것들은 모두 선하게 지음받았다

첫째, 우리의 세계가 창조된 세계, 피조 세계라는 것은 이 안에 있는 모든 것, 곧 하늘과 땅, 그 안에 있는 모든 것들이 근본적으로 선하고 귀하다는 뜻입니다. 하나님이 이 세상의 창조주라는 사실을 믿는다면 해와 달과 별, 사람은 물론이고 벌레 한 마리까지도 선하지 않은 것이 없고 그 자체로 귀하지 않은 것이 없다는 것을 고백하고 인정할 수밖에 없습니다. 이 세상에 있는 것 가운데 사소하거나 무의미하거나 무가치한 것은 아무것도 없습니다. 왜냐하면 그 모든 것이 하나님이 지으신 것이기 때문입니다. 하나님이 지으셨다는 사실이 이 모든 것에 선성과 귀함의 의미를 부여하기 때문입니다.

인도의 철학과 종교 전통에서는 이 세계를 '마야'(maya)라고 부릅니다. 이 세계는 환상, 착각, 하나의 긴 꿈일 뿐이며, 우리의 삶이라는 것도 한낱 백일몽에 지나지 않는다는 것이지요. 그렇기 때문에 이들은 이 세상에 있는 어떤 것에 대해서도 마음을 두거나 가치를 두지 말 것을 가르칩니다. 이와는 달리 성경은 하나님이 창조한 이 세계는 아름답고, 귀중하다고 말합니다. 창세기 1:31을 보시지요.

"하나님이 지으신 그 모든 것을 보시니 보시기에 심히 좋았더라."

창세기 1장에는 "하나님이 보시기에 좋았더라"라는 말이 반복해서 나옵니다. 이 세상을 지으신 후의 전체적인 평가도 "보시기에 심히 좋았더라"입니다. 보시기에 '좋았다'는 것은 미적인 의미에서뿐 아니라 도덕적인 의미에서도 좋았다는 뜻입니다. 도덕적인 의미에서는 선하다, 미적인 의미에서는 아름답다는 의미입니다. 보기에 아름답고 도덕적으로도 악이 없는 상태, 곧 선이 깃들어 있는 귀중한 피조 세계가 되었다는 의미입니다. 바울이 디모데에게 보낸 편지에서 말한 "하나님의 지으신 모든 것이 선하매 감사함으로 받으면 버릴 것이 없나니"(딤전 4:4)라는 말씀도 모든 창조물의 선함과 귀중함을 말하고 있습니다. 이 피조 세계에 있는 어떤 것, 우리가 하는 어떤 활동도 악한 것이 없습니다. 여기에는 우리가 하는 일상적인 행위, 일상적인 활동들이 모두 포함됩니다. 일하고, 잠자고, 아이를 키우고, 그 외 우리가 일상적으로 하는 모든 일들 가운데 하찮은 것은 하나도 없습니다. 죄짓는 것 외에 하나님이 창조를 통해 우리에게 주신 것들은 어떤 것도 악한 것이 없습니다. 그것은 모두 선한 것입니다. 성경은 이렇게 하나님이 지으신 이 세계에 대한 긍정에서부터 시작합니다. 나중에 죄라는 부정이 들어오기는 하지만 부정보다는 일단 긍정이 앞섭니다. 지으신 이 세계에 대해 하나님은 "좋다" 이렇게 받아들이셨습니다. 그렇다면 아무리 사소하게 보이는 일이라고 해도 무의미하다고 말할 수 없습니다. 바로 이것이 이 세상이 지음 받았다는 첫 번째 의미입니다.

자연은 '스스로 그러한' 신적인 존재가 아니다

둘째, 하나님이 이 세상을 지으셨다는 것은 하나님 외에는 절대적인 것이 아무것도 없다는 뜻을 함축합니다. 오직 하나님만이 절대적인 분이고, 그 외의 모든 것은 상대적 가치를 지닌 존재들이라는 것입니다. 아무리 위대한 존재처럼 보이고, 아무리 능력과 지혜가 있어 보인다고 해도 하나님 외의 모든 것은 피조물에 지나지 않으며, 우리는 그것을 하나님처럼 생각할 수 없습니다. 이 세상에 있는 모든 것은 하나님의 창조물 이상도, 그 이하도 아닙니다. 이런 생각을 '비신격화'와 '세속화'라는 두 가지 단어로 표현할 수 있습니다.

하나님이 이 세상을 지으셨다는 것은 이 세상에 있는 모든 것들, 곧 해와 달과 별, 나무와 풀, 바위 같은 자연물들은 물론 인간이 만든 생각과 이념, 사상, 세계관 그 어느 것도 하나님의 자리를 대신할 수 없음을 뜻합니다. 하나님 외의 어떤 것도 하나님이 아님을 선언한다는 점에서 이를 비신격화(de-deification)라고 부를 수 있습니다. 세속화(secularization)에는 두 가지 의미가 있습니다. 예컨대 교회가 세속화되었다고 하면, 교회가 거룩성을 잃어버리고 세상처럼 생각하고 행동하는 집단이 되었다는 뜻이 될 것입니다. 그런데 역사적으로 세속화는 교회의 재산이던 것이 일반인들의 재산으로 넘어오는 과정에서 생겨난 말입니다. 수도원에서 운영하던 포도원이나 목장을 더 이상 수도원이 갖지 않고 일반인들에게 넘겨주는 과정을 세속화라고 한 것이지요. 하나님이 아닌데도 하나님처럼 여겼던 것을 깨뜨리는 것, 이것이 바로 세속화의 또 다른 의미입니다.

하나님이 창조주임을 믿으면 하나님 아닌 모든 것을 상대화(relativization)할 수 있게 됩니다. 저는 그리스도인에게 주어진 특권 가운데 하나가 하나님 아닌 모든 것, 교회든 신학이든, 목사, 장로 그 무엇이든 간에, 그것이 하나님처럼 중요하게 되는 것을 깨뜨릴 수 있는 것이라고 생각합니다. 우리는 하나님 외의 다른 모든 것을 상대화할 수 있습니다. 상대화한다고 해서 오해하지 말 것은, 이 모든 것이 상대적 가치만을 지닐 뿐 의미가 없다는 것은 아니라는 점입니다. 하나님 아닌 모든 것, 하나님이 지으신 모든 것은 상대적 의미를 가질 때 비로소 그것이 가질 수 있는 가장 고유한 의미를 가질 수 있습니다. 지식이든 돈이든 권력이든, 이런 것들이 궁극적인 목적이 되고 추구의 대상이 되면, 곧 절대화되면 원래 가지고 있던 고유한 가치를 발휘할 수 없게 됩니다. 예를 들어 돈이 최상의 목적이 되면 우리는 돈의 종이 될 수밖에 없습니다. 하나님과 재물을 겸하여 섬길 수 없다는 마태복음 6장의 말씀처럼, 돈은 수단으로는 가장 좋은 수단이지만(돈이 없으면 할 수 있는 일이 별로 없습니다. 모든 일을 하는 데 돈이 필요합니다) 수단이 아니라 목적이 되면 그 즉시 우상이 되고 맙니다. 우리가 이 세상이 하나님이 지으신 것이고, 피조성에 존재의 의미가 있다고 고백한다면 이 세상에 있는 어떤 것도 절대적인 것으로 여기지 않게 될 것입니다.

가끔 사람들이 이런 질문을 던집니다. 십계명의 첫 번째 계명은 하나님 외에는 다른 신을 섬기지 말라는 것인데, 너희들이 믿는 하나님은 왜 그렇게 독점적이냐, 하나님이 통이 크고 넉넉하다면 하나님 외에 다른 신을 섬기는 것도 허용할 수 있었을 텐데 하나님은 너무 속이 좁은 것이 아니냐 하고 말이지요. 사실 이 계명은 우리에게도 조금 버겁게 느껴질 때가 있습니다. 우리를 구속하는 계명으로 느껴지기도 하거든요. 그런데 조금 전에 설명했던 의미대로 이해한다면, 이 계명은 우리를 속박하는 계명이 아니라 우리에게 자유를 주는 계명이라 할 수 있습니다. 이를 진심으로 받아들이고 따르지 않는다면 우리는 하나님 외에 또 다른 신을 두어야 합니다. 돈이거나 권력이거나 다른 무엇이 그 자리를 차지하겠지요. 한 분 하나님만 섬긴다면 그 외의 모든 것들을 상대화시키게 됩니다. 가치가 있지만 상대적 가치만 있음을 알고 그 고유한 가치를 발휘하도록 한다면 이 모든 수단이 정말 귀하게 사용될 수 있습니다.

이런 맥락에서 볼 때 창세기 1장에 해와 달을 언급한 것은 큰 의미가 있습니다. 하나님이 해와 달을 지으신 것은 넷째 날입니다. 그런데 창세기 1장에는 해와 달이라는 말이 없습니다. 1:16을 보면 하나님이 두 큰 '마오르', 곧 두 큰 광명체를 만드셨다고 되어 있습니다. 다만 우리가 그것을 보고 해와 달이라고 이해할 따름입니다. 근동에서 해와 달은 그 곳 사람들이 섬기던 신이었습니다. 어느 겨울날 산에 올라간 적이 있는데, 눈이 와서 온 천지가 하얗게 되어 있는 가운데 해를 보니 옛날 사람들이 해를 신으로 섬기는 것이 이해가 되었습니다. 우리 눈에 보이는 것 가운데 해만큼 큰 은덕을 베푸는 것이 없습니다. 해가 없다면 화학 작용이 있을 수 없고, 물이 있을 수 없고, 해가 주는 에너지가 아니면 생물들이 살 수가 없습니다. 이것만큼 큰 은덕이 어디 있겠습니까? 그러니까 사람들이 해를 신으로 섬긴 것이 아니겠습니까? 그런데 창세기 1장에서는 이런 해를 두고 그저 '큰 광명체'라고만 지칭하고 있습니다. 아무리 큰 은덕을 베푼다고 할지라도 그것은 신이 아니라는 것이지요. 하나님이 지으신 피조물일 뿐이라는 것입니다. 이처럼 하나님이 이 세상을 지었다고 할 때 하나님 외의 모든 것은 철저하게 비신격화, 상대화, 세속화됩니다. 오직 여호와 하나님만이 참된 신이며, 이 세상을 창조한 신이라는 것이 하나님이 창조주라는 사실로부터 우리가 얻는 교훈입니다. 하나님만이 우리의 자유와 소망의 근거임을 여기서 알 수 있습니다.

통일성과 다양성이 있는 세계

셋째, 하나님이 지으신 이 세계는 다양성과 통일성이 있는 세계입니다. 이 세계에는 여러 민족, 여러 언어, 여러 문화가 있지만, 크게 보면 하나의 인류 공동체라고 할 수 있습니다. 나뉘어 있기보다는 통일성을 이루고 있다는 점이 중요합니다. 바울이 데살로니가에 가는 도중 아테네에 잠깐 머물게 됩니다. 그 때 바울이 이야기한 것 가운데 하나가 하나님은 여러 나라와 민족을 지었지만 모두 한 혈통으로 되었다는 점입니다. 문화가 다양하고 사상과 종교, 피부색이 다양하지만 결국은 한 하나님에게서 나온 것이라는 것이지요. 그러면서도 여기에는 다양성이 있습니다. 하나님은 이 세상을 단일하게 짓지 않고 다양하게 지으셨습니다. 우리가 보기에도 흑백만 있는 세계보다는 노란색도 있고 파란색도 있고 빨간색도 있는 세상이 훨씬 나을 것입니다. 다양해서 좋지 않은 것은 질병의 수가 많은 것 정도가 아닐까요? 하나님의 세계는 통일성 속에 다양성, 다양성 속에 통일성이 있는 세계입니다. 이것을 창조를 통해 배울 수 있습니다.

하나님의 창조 세계는 여러 양상과 모습들이 통일성을 갖추고 있는 세계입니다. 그렇기 때문에 우리는 어떠한 종류의 환원주의도 받아들일 수 없습니다. 지식의 체계에서 보면 환원주의가 항상 존재해 왔습니다. 인문학은 사회과학으로, 사회과학은 생물학으로, 생물학은 화학으로, 화학은 물리학으로 환원하려는 경향이 지금도 있습니다. 몇 년 전에 번역되어 많은 사람들에게 읽힌 책 가운데 사회생물학자인 에드워드 윌슨이 쓴 「통섭」(統攝)이라는 책이 있습니다.[23] 1930년대 논리실증주의자들이 하나의 통합된 과학을 만들려고 노력한 적이 있는데, 윌슨은 진화 생물학을 통해 이러한 시도를 해 본 것입니다. 이는 철저하게 환원주의적인 방식으로 현상을 설명해 내려는 것입니다. 윌슨은 생물학자이기 때문에 화학이나 물리학의 차원으로까지는 내려가지는 않고 다만 생물학을 통해 사회적, 심리적, 도덕적, 종교적 현상을 설명해 내려 하고 있습니다. 하나님이 이 세상을 창조하셨다는 것은 이러한 종류의 환원주의를 배격합니다. 각각의 영역에는 고유의 모습이 있고, 고유의 구조가 있습니다. 물론 영역 사이의 상호소통을 이야기할 수는 있지만, 이것들 각각은 서로 환원될 수 없는 요소들을 가지고 있다는 것입니다. 이를 철학적으로 가장 잘 발전시킨 것이 네덜란드의 철학자 헤르만 도여베르트(Hermann Dooyeweerd)입니다. 이에 관한 이야기는 생략하도

록 하겠습니다.[24]

창조주의 성품으로 인한 자연 세계의 항상성과 신실성

넷째, 하나님이 이 세상을 지으셨다는 것은 이 세상이 끊임없이 변화하고 있음에도 불구하고 믿을 만하다는 의미를 담고 있습니다. 동양 고전 가운데 하나인 「역경」(易經)을 봅시다. 역(易)은 곧 변화를 뜻합니다. 역의 세계는 끊임없이 변화하는 세계입니다. 끊임없이 변하고 있는 이 세상이, 그럼에도 불구하고 믿을 수 있고 신뢰할 수 있다는 것은 어디에 근거를 두고 있을까요? 성경적인 관점에서 볼 때 그 뿌리는 창조주 하나님의 신실하심에 있습니다. 자연 법칙이라고 부르는 것도 하나님의 신실하심을 우리의 개념적 언어로 붙인 것에 불과합니다. 내일 아침에 해가 뜨고 저녁에 해가 지고 지구가 해 주위를 변함없이 돌 것을 믿을 수 있는 것은 창조주 하나님의 신실성, 언약적 사랑이 이 모든 세계의 항상성, 신실성의 기초가 되기 때문입니다.

지난 강의에 공자를 얘기한 적이 있습니다. 공자는 "하늘이 무슨 말을 하더냐. 사계절이 운행하고 온갖 것이 생겨나지만 하늘이 무슨 말을 하더냐"고 제자들에게 말한 적이 있습니다. 따라서 자기도 말하지 않겠다고 하였지요. 유교에는 계시가 없습니다. 그렇기 때문에 중국 사람들은 자연 현상을 잘 관찰했고, 자연 현상을 보고 삶의 원리를 찾아내는 데 능했습니다. 공자가 말하고자 했던 것은 하늘은 아무 말을 하지 않지만 사계가 순환하고 아침과 저녁이 순환하고 끊임없이 운행한다는 것이고, 여기서 우리가 어떤 교훈을 얻을 수 있다고 본 것이지요. 공자가 열심히 공부했을 뿐 아니라 주석과 해설을 써 덧붙였다는 책「역경」의 핵심 개념 가운데 원형이정(元亨利貞)이란 것이 있습니다. 봄, 여름, 가을, 겨울을 생각하면 쉽게 이해됩니다. 봄에는 시작이 있고, 여름에는 무성하게 자람이 있고, 가을에는 거둠이 있고, 그리고 겨울에는 갈무리하게 됩니다. 이것을 유교 전통에는 인의예지(仁義禮智)와 연결을 시키고 있습니다. 계절의 순환, 자연의 과정, 곧 하늘의 움직임을 통해 도덕 원리를 발견하고자 한 것이지요. 하늘의 이런 항상성(恒常性), 신실성은 어디에 근원을 두고 있습니까? 바로 창조주요 구속주인 하나님의 신실성과 사랑에 뿌리를 두고 있습니다. 이것이 우리가 창조를 통해 배울 수 있는 또 하나의 중요한 사실입니다.

현대 우주론과 환경 문제

이제 다섯 번째 강의를 마무리짓도록 하겠습니다. 우리의 강의는 하나님의 창조를 거부하는 세 흐름을 언급하는 것에서 시작하여 창조론의 여러 유형을 논의한 다음, 창세기 1-3장의 의미를 길게 논의하고 그것이 지닌 의미를 생각해 보는 것으로 끝났습니다. 그러면 지금까지 한 논의가 현대 우주론과 생태주의자들의 도전에 대해서 어떤 의미를 갖는지 생각해 봅시다. 창세기 1-3장은 우주의 기원을 과학적으로 밝혀주는 기록이 아닙니다. 이스라엘의 구속주는 근동의 자연신들과 달리 천지를 지으신 하나님임을 고백하고 찬양하며 그들의 역사를 통해 경험한 끊임없는 불순종은 흙으로 지음받은 첫 인간들의 불순종과 연관되며 불순종에도 불구하고 하나님은 사람과 땅에 관심을 보이시고, 찾아오시고, 관계를 맺으시는 분임을 들려주는 이야기라는 사실이 중요합니다. 하나님이 창조주이시라는 고백은 이 세계는 하나님의 창조의 결과라고 고백하는 것이 됩니다. 따라서 이 세계와 그 안에 있는 것은 과거와 현재뿐만 아니라 미래에도 하나님이 주시는 생명과 능력, 지혜로 존재할 수 있습니다. 존재하는 모든 것은 하나님으로부터, 하나님을 통해서, 하나님을 향해서 존재합니다. 따라서 어떤 무엇도 하나님인 것처럼 주장할 수 없습니다. 하나님 외에 존재하는 모든 것은 하나님을 떠나서 어떠한 생명도, 어떠한 능력도, 어떠한 지혜도 가질 수 없습니다. "만물이 주에게서 나오고 주로 말미암고 주에게로 돌아감이라"(롬 11:36)는 바울의 찬양은 이를 두고 말한 것이 아닐까요? 이것이 창조신앙의 핵심입니다.

그렇다면 현대 우주론을 그리스도인은 어떻게 보아야 할까요? 이 강의 시작 부분에서 인용했던 호킹의 말을 기억하시지요? 이 우주가 유한하면서도 시작도 끝도 없는 우주, 단순히 있기만 한 우주를 호킹은 말합니다. 하나님이 들어설 자리가 없다는 것이지요. 앞에서 언급한 적이 있던 폴킹혼을 비롯해 호킹과 다르게 생각하는 물리학자들도 많이 있습니다. 이 우주는 유한하다든가, 유한한 것에는 시작이 있고, 끝이 있다든가, 우주 속에서 특이하게도 지구처럼 생명체가 생길 수 있는 조건을 갖춘 별이 가능했다든가 하는 것들은 이 우주가 우연의 산물이 아니라 하나님이 짜신 설계의 산물이라는 믿음과 거리가 멀지 않습니다. 그러므로 현대 우주론 때문에 창조 신앙을 버린다든지, 창조 신앙 때문에 현대 우주론을 거부한다든지 할 이유는 없습니다. 오히려 창조신앙은 현대 우주론보다 훨씬 흥미롭고 풍부한 의미를 존재하는 우주

에 부여할 수 있습니다. 자세한 논의는 폴킹혼의 글을 참조하시길 바랍니다.[25]

환경 문제와 관련해서 간단히 언급하겠습니다. 현재의 생태계 위기와 기독교가 무슨 관련이 있을까요? 이 문제와 관련해 기억할 것은 하나님은 생육하고 번성하는 복을 주시되 단순히 인간에게만 주신 것이 아니라는 사실입니다. 하나님은 사람뿐 아니라 동물에게도 생육하고 번성하는 복을 주셨습니다(창 1:22). 이들 역시 인간과 동등한 조건을 가진 이 땅의 거주민입니다. 앞에서도 잠깐 보았습니다만, 시편 104:10 이하를 읽어 보십시오. 하나님은 사람뿐만 아니라 가축을 포함하여 모든 동물들을 위해 채소를 자라게 하시고 식물이 자라게 하십니다. 양식은 사람뿐 아니라 가축들을 위해서도 주어진 것입니다. 하나님은 이 땅을 사람이 사는 곳으로만 지으시지 않았습니다. 하나님이 지은 이 세상에는 생태계적 연대 관계가 있고, 따라서 우리의 책무는 이를 보호하고 관리하고 개입할 책임을 지는 것입니다. 생태계 파괴에 대해서 만일 기독교에 책임이 있다면, 그것은 기독교가 성경 말씀을 잘못 이해했기 때문이지 성경 말씀 자체에 오류가 있기 때문은 아닙니다. 사실 저로서는 환경 파괴의 원인은 과학과 기술의 발전과 자본주의적 생산과 소비 양식, 그리고 모두가 자유롭고 평등한 삶을 누릴 수 있는 민주주의적 삶의 양식과 긴밀하게 연결되어 있다고 보고 싶습니다.

생태계 위기의 역사적 기원을 기독교에서 찾았던 린 화이트 2세는 중세 농업 경제사의 전문가입니다. 그런데 사실 중세에는 환경 문제가 없었습니다. 환경 문제가 출현한 것은 20세기 후반이고, 20세기의 환경 문제는 방금 말한 것처럼 오히려 17세기 이후 급격하게 발전한 근대 과학과 기술, 근대 자본주의, 그리고 누구나 평등하게, 적어도 원칙적으로 동등하게 물질적으로 높은 수준의 삶을 누릴 수 있다고 본 근대 민주주의에 뿌리를 두고 있다고 보아야 할 것입니다. 그런데 만일 근대 과학과 기술, 자본주의, 근대 민주주의가 기독교적인 자연관과 인간관, 기독교적 노동관과 재물관 때문에 출현할 수 있었다면 기독교가 어느 정도 책임을 질 수밖에 없겠지요. 만일 책임을 지겠다고 한다면 과학 기술과 자본주의, 민주주의에 대한 근본적인 반성을 통해서 기독교가 환경 문제에 대해서 책임을 질 수 있을 것입니다. 개인의 삶에서의 절제, 금욕, 나눔, 자연과의 친화적 교류뿐만 아니라 사회 전체의 가치 지향 변화에도 관심을 써야 하나님이 창조하신 세계를 하나님에 대한 감사와 찬양 가운데 이웃과 함께 누리고 즐길 수 있을 것입니다.

 더 읽고 생각해 볼 문제

1. 젊은 지구론과 오랜 지구론, 하나님의 능력으로 충만한 우주론의 주장을 검토해 보십시오.

우리 한국 교회 안에서는 아직도 매우 민감하게 반응하고 있는 문제인 줄 압니다만, 저는 진화와 진화론은 구별해야 한다고 생각합니다. 진화론은 창조론과 서로 대립합니다. 그러나 우주와 물질, 생명의 진화는 하나님의 창조 신앙과 대립하는 것이 아닙니다. 강의 중에 소개했던 넬슨과 레이놀즈가 편집한 「창조와 진화에 대한 세 가지 견해」(IVP, 2001)를 먼저 자세하게 읽고 공부하십시오. 젊은 지구론을 주장하는 전통적 근본주의적 창조론과 구별되는 지적 설계론에 대해서는 필립 E. 존슨의 「심판대의 다윈: 지적 설계 논쟁」(이승엽·이수현 옮김, 까치, 2006)을 권합니다. 창조와 진화를 둘러싼 매우 불행한 논쟁에 대해서는 미국 칼빈대학 과학철학 교수인 델 래취(Del Ratsch)의 「시초(始初)에 관한 다툼: 어느 쪽이나 창조-진화 논쟁을 이길 수 없는 이유」(*The Battle of Beginnings: Why Neither Side Is Winning the Creation-Evolution Debate*, Downers Grove, Illinois: InterVarsity Press, 1996)를 읽어 보십시오. 강의 가운데 다룬 창세기 1-3장에 관해서는 미국의 칼빈신학대학원 구약학 교수를 지냈던 존 스텍(John Stek) 교수가 쓴 「성경은 창조에 대해서 무엇을 말하는가?」를 꼭 읽어 보십시오. 이 글은 류호준 교수가 번역, 편집한 존 스텍의 「구약신학」(솔로몬, 2000), pp. 203-287에 실려 있습니다.

2. 과학과 기독교 신앙의 관계에 대해서 몇 가지 유형을 나누어 보고, 어느 입장이 신앙을 가진 사람으로 과학을 공부하는 데 합당한 태도인지 생각해 보십시오.

과학과 종교의 관계에 대해서 일반적인 논의는 이언 바버의 「과학이 종교를 만날 때」(이철우 옮김, 김영사, 2002)를 보십시오. 델 래취의 「과학철학」(김영식·최경학 옮김, IVP, 2002)은 기독교적 관점에서 자연과학을 평가하고 있습니다. 「현대과학과 기독교의 논쟁」(리차드 칼슨 편집, 우종학 옮김, 살림, 2003)은 과학과 기독교 신앙을 여러 관점에서 볼 수 있는 가능성을 보여주는, 이 주제에 관해서 지금까지 나온 책 가운데 가장 좋은 책입니다. 지적 설계(Intelligent Design) 운동의 전도사 역할을 하고 있는 필립 존슨의 「위기에 처한 이성」(양성만 옮김, IVP, 2000)도 참고하십시오. 폴킹혼의 「실재의 탐구」(*Exploring Reality*, New Haven & London: Yale University Press, 2005)와 「신앙, 과학, 이해」(*Faith, Science & Understanding*, New Haven &

London: Yale University Press, 2000)도 함께 참고하십시오.

3. 하나님의 창조와 성령 안에서의 예수 그리스도의 구속을 통한 새로운 창조의 관점에서 자연과 문화에 대해 그리스도인들이 어떤 책임을 져야 하는지 생각해 보고 토론하십시오.

창세기 1:27을 흔히 '문화 명령'이라고 부릅니다. 이는 네덜란드의 신학자 클라스 스킬더(Klass Schilder)가 사용한 말입니다. 그런데 우리가 흔히 사용하는 이 말에는 큰 오해가 있습니다. 첫째, 이 구절은 사실은 명령이 아니라 살아 있는 모든 것들에게 하나님이 주신 축복입니다. 하나님이 복 주시지 않으시면 살아 있는 것들이 생육하고 번성하고 땅에 충만할 수 없습니다. 살아 있는 것들이 만일 생육하고 번성한다면 그것은 하나님이 주신 복일 따름입니다. 둘째, 땅을 정복하라, 모든 생물을 다스리라 하신 것은 명령입니다. 명령이긴 하되, 이것을 '문화 명령'이라고 부를 수는 없습니다. 땅을 정복하고 다스리는 것은 문화가 아니기 때문입니다. 우리가 하나님을 창조주로 고백할 때, 이 때 우리는 하나님을 단순히 창조주일 뿐 아니라 구속자이며, 회복의 주님이심을 고백하는 것입니다. 그렇다면 그렇게 고백하는 우리는 어떻게 살아야 할 것인가 당연히 물을 수밖에 없습니다. 이것에 대한 답은 아마도 창조주이시며 구속주이시며 만물의 회복의 주님이신 하나님의 세계(자연을 포함해서 인간의 삶과 관련된 모든 영역)를 그분의 세계로 회복시키는 일을 맡아서 하는 것이 될 것입니다. 그리스도의 화육과 십자가의 죽음, 부활, 성령의 오심을 통해 이 회복의 일이 시작되었습니다. 그리스도인들은 삼위 하나님이 자신의 세계를 회복하시는 일에 동역자로 참여하도록 몸된 교회로 부름받았고 세상으로 다시 보냄받은 사람들입니다. 그러나 유감스럽게도 오늘날의 교회는 이 훈련을 제대로 시키지 못하고 있습니다. 그렇기 때문에 성도들의 삶은 교회 테두리 안에서만 강조되는 데 그치고, 원래 하나님의 창조 세계인 '세상'은 신앙과 아무 상관없는 곳이 되어 버렸습니다. 그러므로 우리에게 절실히 필요한 것은 바른 '창조 신앙'과 '창조 신학'의 회복입니다. 이를 위해서는 신학 교육과 교회 설교의 혁신이 필요합니다.

「목회와 신학」 창간 18주년 기념 특별 대담으로 미국 풀러신학교 총장 리처드 마우 박사와 제가 나누었던 대화를 참조하시기 바랍니다. 「목회와 신학」, 2007년 7월호, "하나님은 타이거 우즈의 골프를 통해서도 영광을 받으십니다", pp. 38-47를 보십시오. 코넬리우스 플란팅가의 「기독 지성의 책임」(오광만 옮김, 규장, 2004)도 함께 참고하십시오.

맺음말

지금까지 사도신경의 첫 고백(우리에게 익숙한 번역을 따르면) "전능하사 천지를 만드신 하나님 아버지를 내가 믿사오니"를, (라틴어 원문을 바탕으로 한 저의 새 번역을 따르면) "아버지이시고, 전능하신 분이시고, 천지의 창조주이신 하나님을 나는 믿습니다"를 현대의 여러 도전을 염두에 두면서 단어 하나 하나를 생각해 보았습니다. 이제 전체를 한번 마무리해 보면 좋겠습니다.

다양한 의견과 사상, 다양한 주의(主義), 주장이 마치 백화점에 전시된 물건처럼 각각의 목소리를 드높이는 상황에서 예수 그리스도를 통해 성령 안에서 우리에게 자신을 보여 준 하나님을 믿는다고 고백하는 것은 사실 모험입니다. 그러나 세상이 많이 변했습니다. 네가 믿는 믿음이 참임을 증명해 보라! 이렇게 곧장 요구하는 사람은 없습니다. 다양한 종교와 문화에 대해서 무조건 관용의 태도를 취해야 한다는 것이 우리가 살고 있는 세계의 가장 기본적인 명령이기 때문이지요. 하지만 하나님을 믿는다, 그 하나님이 더구나 아버지임을 믿는다, 아니 한걸음 더 나아가 전능자임을 믿는다, 창조주임을 믿는다고 말하는 것을, 최근 번역되어 관심을 끌고 있는 「만들어진 신」의 저자 리처드 도킨스(Richard Dawkins) 같은 사람은 무식하거나 어리석거나 미친 짓이라고 말합니다. 과연 그럴까요? 우리가 살고 있는 시대에 하나님을 믿는다고 고백하는 것은 무슨 의미가 있을까요?

먼저 믿음과 반대되는 회의 또는 의심을 생각해 보십시오. 데카르트 이후 근대 세계는 회의(懷疑)를 가장 중요한 지적인 기본 태도로 봅니다. "모든 것에 대해서 회의해야 한다"(*De omnibus dubitandum est*), 이것이 근대적 지식 추구의 표어입니다. 회의를 통하여 확고한 것, 흔들리지 않는 것을 찾아낼 수 있다는 것이지요. 그래서 의심할 여지없이, 명석하고 판명하게 인식할 때까지는 어떠한 것도 참된 것으로 수용하지 말하는 것이 데카르트의 권고입니다. 전통이나 책을 통해서 배운 지식은 모두 효력을 정지시키고 내 정신의 눈앞에 분명하고 구별된 모습으로 드러나는 것만을 참인 것으로 받아들여야 한다는 것이지요. 이성을 진리의 근거로 내세운 합리론자와, 경험을 근거로 내세운 경험론자가 다 같이 믿을 만한 지식에는 확실한 근거가 있어야 하고 그 근거는 논리적으로나 경험적으로 주어진 증거여야 한다는 생각입니다. 그러므로 근대 철학은 합리론이나 경험론이나 다 같이 지식과 관련해서 토대주의(foundationalism)와 증거주의(evidentialism)를 기본적으로 공유하고 있다고 말할 수 있습니다. 지식은 여러 가지 추론을 바탕으로 이루어지는데 추론의 근저에는 추론을 통하지 않고 정신을 통한 직접적인 통찰(직관)이나 감각 기관을 통한 직접적인 접촉(원초적 감각 경험)이 있다고 보는 것이 토대주의의 내용이고 믿을 만한 지식에는 반드시 그것을 믿을 만한 증거가 있어야 한다고 보는 것이 증거주의라 말할 수 있습니다. 토대주의와 증거주의는 동전의 양면이며, 토대주의자는 증거주의자이며 증거주의자는 토대주의자입니다.

이 결과가 무엇입니까? 두 번째 강의에서 지적했던 것처럼 신의 존재뿐만 아니라 내 바깥에 존재하는 외부 세계 존재, 나 외의 다른 사람들의 마음의 존재가 심각한 철학적 문제로 등장합니다. 끝내는 나 자신의 존재도 문제가 되었습니다. 데카르트의 전략은 최종적으로 문제가 되는 나 자신의 존재와 나 자신의 생각이 의심할 여지 없음을 직관적으로 파악한다는 사실로부터 유한한 나의 존재 근거로서의 하나님, 그리고 그 하나님이 나에게 주신 감각 기관을 통하여 파악하는 나 바깥의 물질 세계 존재의 확실성을 확보해 나갑니다. 그러나 흄 같은 철저한 경험론자는 나 자신이란 단순히 내가 경험하고 상상하고 만든 관념들의 묶음에 지나지 않는다는 주장을 하게 되고 모든 사물을 벗어나 확고하게 모든 것의 기반이 된다고 생각한 나 자신도 경험적인 것들의 묶음에 불과하다고 보게 된 것이지요. 이렇게 신 존재의 문제, 외부 세계 존재의 문제, 타인의 마음의 문제, 자아의 존재 문제는 데카르트부터 흄과 칸트에 이르기까지 서양 근대철학의 근본적인 문제로 등장하였습니다.

여기에 예외가 있다면 아마도 스코틀랜드 철학자 토마스 리드(Thomas Reid)일 것입니다. 회의가 아니라 당연하게 참으로 받아들이는 사실(something taken for granted)과 사람이면 누구나 공유하는 상식(common sense)으로부터 자아의 문제, 외부 세계의 문제, 지식의 문제, 윤리의 문제, 신 존재의 문제 등을 얘기한 철학자이죠. 그러나 역시 근대 세계의 대세는 회의였고 이 전통은 이른바 포스트모던 철학자와 사상가들에게도 그대로 전승되었습니다. 마르크스의 이데올로기

('전도된 의식') 비판, 프로이트의 무의식 연구, 니체의 계보론(系譜論)은 회의에서 한걸음 더 나아간 '혐의'(嫌疑) 또는 '의혹'(疑惑)에서 시작합니다. 하는 말이나 쓰인 글을 곧이곧대로 받아들이는 것이 아니라 배후에 표면과는 다른 숨은 의도가 있다고 보는 것이지요. 매우 도식화해서 말하자면 마르크스는 인간의 사고와 행동은 계급적 관심에 따라 좌우된다고 봅니다. 프로이트는 의식은 무의식적 욕망과 현실적 규제와 원리의 절충의 산물에 지나지 않는다고 봅니다. 이들의 접근 방식을 일컬어 '혐의의 해석학' 또는 '의혹의 해석학'(the hermeneutics of suspicion)이라고 부르지요. 현대 지적 세계에 미친 영향은 아인슈타인에 버금간다고 할 수 있을 정도입니다.

여러분 가운데, 앞에서 언급한 도킨스의 「만들어진 신」(*The God Delusion*: 신이라는 망상)을 읽어 보신 분이 있는가요? 도킨스가 기대하듯이 그 책을 모두 읽은 뒤 여러분은 유신론자에서, 또는 불가지론자에서 무신론자로 전환하는 경험을 해 보셨는지요? 도킨스는 2강에서 거명했던 마르크스, 프로이트, 클리포드, 러셀과 마찬가지로 철저한 근대주의자입니다. 흥미로운 것은 앞에서 우리가 분류했던 증거주의적 무신론과 혐의론적 무신론 두 유형을 도킨스에게 동시에 찾아볼 수 있다는 것입니다. 신의 존재에 대한 믿음을 "보통의 과학적 가설"이라 보면서 이 가설을 확증할 수 있는 증거가 없는 것이 신의 존재를 확증할 수 없는 이유로 보고 있습니다. 그로 인해 그는 자신을 "확실히 알 수는 없지만 신이 있을 것 같지 않다고 생각하고 신이 없다는 가정 하에 사는" 사실상 무신론자에 속한다고 보지만 "융이 신이 있다는 것을 '안다'고 확신하는 것만큼 나는 신이 없다는 것을 안다"고 말하는 강한 무신론자에 가깝다고 봅니다.[1] 이 점에서 도킨스는 전형적인 증거주의자의 노선에 선 무신론자입니다. 그러면서도 동시에 신은 인간의 망상이요 환각이라고 보는 점에서 혐의론적 무신론에 속합니다. 도킨스는 그의 선배 무신론자의 관점을 반복하고 있을 뿐입니다.

신의 부재에 대한 도킨스의 적극적인 논증은 무엇일까요? 그것은 그가 '궁극적 보잉 747논증'이라고 이름 붙인 논증입니다. 도킨스는 이 논증이 신의 존재를 이론적으로 반증한다고 생각하지 않습니다. 그럴 수 있는 가능성이 없다는 데 동의합니다. 그러나 "이 논증은 신의 존재가 비록 학술적으로는 반증 불가능하더라도, 사실상은 불가능하다는 사실을 보여 준다"고 도킨스는 강하게 말합니다.[2] '궁극적 보잉 747'은 프레드 호일의 "보잉 747과 고물 야적장"의 비유에서 따온 것입니다. 호일에 따르면 생명이 지구에 출현할 확률이 고물 야적장을 휩쓴 태풍이 운 좋게 보잉 747을 조립해 낼 확률과 별 다를 바 없습니다. 복잡한 것은 복잡한 만큼 발생할 개연성이 없다는 것이지요. 보잉 747과 같은 복잡성의 출현을 설명하기 위해서 지적 설계자를 도입하는 것은 마치 '궁극적인 보잉 747'을 만들어 내는 것과 같고 이러한 존재가 있을 수 있는 가능성은 통계적으로 거의 불가능에 가깝다고 도킨스는 주장합니다. 가장 복잡한 존재여야 할 신이 출현할 개연성이 거의 없으므로 신은 통계적으로 존재할 가능성이 없다는 결론을 내리는 것입니다.

도킨스가 신을 착각 또는 망상이라 보는 이유는 이렇습니다. 만일 신을 "우주와 우리를 포함하여 그 안의 모든 것을 의도를 갖고 설계하고 창조한 초인적, 초자연적 지성"이라고 이해한다면 그렇게 무언가를 설계할 정도로 충분한 복잡성을 지닌 창조적 지성은 오직 확장되는 점진

맺음말 269

적 진화 과정의 최종 선물로 출현할 수 있다고 도킨스는 일단 가정합니다. 따라서 신은 세계의 기원에 앞선 존재가 아니라 세계의 진화 끝에 오는 존재입니다. 그러므로 진화된 존재인 창조적 지성은 우주에서 나중에 출현할 수밖에 없으므로 우주를 설계하는 일을 맡을 수 없습니다. 따라서 이 정의를 따르면 신은 착각이고, 유해한 착각이라는 것이 도킨스가 자신의 책을 통해서 변호하고자 하는 내용입니다.[3]

"신은 대단히 복잡하므로 [존재할] 개연성이 거의 없다"는 도킨스의 주장에 대해 우리는 앨빈 플란팅가가 보인 반응을 보일 수 있습니다. 기독교 신학 전통을 따라 보면 하나님은 '복잡한' 존재가 아니라 '단순한 존재'입니다. 하나님 안에는 사물과 속성, 현실성과 잠재성, 본질과 존재가 구별되지 않고 하나라는 뜻이지요. 또한 하나님은 영적 존재이기 때문에 그 안에는 부분이 없으므로 복잡성 운운할 여지가 전혀 없습니다. 복잡성에 대해서 도킨스 자신이 내리고 있는 정의를 따라 보더라도 ("부분들이 우연만으로는 출현할 가능성이 낮은 방식으로 배열된 존재") 하나님은 복잡한 존재가 될 수 없습니다. 왜냐하면 하나님 안에는 이 부분, 저 부분으로 나눌 수 없고 부분들의 결합이나 배열을 얘기할 수 없기 때문입니다.

그러나 도킨스가 주장한 대로 신이 복잡한 존재라고 일단 수용해 보지요. 더 많은 것을 알고 더 많이 할 수 있는 능력이 있는 존재는 그렇지 못한 존재보다 복잡하다고 우리는 생각할 수 있습니다. 땅에 기어다니는 벌레보다 우리는 더 많은 것을 알고 더 많은 것을 할 수 있다는 의미에서 우리 자신을 더 복잡한 존재라 부를 수 있습니다. 마찬가지로 하나님은 우리와 비교할 수 없을 정도로 많은 것을 아시므로, 우리와 비교할 수 없을 정도로 복잡한 존재라고 할 수 있습니다. 그런데 어떤 이유로 도킨스처럼 그러한 신은 존재할 개연성이 없다고 주장할 수 있을까요? 도킨스가 하고 있는 주장은 플란팅가가 지적하고 있는 것처럼 유물론적 입장을 수용할 때에야 가능합니다. 만일 유물론이 참이라면 신의 존재를 수용하는 유신론은 거짓일 것입니다. 그러나 이 논법은 쉽게 알아챌 수 있듯이 일종의 순환논법의 오류에 빠질 수밖에 없습니다. 유신론이 거짓임을 얘기하자면 유물론이 참임을 증명해야 하기 때문이지요.[4]

결국 문제는 유물론을 수용하는가, 유신론을 수용하는가에 달려 있습니다. 다시 원점으로 돌아갈 수밖에 없습니다. 도킨스는 자신이 유물론자임을 분명하게 명시하지 않지만 신을 이해하는 방식에서 그의 세계관이 유물론임이 분명히 드러납니다. 그는 유물론자이면서 이것을 바탕으로 한 진화론자입니다. 존재하는 것은 모두 물리학에서 말하는 소립자에서 출발해서 점점 복잡한 존재로 진화하고 있다는 가정 없이, 신을 진화의 최종 산물이라 부를 수 없겠지요. 그런데 이렇게 진화된 존재는 유신론의 관점에서 보면 그것이 아무리 뛰어난 존재라 하더라도 물질의 총합인 자연의 피조물에 지나지 않을 뿐 창조주일 수는 없는 것이지요. 만일 좀더 합리적으로 생각한다면 단순한 것에서 복잡한 것의 출현이, 예컨대 생명의 출현이 고물 야적장에서 보잉 747이 조립되는 것과 같은 것이라면 그것은 도킨스가 확신하는 것처럼 자연선택에 의해 일어난 것이 아니라 창조주에 의해서 그렇게 된 것이라는 것이 훨씬 설명의 부담을 더는 게 아닐까요? 물론 도킨스는 우리가 어릴 때 물었던 것처럼 묻습니다. "그 창조주는 누가 만들었느냐?"고요. 기독교의 답은 이것입니다. "창조주는 스스로 계신 분입니다." 예컨대 스피노자가 "존재하는 것은 그 자체로 있거나(*in se esse*) 다른 것으로부터 있다 (*ab alio esse*)"고 말한 것처럼 존재하는 것을 자존적 존재와 의존적 존재로 나누어 보는 것이 더 합당하지 않을까요?[5] (도킨스의 책은 이 외 많은 논의를 담고 있습니다만 여기서 자세한 논평은 생략하겠습니다.)

도킨스와 같은 전투적 무신론자들의 드높은 소리를 들으면서 하나님을 믿는다고 고백하는 것이 무슨 의미인지 다시 생각하게 됩니다. 왜냐하면 신 부재에 대한 그의 주장은 제가 보기에는 별로 설득력이 없지만 종교가 현대 세계에 미치고 있는 부정적인 해악에 관한 그의 지적은 쉽게 무시할 수없는 내용을 담고 있기 때문입니다. 도킨스의 주장을 이론적으로 논파하는 것은 철학자와 기독교 과학자, 신학자들이 맡아 해야 할 일이지만 현대 세계에 미친 종교의 해악과 관련된 부분은 모든 그리스도인의 삶과 사고와 관련된 것이기 때문에 일상 속에서 실천적 삶을 살아가는 그리스도인들도 관심 가져야 할 일이라 생각합니다. 그러므로 이렇게 다시 물어 보도록 하지요. "아버지이시고, 전능자이시고, 천지의 창조주이신 하나님을 나는 믿습니다"라는 나의 고백이 이 세상을 살아가는 나에게 어떤 실천적 의미가 있을까요? 저는 교회 개혁자 마르틴 루터가 누구보다도 이것을 잘 보여 주었다고 생각합니다. 그래서 루터가 1529년 작성한 「루터 박사의 소요리문답」(*Dr. Luther's Enchiridion: Der Kleine Cathechismus*) 가운데 사도신경 첫 고백 부분에 대한 해설을 함께 보기를 여러분께 제안합니다.

루터는 첫 고백의 의미를 이렇게 설명합니다.

"하나님이 나와 존재하는 모든 것을 창조하셨다는 것과, 몸과 영혼, 눈, 귀,

나의 모든 지체와 나의 이성과 나의 모든 감각, 옷과 신발, 먹을거리와 마실 것, 집과 가정, 아내와 아이, 땅과 가축과 나의 모든 재산을 나에게 주시고 지금도 붙들어 주신다는 것과, 살아가는 데 필요한 모든 것을 날마다 풍족하게 공급하시며 모든 위험에서 나를 보호하시며 모든 악에서 나를 지켜 주신다는 것과, 하나님은 이 모든 것을 그분의 순전한 부성적이며 신적인 선함과 자비로부터 행하셔서 어떤 공적이나 자격을 나에게 요구하지 않는다는 것을 나는 믿습니다. 이 모든 것에 대해서 나는 감사하고 찬양하고 그분께 순종할 수밖에 없습니다. 이것은 확실히 참된 것입니다."[6]

저는 사도신경의 첫째 구절을 이렇게 간명하게 설명해 준 사례를 보지 못했습니다. 루터의 해석은 짧고도 쉽고 대단히 실제적입니다. 전문적인 신학적 해석이 여기 없습니다. 구체적인 나의 삶에서 시작하여 그분이 누구이시고, 우리가 감사해야 할 것이 무엇인지 알려 줍니다. 루터의 설명은 중세의 토마스 아퀴나스의 해설과 구별됩니다. 아퀴나스의 논지는 이렇습니다.[7]

- 신자들이 믿어야 할 진리 가운데 으뜸 되는 것은 한 분 하나님이 계시며 하나님은 만물의 통치자이며 섭리자임을 알아야 한다.
- 이 세상 모든 것을 하나님이 통치하시고 섭리하심을 믿는 이는 하나님을 믿는 자이고 이 모든 것이 우연히 있게 된 것이라 믿고자 하는 이는 하나님이 계신다는 것을 믿지 않는 자이다.
- 그러므로 한정된 시간과 질서 가운데 작동하는 모든 존재가 어떤 분의 통치와 예지와 질서 잡힌 배려에 종속된다는 것을 부인하는 이만큼 어리석

은 사람은 없다.
- 하나님이 자연을 통치하시고 섭리하신다는 것을 믿으면서도 하나님이 인간사를 통치하고 섭리하신다는 사실을 믿지 못하는 사람들이 있다.
- 악인이 번창하고 선인이 고난받는 일을 세상에서 보기 때문에, 이것으로부터 하나님이 인간사에 대해서는 관심이 없다고 추론한다.
- 이러한 추론은 불합리한 데, 그 까닭은 의사가 분명한 의학적 이유 때문에 어떤 이에게는 물을 처방하고 어떤 이에게는 포도주를 처방하는 데도 불구하고 사람들이 의학을 이해하지 못하기 때문에 우연히 그렇게 하는 것처럼 오해하는 것과 비슷하기 때문이다.
- 따라서 우리는 하나님이 자연뿐만 아니라 인간사의 통치자이며 섭리자임을 확고하게 믿어야 한다.

아퀴나스의 사도신경 해설은 이런 방식으로 전개됩니다. 그의 해설도 비교적 간단하고 실제적이지만 역시 보편적 원리를 먼저 드러내는 일에 관심이 있습니다. 이 세계는 우연이 지배하는 세계가 아니라 창조주와 섭리자 되신 하나님이 지배하는 세계이며 선한 자들이 당하는 고통도 당사자는 비록 그 이유를 모르더라도 하나님은 선한 목적과 계획을 가지고 있다는 것을 강조합니다.

루터의 해설은 아퀴나스와 달리 '나'에게서 출발합니다. '내가 믿습니다'라는 말로 신앙 고백을 시작하는 것과 마찬가지로 하나님을 나와 관련해서 믿음의 내용을 이해하는 방식으로 루터는 설명하고 있습니다. "나를 하나님이 다른 존재하는 것들과 함께 창조하였습니다." 이 때 '나'는 주격이 아니라 목적격임을 주목해야 합니다. 독일어로 말하자면

"Ich glaube, dass mich Gott geschaffen hat…"(나를 하나님이…창조하신 것을 나는 믿습니다)라고 루터는 첫 고백을 풀어씁니다. 이어서 하나님이 나에게 주시고 지금도 보존하신 것들에 대해서 얘기할 때 루터는 '몸'을 먼저 언급하고는, 그 다음에 이어 영혼을 말합니다. 이런 방식으로 점점 범위를 넓혀 갑니다. 매우 일상적이고 구체적인 접근 방식을 취하고 있는 것이 분명히 드러납니다. 루터의 방식은 사도신경의 고백이 하나님을 우리와 지극히 친근한 아버지에서부터 시작하여 전능자로, 전능자에서 다시 창조주로 확대해 가는 방식과 비슷합니다. 그러나 역시 '나'를 (주격이 아니라 목적격으로 배치했다고 하더라도) 직접 하나님과 대면해서 신앙 고백을 한다는 것이 특징이라면 특징이라 할 수 있습니다. 이것을 굳이 말을 붙여 얘기하자면 근대의 특징인 "'나'라는 주체로의 관심 전환"이라 부를 수 있겠지요.

그러나 루터가 여기에서 말하는 '나'는 데카르트의 '주격적 주체'가 아니라 오히려 레비나스적인 '목적격적 주체'라 보아야 하지 않을까 생각합니다.[8] 내가 생각하고, 내가 존재한다고 주장하기에 앞서, 하나님 앞에서 선 존재, 하나님의 부름으로 인해 나를 그분께 응답으로, 반응으로 내어놓는 주체, 하나님에 대해서 이웃에 대해서 부름을 무시할 때, 그 무응답으로 인해 '고발될 수 있는'(accusable) 주체, 타인의 짐을 짊어지고 책임질 수 있는 주체, 이것이 창조주 하나님이 주신 모든 선한 것들에 대해서 감사하고 찬양하는 인간의 모습이 아닌가 생각합니다. 그러면서도 우리와 낯선, 저 멀리 떨어져 있는 주체가 아니라, 먹고 마시고 잠자고 타인과 더불어 일하는 지극히 일상적인 주체가 루터가 여기서 '나'라고 표현한 존재의 모습입니다.

루터는 「소요리문답」에서 사도신경 첫 고백에 대해서 믿는다고 고백하는 내용 네 가지와 우리가 보여야 할 반응 한 가지를 제시합니다.

- 나와 내 주변에 있는 모든 것은 하나님이 창조하셨다.
- 몸과 관련된 것(눈, 귀, 모든 지체), 영혼과 관련된 것(이성과 감각), 몸을 보호하는데 필요한 것(옷과 신발, 먹을거리와 마실 것), 내가 깃들여 편안하게 살 수 있는 처소(집과 가정), 함께 살아갈 사람들(남편/아내와 아이), 생명을 유지하는 데 필요한 물질적인 조건(땅과 가축과 재산), 이 모든 것을 하나님은 나에게 주시고 지금도 보존하신다.
- 살아가는 데 필요한 모든 것 공급해 주시고, 모든 위험에서 나를 보호하시고 모든 악에서 나를 지켜 주신다.
- 하나님은 이 모든 것을 아버지로서 행하셔서 나에게 어떤 대가나 자격을 요구하지 않는다.
- 그러므로 우리가 하나님께 보여야 할 마땅한 태도는 감사, 찬양, 순종이다.

여기에는 우연이냐 하나님의 주권적 통치냐(아퀴나스), 창조냐 진화냐, 아버지냐 어머니냐, 전능이냐 악의 허용이냐(현대의 관심) 하는 것들에 대한 논의를 찾아볼 수 없습니다. 일상을 살아가는 가운데 하나님이 우리에게 누구이시며, 그분이 우리에게 베푼 은혜가 무엇이며, 우리가 그분께 보여야 할 마땅한 삶의 태도가 어떤 것인지 서술되어 있습니다. 이렇게 단순하고도 쉽게 서술된 까닭은 한 집의 가장이 집안 식구들에게 아주 분명하고 단순하게 우리가 믿는 신앙의 내용을 설명하기 위해 「루터 박사의 소요리문답」이 작성되었기 때문입니다. 십계명, 사도신경, 주기도문, 성례에 대한 가르침, 이 네 가지 주제를 중심으로 가정에서 가장이 가족들에게 가르치도록 짜여 있습니다. 신앙 교육의 장으로서 루터가 가정을 중요하게 생각했다는 사실을 여기서 엿볼 수 있습니다. 아마 대학을 염두에 두고 루터가 해설을 썼더라면 내용이 다를 수밖에 없었겠지요.

루터의 가르침에서 중요한 것은 단순히 서술 방식의 문제가 아닙니다. 생각해 보십시오. 하나님이 우리의 창조주이며 우리의 아버지이고 우리 삶의 주재자라고 고백하는 것은 우리의 삶 전체가 모두 하나님으로부터 받은 선물이요 은혜임을 알고 이것들을 주신 까닭이 나에게 어떤 자격이나 공로가 있어서가 아니라 하늘에 계신 아버지의 순수한 자비와 선하심의 결과임을 알고 그의 말씀을 따라 감사와 찬송의 삶을 살지 않을 수 없게 합니다. 만일 이렇게 산다면 삼위일체 되신 하나님에 대한 신앙에 확고히 서되, 다른 신앙을 가진 사람을 학대하거나 폭력을 가하지 않을 것이며, 계명을 지키되, 율법주의자가 되지 않을 것이며, 돈을 유용하게 쓰되, 배금주의자가 되지 않을 것이며, 자유와 기쁨 가운데 삶을 살아가되, 타인의 고통과 호소를 무시하지 않을 것이며, 의견 차이와 갈등을 피하지 않되 결국은 평화를 추구할 것이며, 이 세상 모든 일을 진실과 정직 가운데 행하되, 이 세상에 함몰되지 않고 다가올 영원한 세계를 사모하게 될 것입니다.

루터의 설명을 들을 때 우리는 루터가 사도신경의 첫 고백을 주기도문과 연결시켜 보고 있음을 직감하게 됩니다. 주기도문을 생각해 보십시오. 주기도문에는 "일용할 양식을 주옵시고", "우리의 죄를 사하여 주옵시고", "시험에 들게 하지 마옵시고, 악에서 구원하여 주옵소서" 하는 기도가 있습니다. 루터의 설명은 이 가운데 두 가지 요소, 곧 일용할 양식과 악에서의 구원을 담고 있습니다. "일용할 양식을 주옵소서"란 기도와 관련해 루터는 앞에서 든 것들 외에도 "경건한 종, 경건하고 신실한 통치자, 좋은 정부, 좋은 계절, 평화, 건강, 교육, 영예, 좋은 친구, 신뢰할 수 있는 이웃과 같은 것들"도 일용한 양식을 위한 기도 속에 포함시키고 있습니다.[9] 우리의 지상에서의 삶이 모두 창조주이시고, 공급자이시고, 보호자이신 하나님의 자비로 가능하다는 믿음을 토대로 이 모든 것을 하나님이 우리에게 주시도록 기도하라고 가르친 것이지요. 루터의 설명을 수용해서 생각해 보면 이렇게 말할 수 있을 것입니다. "주기도문을 통해서 우리가 기도로 표현한 것을, 사도신경을 통해서 우리는 감사의 찬양으로 표현한다"고 말입니다.

루터의 「소요리문답」에서 우리는 삶(십계명)과 신앙고백(사도신경), 기도(주기도문)와 성례(세례와 성만찬), 이 넷이 우리의 일상 생활에서 서로 뗄 수 없는 관계를 가지고 있다는 사실을 발견할 수 있습니다. 이 넷의 일치를 통해서 우리는 하나님을 찬양하고, 하나님께 감사 드리는 삶을 살아갈 수 있습니다. 신앙 고백을 통해서 우리는 하나님을 인정하고 찬양하며, 기도를 통해서 우리가 찬양하는 하나님 나라가 이 땅에 오게 해주시도록 간구하고, 성례를 통해서 그리스도와 함께 연합하고, 일상적 삶을 통해 그리스도와 함께 죽고 함께 산 능력을 믿는 자와 믿지 않는 자에게 보여 주어야 합니다. 그러므로 우리가 "아버지이시며, 전능자이며, 천지의 창조주이신 하나님을 나는 믿습니다"라고 고백할 때 늘 이 네 가지가 함께 가야 함을 잊지 말아야 할 것입니다. 우리가 그리스도의 몸된 교회의 일원으로 부름받은 것은 예배 가운데 사도신경을 고백하고 주님의 기도를 드리고 성찬의 신비를 체험하고, 그로 인해 받은 능력과 지혜, 사랑과 자비로운 마음으로 세상으로 보냄받아 하나님의 자녀로 겸손하고도 당당하게 삶을 살아가기 위한 것입니다. 이것이 얼마나 큰 복이며, 은혜인지 생각하면 할수록 감사를 드리지 않을 수 없습니다. 지금까지 보잘것없는 강의를 들으시고 강의를 담은 이 책을 읽으신 여러분께 감사드리며 하나님의 은혜와 평강이 늘 여러분의 삶에 임하시길 기원합니다.

주

제1강 크레도: "내가 믿습니다"

1) J. N. D. Kelly, 「초기 기독교 신경들」(*Early Christian Creeds*, 개정증보 3판, Burnt Hill, Harlow, 1972), p. 54 이하 참조.
2) 루피누스의 얘기는 「니케아와 그 이후 시대 교부들」(*Nicine and Post-Nicine Fathers*) 3권(Hendrickson, 2004)에 번역되어 있는 「사도신경 주석」(*A Commentray on the Apostles' Creeds*, pp. 541-563)에서 읽을 수 있다.
3) 루피누스의 사도신경에는 열두 번째 영생에 관한 것이 빠져 있다. 그러나 뒤에 전해 오는 문헌에는 이것이 들어가 있다. 관심 있는 독자들은 사도신경의 기원에 관한 Kelly의 논의를 읽어 보라. 사도들이 한 사람씩 돌아가면서 말한 내용에 대해서는 Kelly의 책 p. 3에서 읽을 수 있다.
4) Kelly의 책 2장(특히 pp. 30 이하)을 참고하라. 좀더 자세하고도 전문적인 논의를 읽고 싶은 분은 펠리칸의 다음 책을 참고하라. Jaroslav Pelikan, 「크레도: 기독교 전통에서의 신경과 신앙 고백에 대한 역사적, 신학적 지침」(*Credo: Historical and Theological Guide to Creeds and Confessions of Faith in the Christian Tradition* (New Haven & London: Yale University Press, 2003), p. 50 이하.

5) 토마스 아퀴나스는 '고백'으로 번역되는 라틴어 콘페시오(confesssio)와 라틴어 동사 콘페테리(confeteri)의 의미를 1. 신앙 진리의 고백, 2. 감사 또는 찬양의 고백, 3. 죄의 고백으로 정의한다. 신학대전(Summa Theologica) 제2부 2권 3장 1절을 참조하라. 이것에 대한 자세한 설명은 앞에서 언급한 펠리칸의 책 pp. 53-56에서 읽을 수 있다.
6) 이 부분을 문익환 목사는 이렇게 번역한다. "사귐 안에 있을 때만 우리는 홀로 있을 수 있고, 또한 홀로 있을 수 있는 사람만이 사귐 안에서 살 수 있다." 본회퍼, 「신도의 공동생활」(대한기독교서회, 1964), p. 101. 독일어 원문은 다음과 같다. "Nur in der Gemeinschaft stehend koennen wir allein sein, und nur wer allein ist, kann in der Gemeinshcaft leben." 1973년 독일 뮌헨 카이저 출판사에서 나온 문고판 p. 65에 원문이 있다.
7) 「플라톤의 네 대화편: 에우티프론/소크라테스의 변론/크리톤/파이돈」(박종현 옮김, 서광사, 2003), pp. 15-77 참조.
8) 「성 어거스틴의 고백록」(선한용 옮김, 대한기독교서회, 1990), 8권 12장(pp. 262-265 참조).
9) 같은 책, p. 19.
10) 강영안, 「강교수의 철학 이야기」 (IVP, 2001), 2장 참조.
11) Elisabeth Moltman-Wendel and Juergen Moltmann, 「하나님 안에 있는 인간성」(Humanity in God, New York: Pilgrim Press, 1983), p. 88. Daniel L. Migliore, 「이해를 추구하는 신앙: 기독교 신학 입문」(Faith Seeking Understanding: An Introduction to Christian Theology, Second Edition (Grand Rapids, Michigan: Eerdmans, 2004), p. 68에서 재인용.
12) 프린스톤신학교의 조직신학 교수 밀리오레는 "유니테리아니즘"은 성부와 관련해서뿐만 아니라 '성자 유니테리아니즘', '성령 유니테리아니즘'이 있음을 지적한다. 앞의 주에서 밝힌 밀리오레의 책 pp. 73-74를 보라.
13) C. S. Lewis, 「네 가지 사랑」(The Four Loves, New York: Hartcourt Brace, 1960), p. 1 참조.

14) John Polkinghorne, 「커크, 카오스, 기독교: 과학과 종교에 던지는 질문들」 (*Quarks, Chaos and Christianity: Questions to Science and Religion*, New York: Crossroad, 1996), p. 24에서 재인용.

제2강 신을 모르는 시대의 하나님

1) 우리말로는 "생태계 위기의 역사적 기원"이란 제목으로 「과학사상」 창간호 (1992년 봄) pp. 83-295에 번역, 게재되어 있다.
2) 다른 생각을 가진 사람들에게 '온유와 두려움으로' 곧 온유한 마음과 존경심으로 우리가 믿는 신앙에 대해 얘기해야 함을 설득력 있게 주장한 이는 현재 풀러 신학교 총장으로 있는 리처드 마우 박사다. 그의 책 *Uncommon Decency* (InterVasity Press, 1992)를 보라. 우리말로는 「무례한 기독교」(홍병룡 옮김, IVP, 2004)로 번역되어 있다.
3) 기독교에 대한 러셀의 입장은 그의 「나는 왜 기독교인이 아닌가」(*Why I am not a Christian*, 사회평론, 2005)라는 책에 잘 나타나 있다.
4) 이 말은 원래 New Yorker란 잡지 1970년 2월 21일자에 실린 러셀의 글 "The Talk of the Town"에 나오는 얘기다.
5) 이와 같은 생각은 흄 이전에 존 로크에게서도 찾아볼 수 있다. 강영안, 「강교수의 철학 이야기」(IVP, 2001), 6장 (pp. 166-174) 참조.
6) 이 논문은 우리말로 번역되어 있지 않다. 하지만 영어로 된 종교철학 논문 선집에 거의 언제나 실리는 논문이다. 예컨대 Elenore Stump와 Michael J. Murray가 편집한 *Philosophy of Religion: The Big Questions* (Oxford: Blackwell, 1999), pp. 269-273에 실려 있다.
7) 「분석적 유신론자: 앨빈 플란팅가 독본」(*The Analytic Theist: An Alvin Plantinga Reader*, James F. Sennett 편집, Eerdmans, 1998)에 실려 있는 "이성과 하나님에 대한 믿음"(Reason and Belief in God)이 플란팅가의 생각을 가장 잘 보여 준다. 이 글은 원래 논문을 약간 줄인 것이다.

8) '모든 것을 의심하라'는 데카르트의 태도에 대해서는 강영안,「인간의 얼굴을 가진 지식」(소나무, 2002), "제1장 근본 지식 이념과 인문학의 불운"을 참고하라.

9) 프로이트,「문명 속의 불만」(김석희 옮김, 열린책들, 2003년 재간), "환상의 미래", p. 197.

10) 같은 글, p. 214.

11) Ana-María Rizzuto,「왜 프로이드는 하나님을 거부했는가? 정신역학적 해석」(*Why did Freud Reject God? A Psychodynamic Interpretation*, New Haven & London: Yale University Prrss, 1998), 특히 2, 9, 12장 참조.

12) 칼 마르크스,「칼 마르크스/프리드리히 엥겔스 저작 선집」(서울: 박종철 출판사, 1992), "헤겔 법철학의 비판을 위하여", pp. 1-15. 인용은 이 가운데 pp. 1-2 참조. 저자 사역.

13) 같은 글, p. 2 참조. 저자 사역.

14) 우리의 지식에 미치는 죄의 영향에 대한 플란팅가의 생각은 그의 3부작 가운데 마지막으로 나온「근거가 확보된 기독교 신앙」(*Warranted Christian Belief*, Oxford: Oxford University Press, 2000)에 잘 드러나 있다. 메롤드 웨스트팔의 논문 "바울을 심각하게 생각함: 인식론적 범주로서의 죄"(Taking St. Paul Seriously: Sin as an Epistemological Category)도 참고할 가치가 있다. 이 논문은 Thomas P. Flint가 편집한 *Christian Philosophy* (Notre Dame: University of Notre Dame University Press, 1990), pp. 200-226에 실려 있다.

15) 존 칼빈,「基督教綱要」(상권), (김종흡, 신복윤, 이종성, 한철하 공역, 생명의말씀사, 1988), pp. 89-90.

16) 같은 책, p. 92.

17) 앨빈 플란팅가는 기독교 학문을 논하면서 이 세 가지 현대 세계관을 다루고 있다. 자세한 내용은 미국 칼빈대학과 칼빈신학대학원이 공동으로 펴낸「이해를 추구함: 스톱 강의 1986-1998」(*Seeking Understanding: The Stob Lectures 1986-1998*, Eerdmans, 2001), pp. 119-161에 실려 있는 플란팅가의 강연문「기독교 학문의 두 기둥」(Two Pillars of Chrisitian Scholarship)을 보라.

18) Bertrand Russell, 「나는 왜 기독교인이 아닌가 및 종교와 관련 주제에 관한 다른 에세이들」(*Why I Am a Christian and Other Essays on Religion and Related Subjects*) Paul Edwards 편 (New York: Simon and Schuster, 1957), p. 107. 인용은 마이클 피터슨 외, 「종교의 철학적 의미」(이화여자대학교출판부, 2005), p. 28에 실린 하종호 교수의 번역을 따랐다.
19) 요한 칼빈, 앞과 같은 책, p. 133.
20) http://www.ourredeemerlcms.org/practical%20atheist.pdf, p. 1.
21) 실제적, 현실적 무신론에 관해서 좀더 읽고 싶은 분은 류호준, 「등불 들고 이스라엘을 찾으시는 하나님」(솔로몬, 2007) 가운데 '등불 들고 계신 하나님과 실천적 무신론자'를 보길 바란다.
22) Richard J. Mouw, 「왜곡된 진리」(*Distorted Truth*, San Fransisco: Harper & Row, 1989), p. 1. 「왜곡된 진리」(오수미 옮김, CUP, 1999), pp. 13-14 참조.
23) 하나님의 이러한 모습은 반퍼슨(C. A. van Peursen) 교수가 말년에 쓴 책 「역사를 만드시는 이름」(*De naam die geschiedenis maakt*, Kampen: Kok, 1991)과 「숨어서 계시는 분」(*De verborgene aanwezige*, Kampen: Kok, 1993)에 잘 서술되어 있다.

제3강 하나님 아버지/어머니?

1) 「성 어거스틴의 고백론」(선한용 옮김, 대한기독교서회, 1990), p. 22.
2) 같은 곳.
3) 같은 책, p. 23.
4) 「도덕경」 번역은 최진석, 「노자의 목소리로 듣는 도덕경」(소나무, 2001), pp. 58-59.
5) 「논어」 14편 헌문 37장(김형찬 옮김, 홍익출판사, 1999), pp. 164-165.
6) 「논어」 7편 술이 22장, 같은 책, pp. 91-100.
7) 「논어」 17편 양화 19장, 같은 책, pp. 194-195.

8) Nicholas Wolterstorff의 「하나님의 담론」(*Divine Discourse*, Cambridge: Cambridge University Press, 1995)는 하나님의 말씀하심에 관하여 다루고 있는 탁월한 책이다.
9) 2절과 3절의 논의는 일일이 각주로 표기할 수 없을 정도로 John W. Cooper, *Our Father in Heaven: Christian Faith and Inclusive Language for God* (Grand Rapids, Michigan: Baker Books, 1998)에 의존하고 있다.
10) Elisabeth Schuessler Fiorenza, 「그러나 그녀가 말했다: 페미니스트적 성경해석 실제」(*But She said: Feminist Practices of Biblical Interpretation*, Boston: Beacon, 1992), p. 8.
11) Rosemary Reuther, 「성차별주의와 하나님 담론」(*Sexism and God-Talk: Towards a Feminist Theology*, Boston: Beacon, 1983), p. 85.
12) Cooper, 위의 책, p. 101 참조.
13) Herman Bavinck, 「개혁 교의학」(*Gereformeerde Dogmatiek*, 4판, Kampen: Kok, 1928), 2권, p. 112.
14) 칼빈전집(*Ioanis Calvini opera quae supersunt omnia*, Brunsvigae, 1888), 37권, pp. 154-155. 우리말 번역서 「존 칼빈 구약성경주석」(성서교재간행사, 1982), 14권, 이사야 3, p. 440 참조. 우리말 번역은 라틴어 원문과 상당히 거리가 있다. 라틴어 원문을 충실하게 번역한 주석으로는 칼빈번역회에서 영역한 주석을 http://www.ccel.org/ccel/calvin/calcom15.xv.i.html에서 46:3 부분을 읽으라.
15) 이덕주, 「한국 그리스도인들의 改宗이야기」(전망사, 1990), pp. 341-342.
16) 같은 책, p. 342 참조.
17) O. Hofius, '아버지'(Vater), 「신약성경 신학개념사전」(*Theologische Begriffslexikon zum Neuen Testament*, Wuppertal: Brockhaus, 1983), 2권, pp. 1241-1247 참조.
18) 이덕주, 앞의 책, pp. 54-55 참조.
19) Karl Barth, 「교회교의학」(*Kirchliche Dogmatik*, Zuerich: Theologischer

Verlag, 1940), II/1, p. 394.

20) '상징적 의인론'은 칸트의 「형이상학서론」 57절에 나오는 표현이다. 이 책의 원래 제목은 「학문으로 등장할 미래의 모든 형이상학을 위한 서론」이다. 통상 '프롤레고메나'라고 부르는 책이다. 칸트의 유비 사상은 이 책 58절을 통해서 비교적 쉽게 알 수 있다.

21) Karl Barth, 「교회교의학」(*Kirchliche Dogmatik*, Zuerich: EVZ-Verlag, 1969), III/4, p. 275.

제4강 하나님의 전능과 고통의 문제

1) '악으로부터의 논증'은 악이 있다는 사실로 인하여 신은 존재하지 않는다고 주장하는 논증으로 이 논증을 펼치는 대표적인 철학자로 빌 로위(William Rowe)를 들 수 있다. 로위의 논증을 가장 간략하게 보여 주는 글로는 "악은 유신론적 믿음을 반증하는 증거다"(Evil is Evidence against Theist Belief)를 보라. 이 글은 Michael L. Peterson과 Raymond J. VanArragon이 편집한 「종교철학 안에 일어난 최근의 논쟁들」(*Contemporary Debates in Philosophy of Religion*, Malden, MA & Oxford: Blackwell, 2004), pp. 3-13.

2) '돌의 역설'에 관한 최근 매우 치밀한 논의로는 C. Wade Savage의 논문 "돌의 역설"(The Paradox of the Stone), *The Philosophical Review*, Vol. 76, No. 1 (Jan., 1967), pp. 74-79를 참조하라. 이 논문은 Elenore Stump와 Michael Murray가 편집한 *Philosophy of Religion: The Big Question*(Oxford: Blackwell, 1999), pp. 9-12에 실려 있다. 인터넷의 다음 주소 http://links.jstor.org/sici?sici=0031-8108(196701)76%3A1%3C74%3ATPOTS%3E2.0.CO%3B2-U를 통해서 이 논문을 읽을 수 있다.

3) 토마스 아퀴나스의 신학대전 1부 25문은 http://www.corpusthomisticum.org/sth1015.html에서 라틴어 원문을 볼 수 있고 http://www.newadvent.org/summa/1025.htm 에서 영역본을 쉽게 찾아 읽을 수 있다. 대이교도대전 해당

부분은 http://www.corpusthomisticum.org/scg2006.html에서 라틴어 원문을, http://www2.nd.edu/Departments/Maritain/etext/gc2_25.htm에서 영역본을 읽을 수 있다.

4) Vincent Bruemmer, *Wijsgerige Theologie in Beweging* (Wever, Franeker, 1992), pp. 106-107 참조.

5) 아우구스티누스, 「신국론」 제1-10권 (분도출판사, 2004, 성염 역주), p. 558.

6) Elie Wiesel, 「나이트」(*Night*, Penguin Books, 1981), pp. 77-79. 이 책은 우리말로 「흑야」로 번역된 것도 있다.

7) 엔도 슈사꾸, 「침묵」(공문혜 옮김, 홍성사, 1982), p. 240.

8) 같은 책, p. 81.

9) 강영안, 「강교수의 철학 이야기」 5장 "이 세계는 가능한 세계 중에서 가장 좋은 세계-라이프니츠" 참조.

10) Merlyn McCord Adams, 「끔찍스러운 악과 하나님의 선하심」(*Horrendous Evils and the Goodness of God*, Ithaca & London: Cornell University Press, 1999), p. 8.

11) Alvin Plantinga, 「하나님, 자유, 그리고 악」(*God, Freedom, and Evil*, London: George Allen & Unwin, 1975), p. 12 이하 참조.

12) 대표적인 사람이 J. L. Mackie다. 그의 「유신론의 기적」(*The Miracle of Theism*, Oxford: Clarendon, 1982)을 보라.

13) C. S. 루이스, 「고통의 문제」(이종태 옮김, 홍성사, 2002), p. 141.

14) 「고통의 문제」.

15) C. S. 루이스, 「헤아려 본 슬픔」 (강유나 옮김, 홍성사, 2004), p. 22.

16) 「헤아려 본 슬픔」, p. 25.

17) 같은 책, p. 32.

18) 같은 책, p. 38.

19) 같은 책, p. 51.

20) 같은 책, p. 51.

21) 「고통의 문제」, p. 42.

22) 같은 책, p. 43.

23) 같은 책, p. 50.

24) 플란팅가의 '자유 의지 옹호론'은 앞에서 든 하나님, 자유 그리고 악에 잘 나타나 있다. 폴킹혼의 자유 과정 옹호론(하나님은 이 세계를 창조하시면서 좀 더 고등한 생명체로 진화될 수 있는 가능성을 피조물에게 맡기셨다는 이론)에 대해서는 John Polkinghorne, 「커크, 카오스, 기독교」(*Quarks, Chaos & Christianity*, New York: Crossroad, 1996), p. 46이하를 보라.

25) 「고통의 문제」, pp. 68-69.

26) 같은 책, p. 70.

27) 같은 책, p. 70.

28) 같은 책, p. 75.

29) 같은 책, p. 109.

30) 같은 책, pp. 113-114.

31) 같은 책, p. 114.

32) 같은 책, pp. 131-132.

33) 같은 책, pp. 144-145.

34) 같은 책, pp. 148-150.

35) 「헤아려 본 슬픔」, p. 52.

36) 같은 책, p. 55.

37) 같은 책, p. 78.

38) 같은 책, pp. 89-90.

39) 같은 책, p. 91.

40) 같은 책, p. 98.

41) 같은 책, p. 100.

42) 본회퍼, 「옥중서간」, 1944년 7월 16일 편지 참조.

제5강 창조주 하나님

1) J. N. D. Kelly, 「초기 기독교 교리」(*Early Christian Doctrines*, New York : Harper & Row, 1960), p. 57 이하 참조.
2) 플라톤, 「티마이오스」(박종현 · 김영균 옮김, 서광사, 2000), p. 74 이하 참조.
3) 헤르만 바빙크, 개혁교의학(*Gereformeerde Dogmatiek*, 4판, Kampen, 1928), p. 372 이하 참조.
4) 강영안, 「자연과 자유 사이」(문예출판사, 1998), pp. 74-97 참조.
5) 스티븐 호킹, 「시간의 역사」(삼성출판사, 1990), p. 206.
6) 같은 책, p. 213.
7) 세 주장에 관해서는 「창조와 진화에 대한 세 가지 견해」(모어랜드 · 레이놀즈 편집, 박희주 옮김, IVP, 2001)를 보라.
8) 밴틸의 대표적인 책은 「넷째 날: 성경과 천체가 창조에 관해서 우리에게 말하고 있는 것」(*The Fourth Day: What the Bible and the Heavens are telling about the Creation*, Grand Rapids, Michigan: Eerdmans, 1986)이다. 밴틸의 입장은 「현대과학과 기독교의 논쟁」(리처드 칼슨 편, 우종학 옮김, 살림, 2003)에 실려 있는 밴틸의 글과 다른 생각을 가진 학자들에 대한 그의 문제 제기와 그의 입장에 대한 변호에서도 잘 드러나 있다.
9) 「창조와 진화에 대한 세 가지 견해」, pp. 201-202 참조.
10) John Polkinghorne, 「쿼크, 카오스, 기독교」(*Quarks, Chaos & Christianity*, New York: Crossroad, 1996)와 「실재의 탐구」(*Exploring Reality*, New Haven & London: Yale University Press, 2005) 참조.
11) Gerhard von Rad, 「창세기」(*Genesis*, 개정판, Philadelphia: The Westminster Press, 1973), p. 14 참조.
12) 같은 책, p. 16.
13) 이 패턴에 대해서는 C. 베스터만, 「창세기주석」(강성열 옮김, 한들, 1998), p. 26 이하 참조.

14) 교회 전통에서 하나님의 형상에 대한 이해가 당시의 인간관과 관련되어 있음을 잘 밝혀 준 책으로는 라인홀드 니부어(Reinhold Niebuhr)의 책이 있다. 니부어의 「인간의 본성과 목표」(*The Nature and Destiny of Man*, London: Nisbet, 1941) 1권을 참고하라.
15) 바르트, 「교회교의학」, III/1, p. 206 이하.
16) 마르틴 부버, 「나와 너」(표재명 옮김, 문예출판사, 1998년), pp. 7-50 참조.
17) 「매튜 헨리 성경 전권 주석」(*Commentary on the Whole Bible by Matthew Henry*) 레슬리 처치와 히스트 편집(Zondervan, 1977), p. 7.
18) Martin Heidegger, 「기술에 대한 물음」(Die Frage nach der Techniek), 「강연과 논문」(*Vortraege und Aufsaetze*, Neske, 1978), p. 40: "Das Fragen ist die Froemmigkeit des Denkens."
19) 이 점에 대해서는 헨드릭 베르코프가 분명히 지적한다. 베르코프는 죄의 동기로 욕망(로마 가톨릭교회), 교만(어거스틴, 니버), 그리고 불순종(루터, 칼빈), 이 세 가지를 적시한다. Hendrik Berkhof, 「길 위의 인간: 기독교의 인간관」 (*De mens onderweg: Een christelijke mensbeschouwing*, Den Haag: Boekencentrum,1960), pp. 64-65.
20) '선악을 알게 하는 나무'에 대해서 고든 웬암은 여러 해석들을 소개한다. 자세한 것은 Gordon J. Wenham, 「창세기 1-15」(*Genesis 1-15*, Word Biblical Commentary, Nelson, 1987), pp. 63-66 참조.
21) 존 스토트, 「로마서 강해」(정옥배 옮김, IVP, 1996), pp. 208-213 참조.
22) Hendrik Berkhof, 「기독교 신앙」(*Christelijke Geloof*, 4판, Nijkerk: Callenbach, 1979), p. 159.
23) 에드워드 윌슨, 「통섭」(최재천 · 장대익 옮김, 사이언스 북스, 2005) 참조.
24) 도여베르트 철학에 관해서는 최용준, 「하나님을 사랑한 철학자 9인」 (손봉호 외 지음, IVP, 2005), "도여베르트", pp. 37-66를 보라.
25) 폴킹혼, 앞의 책, 특별히 3, 4장 참조. 폴킹혼의 「실재의 탐구」(*Exploring Reality*, New Haven & London: Yale University Press, 2005)와 「신앙, 과학,

이해』(*Faith, Science & Understanding*, New Haven & London: Yale University Press, 2000)도 함께 참고하라.

맺음말

1) 리처드 도킨스,「만들어진 신」(*The God Delusion*, 이한음 옮김, 김영사, 2007), pp. 80-82.
2) 같은 책, p. 172.
3) 같은 책, pp. 51-52.
4) 도킨스의「만들어진 신」에 대한 앨빈 플란팅가의 비판은 "Christianity Today"에서 발간하는「책과 문화」(*Books & Culture*), 2007년 3, 4월호(13권, 2호), p. 21에 실려 있다. 이 글은 http://www.christianitytoday.com/bc/2007/002/1.21.html에서 찾아 읽을 수 있다.
5) 도킨스는 신의 존재가 불가능함을 보여 주는 다른 조건으로 이른바 '인간 원리'(번역서에는 '인본원리')를 동원한다. 이것은 유신론자들이 하나님의 존재를 보여 주는 논증[이른바 '미세한 조율 증명'(Fine-tuning Argument)]으로도 사용된다. 5강에서 인용한 적 있던 폴킹혼의「커크, 카오스, 기독교」를 참고하라. 신 존재 증명의 한 방식으로 '미세한 조율 증명'이 가진 논증의 힘과 그 한계에 대한 논의로는 2강에서 인용한 적이 있는 마이클 피터슨과 그 외 여러 저자들이 쓴「종교의 철학적 의미」(하종호 옮김, 이화여자대학교출판부, 2005), pp. 149-152를 참조하라.
6) 「루터의 소요리문답」(*Luther's Small Catechism*, 1529), Philip Schaff(편),「기독교의 신조들」(*The Creeds of Christendom*, Grand Rapids, Michigan: Baker, 1963), 3권, pp. 77-78.
7) 토마스 아퀴나스의「사도신경 강해」(*Expositio in Symbolum Apostolorum*) 라틴어 원문은 인터넷 웹사이트 *Corpus Thomisticum*에 들어가면 읽을 수 있다. http://www.corpusthomisticum.org/csv.html를 참고하라. 영어 번역문은

http://www.ewtn.com/library/SOURCES/TA-CAT-1.TXT에서 읽을 수 있다.
8) 레비나스적 주체에 대해서는, 강영안, 「타인의 얼굴: 레비나스의 철학」(문학과지성사, 2005)을 참고하라.
9) 「루터의 소요리문답」, 앞의 책, p. 83.

신을 모르는 시대의 하나님

초판 발행_ 2007년 9월 10일
초판 9쇄_ 2021년 12월 15일

지은이_ 강영안
펴낸이_ 정모세

펴낸곳_ 한국기독학생회출판부
등록번호_ 제313-2001-198호(1978.6.1)
주소_ 04031 서울시 마포구 동교로 156-10
대표 전화_ (02)337-2257 팩스_ (02)337-2258
영업 전화_ (02)338-2282 팩스_ 080-915-1515
홈페이지_ http://www.ivp.co.kr 이메일_ ivp@ivp.co.kr
ISBN 978-89-328-1560-2

ⓒ 강영안 2007

책값은 뒤표지에 있습니다.
무단 전재와 복제를 금합니다.